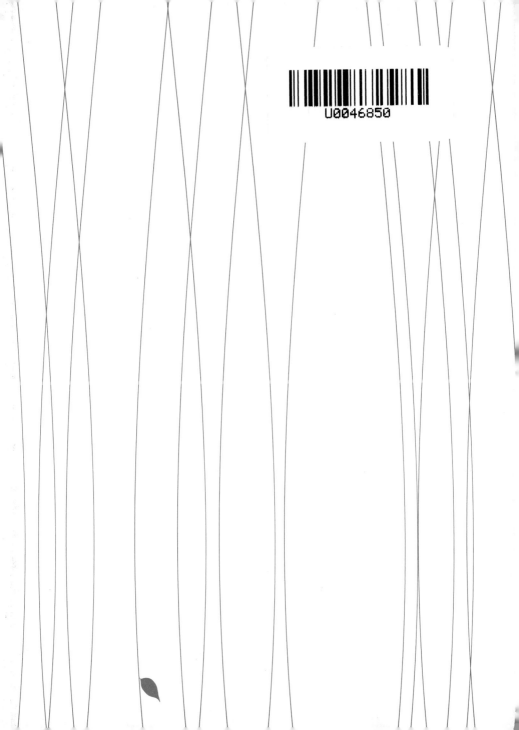

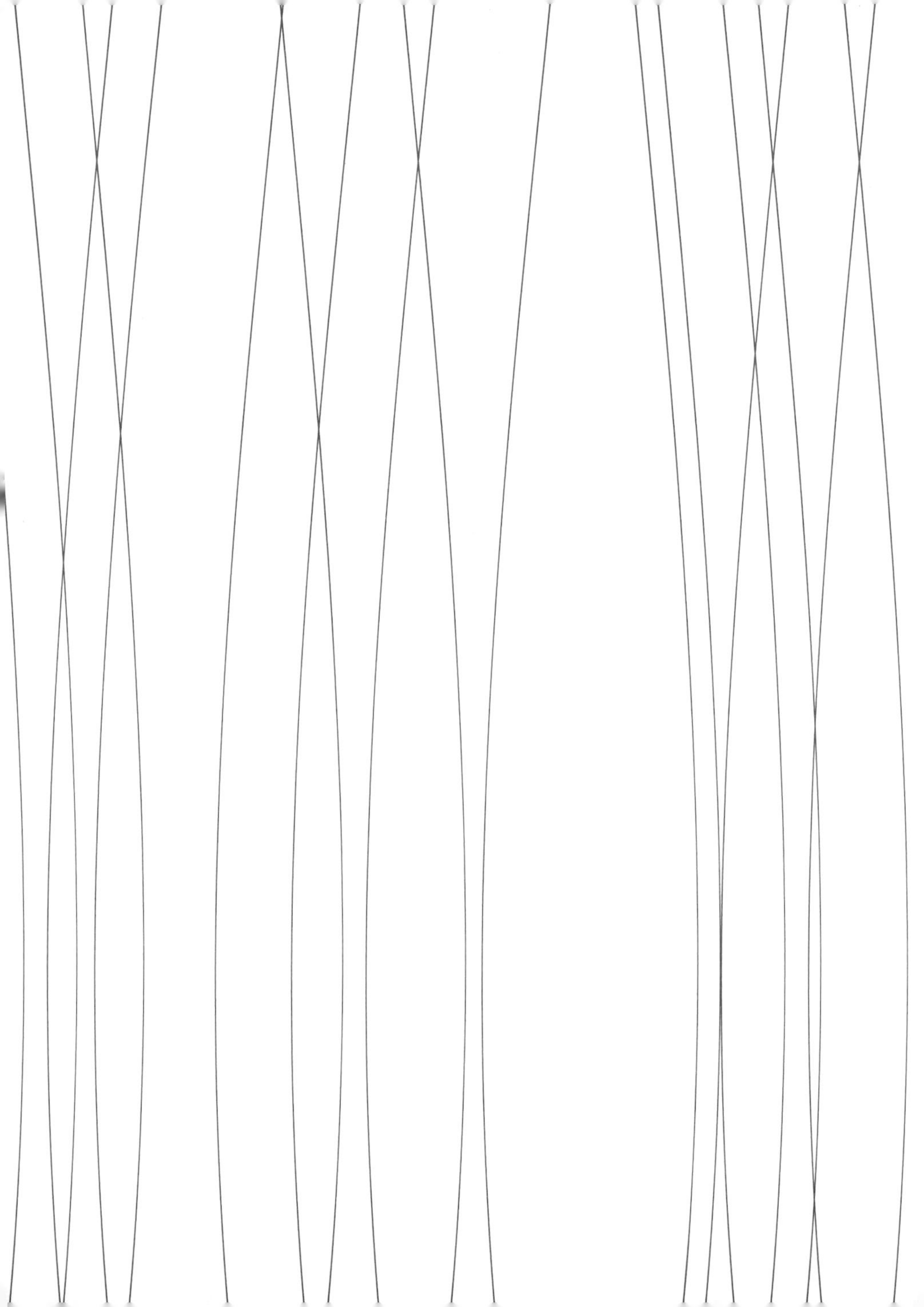

黃金之葉

民主與教育

Democracy and Education

杜威John Dewey 著

郝明義 導讀 薛絢 譯

行進於知識的密林裡，

途徑如此幽微。

我們尋覓一些參天古木，作為指標，

我們也收集一些或隱或現的黃金之葉，引為快樂。

黃金之葉
04

Net and Books 網路與書

民主與教育

作者：約翰・杜威（John Dewey）
譯者：薛絢
責任編輯：李珮華
美術設計：張士勇工作室
法律顧問：全理法律事務所董安丹律師
出版者：英屬蓋曼群島商網路與書股份有限公司台灣分公司
台北市10550南京東路四段25號11樓
TEL：(02)8712-3898
FAX：(02)8712-3897
讀者服務專線：0800-006689
www.locuspublishing.com
郵撥帳號：18955675
戶名：大塊文化出版股份有限公司

總經銷：大和書報圖書股份有限公司
地址：新北市新莊區五工五路2號
TEL：(02)8990-2588
FAX：(02)2290-1658
排版：帛格有限公司
製版：瑞豐實業股份有限公司

初版一刷：2006年8月
初版三刷：2014年12月
定價：新台幣380元
ISBN-13:978-986-82027-7-1
ISBN-10:986-82027-7-9

Printed in Taiwan

國家圖書館出版品預行編目資料

民主與教育 / 約翰・杜威（John Dewey） 作；
薛絢譯. -- 初版. --臺北市 ： 網路與書,
2006【民95】
面 ； 公分. 一 （黃金之葉；4）
譯自：Democracy and Education
ISBN 978-986-82027-7-1（平裝）

1.教育-哲學,原理 2.教育社會學

520.148　　95014711

目錄

如何閱讀《民主與教育》

郝明義

◎

在談這本書之前，我們先快速地瀏覽一下教育在西方社會裡的進程。

希臘城邦時代的雅典，是西方教育的第一個分水嶺。在雅典之前，一如任何比較原始的社會，教育的方法，都是希望把上一代人所掌握到的生存知識與智慧，原樣不動地讓下一代摹仿學習；目的，則是希望大家能維持團體的生存與穩定。

雅典歷經與波斯作戰的勝利，政治與經濟都發達到一個高度之後，開始公民教育的先聲，除了強調對團體的貢獻之外，也鼓勵個人追求理性，以及才能的均衡發展，這也就把個人追求的教育目標浮上了檯面。柏拉圖與亞里士多德的教育思想，是這個階段的代表。

羅馬時代，基本上延續希臘時代這種對公民的訓練與培養。並且由於對管理遼闊土地的人才需求，把公民教育的內容做了更詳細，更實際的劃分。

基督信仰興盛以後，教育的重點也隨之改變為如何準備進入天國。所以中世紀教育以修道院及隱士為代表。中世紀快結束時，亞奎那結合亞里士多德的思想，為基督信仰的教育重新定義，再次重視人世的智能與道德培養，也為接下來的人文主義教育植下種子。

（中世紀尊長上，同情婦孺的騎士精神，結合了人文主義之後，往下延伸出紳士教育。）

文藝復興開啓以人爲本的時代，一方面教育找回希臘羅馬時代的許多價值觀，一方面由於印刷術等的出現，知識得以普及，歐洲各地對自己民族語言與文化的意識也紛紛抬頭，給各地的教育注入許多新的課題。此外，科學大興又產生了兩個作用：一，使得大家樂於研習科學，解決過去的諸多謎團；二，科學的本身，讓大家相信如果掌握得到科學方法，人人可以亞里士多德爲榜樣，任何知識都爲自己所擁有。於是接下來有百科全書的出現。

再接下來，最重要的變化出現在十八世紀末。法國大革命出現了人類第一個共和政府。國旗與國歌出現，「國家」（Nation）的概念眞正具體化，現代的平等公民觀念出現。工業革命則從經濟上讓大家相信一種標準化的生活，是可以擴及到整個社會。這兩件事情，一件從政治上，一件從經濟上，讓大家從本質上相信人人皆有受教育的權利，透過教育來改善自己的權利，從根本上推動了近代「學校」制度的出現與成熟。

從另一方面，以盧騷爲代表的人，則不相信國家能做這麼多事情，而把期望轉到個人身上。他們不認爲日益膨脹的知識是任何人可以擁有齊全的。因此，與其讓學生多吸收知識，不如讓他們多掌握一些吸收知識的方法。並且，由於重視兒童，強調兒童所學的，不應該只是摹仿大人，而應有自己的一套，這又開啓了兒童教育的領域。

進入十九世紀後，隨著工業革命逐漸發展出全球性的資本主義，各種科學與知識都擴增到目不暇給，各種政治與社會理論激盪，各國在歐洲與在殖民地的政經利益的衝突都日益劇烈，大家爲了富國強兵，紛紛強調國家教育目標的重要，個人教育又與配合國家發展有了密切的關係。爲了免得個人教育之被忽視，再有史賓塞（Herbert Spencer）等人倡議個人首先得有「完整」的生活，才對自己與整個社會的存在有價值，因此個人教育應有五個目標。

就是在這十九、二十世紀之交的紛紛擾擾中，杜威的教育思想，和他的《民主與教育》登場。

◎

新教革命後，馬丁路德對教育的看法是，爲了維護社會的秩序，以及家庭的正常規範，所以需要「有受過良好訓練的男男女女」（accomplished and well-trained men and women）。清教徒進入美國後，早期殖民地階段對教育的觀念就是如此。

然而，到二十世紀之初的時候，美國政治與經濟的發展，使他們的社會與環境到了一個足以培養出影響全世界教育理論與方法的階段。杜威以及他的《民主與教育》會在美國出現，十分合理。

杜威是何許人，這裡不多贅言，只介紹一下以《民主與教育》爲代表的他的教育思想，到底有哪些重點。

如果使用杜威自己書中所用過的文字，我會這麼整理：

- 生理的存活仰賴攝食養分與繁殖，社會生命則是靠教育才得以延續。
- 民主並不只是一種治理形態；主要乃是一種共同生活的模式，一種協同溝通的經驗。
- 民主社會的生活形態之中有不同利益的彼此交融，而且重視進步發展（或重新適應的過程），實現這種社會生活使得民主的社群比其他社群更需要注重審愼而有系統的教育。
- 然而，任何直接教育都是不可能的，教育只能藉環境來間接達成。……學校，是針對影響學生智能品行的成效而安排的環境之中最典型的例子。
- 學校這個特殊環境應該具備三大功能：一，簡化有益發展性向的因素，並適當地安排學習的順序先後；二，將既有的社會習俗淨化，並可以理想化；三，創造一個比校外社會視野更開闊，並且更和諧的環境。
- 因此，學校教育不應該另有目的。教育過程的本身就是目的。由於教育的過程本身就是目的，唯有盡量利用眼前的生活，才是爲日後職務做了有意義的準備。
- 自古以來人類的首要職業乃是生活——是智能與道德上的成長。……（在太過功利的社會裡）如果預先決定未來的職業，再把受教育完全當作爲就業做準備，這會妨礙現在的智能發展，從而使爲未來就業做的準備大打折扣。……（相對地）獨裁統治的社會往往以阻礙自由與責任感發展爲刻意的目的，只由少數幾個人做計畫下命令，其餘的人只需聽命行事，能從事的職業種類只有規定範圍內有限的那些。

• 在社會之中做有用的人，就是讓自己從群體生活中得到的，與自己對群體的貢獻平衡。他既是一個人，一個有欲望、情緒、想法的人，他在群體中得到的與貢獻的並不是看得見的財物，而是使自覺的生活更趨寬廣深化——能夠更深刻地、更有紀律地、更開闊地實現生活的意義。

• 應避免誤以爲職業的分配是排他的，一個人只能做一種職業。……其實每個人必然都有多件不同他想投入的事，也該在他做的每種事上發揮智能。……他愈是只有單一面向的生活，就愈不像一個完整的人，也愈像一個怪物。

• 按習慣的一般原則，凡是有特色的職業都容易變得唯我獨尊，太排他，佔用太多時間精力。這也就是說，因爲重視技能與專門方法而忽略了意義。教育不應助長這種傾向，倒應該防止它，以免探究科學的人只會做科學家、老師只會教書、神職人員只會神職工作，等等。

• 知道自己適合做什麼，而且得到伸展志趣的機會，乃是獲得幸福的關鍵。

杜威的《民主與教育》，不但被譽爲二十世紀最重要的教育思想著作，甚至有人稱之爲繼柏拉圖《理想國》之後西方最重要的教育思想著作，並不爲過。

◎

回想一下中國的教育思想。由於有獨特的科舉制度的順利運作，所以中國的教育思想沒有像西方歷經這麼多神祇與人文、團體與個人、貴族與平民、國家與公民等的掙扎與變化。

中國教育思想一個極大的變化也是出現在十九、二十世紀之交。由於特殊的時空背景與急迫的需求，使得才邁出科舉制度的中國教育思想，很容易遭到綁架。

綁架的起由，在於「國家」。

查英漢字典，很容易發現patriotism 被譯爲「愛國主義」。查nationalism，很容易發現被譯爲「民族主義」。而「愛國主義」與「民族主義」，在我們的認知裡又幾乎是等號。

照教育史家布魯貝克（John S. Brubacher）的分析，patriotism和nationalism的原始定義卻是截然不同，甚至是相互矛盾的兩件事情。基本上，patriotism，是一種對於鄉土的愛護之情。中世紀以前，你爲你所屬的城邦，爲你所居住的土地而戰鬥，這都是patriotism。然而，到了法國大革命，源自於拉丁文的nation 卻具體化了一個新的概念。nation代表的是一種遠較自己對鄉土、對自己生活地域認同更開闊、更昇華的存在。大家體認到自己需要一種超越於鄉土之上的組織，由於這種組織的超越，所以必須具有更大的包容力——包容不同的階層、種族。這就是浪漫主義時代的，也是原始的nation「國家」定義。也因爲有這麼一個理想的「國家」的存在，所以其公民爲了有能力參與並構成這樣的組織，需要另有新的教育理念與方法。

可是進入十九世紀之後，由於歐洲各國在本土、在殖民地的利益衝突日益尖銳，這麼理想與浪漫主義的「國家」及其教育觀念，也就日益變質，日益窄化，大家紛紛強調國家的民族意識、主權意識、團結意識，國民教育，也就成了國家爲了經濟與軍事上的強盛而重視，而必需的手段。

二十世紀初的中國，開始以「國家」概念的登場的時候，不但面對著一個舉世視國家如此的環境，還有自己格外需要救亡圖存的壓力。中國的教育思想，好不容易可以脫離科舉制度的主流，但馬上又被捲入種種「救國救民」的巨潮，然後，又隨著「國家」不斷被窄化，教育的思想也不斷地被窄化。

這一百年裡，我們眼看著「國家」的概念被「民族」窄化，被「主義」窄化，被「政黨」窄化，甚至，又要回頭被「鄉土」窄化；教育的思想，隨著被「中學爲體，西學爲用」切割，被種種「革命」切割，被「科技至上」切割，被「本土意識」切割，也就不足爲奇。教育思想如此，教育方法會被「文憑主義」、「升學主義」、「考試主義」零碎化，又有什麼值得驚奇？

《民主與教育》是一九一六年出版的。杜威觀察了西方社會在那之前將近百年的紛擾，而揭櫫這本書裡的理想。他在前言裡開宗明義地說：「本書的主旨是，發掘並說明民主社會內含的概念，再就這些概念來剖析教育事業面臨的難題。」回顧他這句話，以及全書對「民主」與「教育」的解釋與提議，我們只能說，今天我們還沒有看到九十年前他所看到的，我們還沒有聽到九十年前他所說的。

◎

如何閱讀這本書？

不要被書名嚇到。不要被杜威的名號嚇到。這只是一個睿智的人，以他盡可能淺顯的文筆，在陳述他認為一個置身在所謂「民主」社會裡的人，應該如何面對「教育」這件事——教育下一代，也教育自己。這絕不是只有教育者才要讀的書，這是每一個思考自己到底適合做什麼，而且得到伸展志趣的機會的人，都應該一讀的書。

你可以從頭一路讀下去。但是，你也可以挑任何一章你感興趣，或者想了解的課題，跳讀。一本經典著作的偉大，正在於可以讓你欣賞山脈的全景，卻又不致於走進任何一座山峰而迷失。

四年前，我就是為了讀第二十三章〈為就業而教育〉而走進了這一本書。

這是我永遠的案頭書。

（這一篇導讀原來寫於二〇〇六年八月）

前言

本書的主旨是，發掘並說明民主社會內含的概念，再就這些概念來剖析教育事業面臨的難題。討論的內容包括，按這樣的觀點提出公共教育的積極性目標與章法，並且對一些求知與道德發展的理論提出批判——這些理論在早先的社會條件下形成，卻依然在今天名義上已經是民主的社會裡作用，妨礙民主理念落實。本書將提出的思考模式認爲，民主興起與科學實驗的進步、生物學科的進化論思想、產業結構的重組都有關聯。這種思考方向也將證明，上述發展顯示出教育題材上和方法上的變遷。

應當衷心致謝的有，教師學院的谷賽爾博士（Dr. Goodsell）給予批評；同屬教師學院的吉爾派屈克教授（Professor Kilpatrick）的批評及關於題目順序的建議，我已不客氣地採納；還有柯萊普小姐（Elsie Ripley Clapp）的許多寶貴意見。谷、吉二位幫忙校稿也一併致謝。我也十分感謝我歷屆學生，人數眾多，不能備舉了。

約翰．杜威

哥倫比亞大學

一九一五年八月

第一章

教育是生活之必需

1 藉傳遞更新生活

生物和無生物最明顯的區別是，生物能憑藉更新而延續生存。石頭能夠耐敲擊。耐力如果大於敲擊力，受擊的石頭外觀不會改變；耐力如果小於敲擊力，石頭便會裂成碎塊。石頭不可能有意圖作出挺住敲擊而不裂的反應，更不會把敲擊化爲有益日後生存的因素。相對地，生物雖然容易被比自己強的力量打垮，卻會把作用在自己身上的力量化爲延續生存的手段。假如生物不能這樣，結果不僅是（起碼較高等的生物不是）裂成小塊，而是喪失生命。

只要保得命在，生物就會努力使周圍的能量爲自己所用，就會利用光、空氣、水份、土壤中的物質。這種利用行爲，是藉可用之物保存自己。利用環境雖然耗損能量，只要生物在生長，得就大於失。就這一層意義解釋「支配」，可以說生物是爲自身存續著想而支配各種能量，否則自己就會反過來被耗盡。生活（Life）便是藉著操作環境達成自我更新的過程。

所有高等生物的這個過程，都不可能無止境地延續下去，生物體擔負不了無限期自我更新的重任，到了一定的時候就會死亡。不過，生活過程並不是靠任何單一個體的長存來延續，不斷繁殖才能生生不息。雖然地質研究證明不僅個體會死亡，整個物種也會滅絕，但是，會有形態更複雜的生物體使生命過程繼續，當一些物種因爲克服不了障礙而滅絕，會有更能把障礙利用得當的物種繼起。生活的延續，就是不斷重新讓環境適合生物體的需求。

以上講的生活是最低層次的，是物質的生理存活狀態。除了這一層意義，「生活」也指廣義的經驗，包括個體的與種族的經驗。我們看見一本《林肯的一生》，不會以爲是生理學論著。我們期望看到的內容是家世出身，早年生活環境的描述，造就性格的重要經歷，不凡的努力與成就，個人的願望和喜怒哀樂。我們如果要講述某個原始部落或古雅典人、美國人的群體生活，也是這樣講法。「生活」涵蓋習俗、制度、信仰、成功與失敗、娛樂與工作。

我們講的「經驗」，也要從這樣多重的含意著眼。純生理層次的生存延續是靠自我更新，這個道理也適用於「經驗」。就人類而言，有生理存活的更新，就有信仰、理想、希望、快樂、痛苦以及實踐的重新創造。社會群體從汰舊換新中延續經驗，是不爭的事實。教育——最廣義的教育——就是延續社會群體生命的手段。不論是現代都市或原始部落的社會群體，其中的每一名成員出生時都是幼弱的，不會說話，沒有信念和想法，沒有社會價值準則。每一個人都是自己這個群體生活經驗的傳遞者，每個人也遲早會死亡。但是，社會群體的生命會繼續下去。

社會群體的每名成員必然有生有死，這個根本事實使教育成爲社會必需。新生的幼弱成員雖然和掌握群體知識與習俗的成年者截然兩樣，卻是群體的未來所寄。幼弱成員不但必須維持夠多的數目，而且得學會成年者的興趣、目標、見聞、技能、常規，否則群體以後就不能繼續固有的生活。即便是在原始部落裡，成人的能耐也遠遠超出無人教導的幼弱者。文明興起以後，幼弱者本有的能力與年長者的標準相差更遠。只在生理上成長，只懂得最低限度的活命方法，是不夠再造群體生命的。要傳承群體生活，需要刻意努力與用心經營。生來並不知道也不關心群體的目標和習慣的這些孩子，必須變成既明白又主動投入這些事情。這前後的差距要靠教育來彌合，也唯有教育能做到。

社會透過傳遞行爲而存在，情形和生物性存在差不多。這種傳遞是年長者把行事習慣、思考感覺的模式傳給年幼者。如果漸漸老去的一代不把理想、希望、前瞻、準則、意見傳遞給新生的一代，社會生活就不能保存了。假如社會的組成份子能一直活著，他們可能也會教育新生的成員，但這會是以個人利益爲出發點的教育，不是群體需求導向的。如今，教育乃不可不爲的必要之事。

假如一場瘟疫把某個社會的成員一掃而光，這群人當然是永遠完了。社會的所有成員本來皆必有一死，然而，成員們有年齡差異，有人死亡的同時也有人出生，因而可能藉由觀念和行事常例的傳承，而不斷重組社會的結構。然而這種重組更新並非自動產生。如果不投注心力促成眞正的、徹底的傳承，再文明的社會也會倒退回野蠻狀態，終於回復到原始。再者，人類幼小期的原始效能大大不如許多較低等動物的幼兒，如果沒有人從旁帶領協助，連維持基本生理存活的能力也學不會，何況是學習人類在工技、藝術、科學、道德方面的所有成就，其困難也就可想而知。

2 教育與溝通

教與學對於社會生存之必要是想當然爾的，此陳述似乎是老生常談。其實強調它正是爲了要避開過分學校式與拘泥形式的教育觀念。上學當然是調教孩子的重要傳承方法，但這只是方法之一，而且與其他教育途徑相比也是比較表面化的。我們必須先理解更根本而持久的教育有多麼重要，才可能說出學校教育的確切來龍去脈。

社會不但憑藉傳遞與溝通才能持續存在，而且可以說就存在於傳遞與溝通之中。英文中的共同（common）、社群（community）、溝通（communication）是同源的字。人們由於彼此有共同點而聚爲社群；社群中的人因爲能相互溝通而有共同之處。能使人們聚集成社群或社會的，一定是共同的目標、信仰、希望、知識，即相同的思維與判斷，也就是社會學家所說的志趣相投。這些東西不可能像傳遞磚頭那樣交到下一個人手上；也不能像分食糕餅那樣切成幾塊和別人一起吃。溝通既要達到使人與自己有志一同，就必須激發對方與自己相似的感性與知性意向——比如對於期望和要求的反應態度與自己一樣。

人們不會只因爲彼此住得近而成爲一個社會群體，反之，彼此生活距離遠到不可能再有人際影響，也不可能形成一個社會體。相隔幾千里的人可能因爲一本書或一封信而產生情誼，彼此的關係比住在同一個屋簷下的人還近。人們也不會因爲工作目的相同而組成社會。例如一座機器，所有零件爲達成一個目的而合作，卻不會形成一個社會。假如每個零件都意識到共同的目標，都關注這個目標，都針對這個目標調整自己的作為，它們便形成一個社會了。這是需要靠溝通來達成的。每一個份子必須知道其他份子在做什麼，也必須設法使他人知道自己的目的和進度。要先有溝通才會有共識。

因此，我們不得不承認，即便是在最社會性的群體裡，也有許多關係算不上是社會性的。每個社會群體裡都有許多人際關係仍然類似機器的零件；人們為了自己的利益而利用他人，不顧被利用的人有什麼感受和想法，是否同意被利用。這種利用行為凸顯的是體形上居優勢，或地位比人優越，技術比人強，能用的工具——不論是器具或金錢——比人充足。父母與子女的關係、師生關係、雇主與員工的關係、統治者與被統治者的關係，如果仍是處境優劣的關係，不論彼此互動多麼密切，都不會成為真正的社會體。這類關係中的行為與後果，都受下命令與執行命令所影響，但是命令的施行不會導致目標一致，也不會促成利益上的溝通。

不但社會生活等於溝通，所有的溝通行為都是（真正的社會生活當然也就都是）有教育作用的。在溝通行為中，收受的一方會獲得新的經驗，知道傳遞者的觀感和意見後，自己的心態也一定或多或少受其影響。傳遞者也不會完全不受溝通行為的影響。讀者可以試著把某個經驗完整確切地傳遞出去，只要你不是用叫囂謾罵的方式溝通，你會發覺你對自己這個經驗的看法在變；如果這是比較複雜的經驗，變的感覺會格外明顯。要傳遞的經驗必須說得有條有理，要想說得有條有理，就必須跳出自己的立場，從對方的角度來看這個經驗，找出其中能與對方的生活銜接的地方，藉此使對方能夠領會經驗的價值。進行溝通時，傳遞者除了寒暄部分和重點詞語不改，其餘都要發揮想像在對方的經驗裡異中求同，才是傳述自己經驗的上策。所有的溝通都是藝術。我們不妨說，凡是能夠維持社會性不衰的、能持續爲人們共享的社會安排，都是對參與者有教育功用的。這類社會安排唯有在漸漸變成定型老套之後，才會喪失原有的教育功能。

其實，群體固然需要藉教與學延續社會生命，共同生活的過程本身就有教育作用。共同生活能增廣經驗、啓迪經驗，能刺激想像、豐富想像，能引發在表述與思維上力求確切明晰的責任感。眞正獨自過活（身心都孤獨一人）的人，不大可能有機會反省自己的過往經驗，並從中擷取價值。因爲成年者和年幼者的本領差距太大，年幼者必須接受教導；因爲教育年幼者是必要的，成年人才竭盡所能，把經驗歸納成最便利溝通、也最好用的順序和形式。

3 正規教育的地位

與人共同生活（眞正共同生活，而不只是保持活著的狀態而已），是一種教育過程。這種教育與刻意安排給下一代的教育是大不相同的。共同生活中的教育是附帶產生的，其教與學的關係既自然又重要，卻不是特意爲了教育目的才形成。我們也許會說，一切社會制度的價值多寡，端看它對經驗的拓展與增進有多大幫助，經濟的、家庭的、政治的、法律的、宗教的制度都不例外。這樣的說法雖然並不誇張，社會制度的原始動機卻不是爲了增廣經驗，其最初目的是比較立即實用的。例如，宗教開始制度化，是爲了鞏固統治勢力的眷寵，也爲了阻擋邪惡侵襲。家庭制度出現，最初是爲了滿足欲望與延續命脈。勞動制度產生的主因，則是要役使他人。制度附帶影響了意識生活（conscious life）的品質與程度，是後來才漸漸受到注意的。而這種影響成爲制度實施的指導因素，又是更緩進的發展。甚至到了現在，在工業化社會的生活裡，人們重視的只是勤奮、儲蓄之類的價值觀，至於哪些社會關係會引起什麼智識上、感情上的反應，遠不及實體產量來得重要。

換成與下一代相處，擺在眼前的就是人與人的關係，非重視不可。我們雖然很容易忽略與小孩子接觸時對小孩子心性上的影響，或是認爲這種影響不及一些看得見摸得到的結果重要，面對孩子卻不像與成人共處那麼簡單。小孩子太需要受教；改變他們的言行習慣是太迫切要達成的目標，以至於我們不能不考慮這些影響。既然我們的主要目的是使孩子能夠參加群體生活，我們不免會自問是否造就了孩子這樣的能力。所有制度的好壞，最終都得看它對人造成什麼影響。人類能多少認清這一點，多半是因爲從與孩子相處學到了教訓。

所以，我們要從以上所講的廣義教育過程之中，把比較正規的教育區分出來，這種教育即是直接教學或學校教育。正規教育和正規訓練在未開發的社會中很少見。原始社會群體給年輕一代灌輸必要的心性，仰賴的是維持成年人效忠群體的同一套聯結關係。他們沒有專供教學用的器具、材料、機構，只有與成年禮相關的行事。通常是讓孩子分擔年長者做的事，希望孩子藉此學習成人的習俗，養成與成人一樣的情感模式和固有觀念。這樣的經驗共有可以說是直接的，因爲小孩子參加了成人的工作，是在當學徒。這也可以說是間接的，是小孩子在扮演遊戲中照著成人的行爲做，從而明白做成人的滋味。在原始社會的人看來，闢一個地方專供教學用，其他一概不做，是很荒唐的。

然而隨著文明不斷進步，小孩子的能力與成人的要求之間的差距卻會拉大。只有技術較不先進的行業可以藉直接參加成人工作來學習，其他事要這樣學會是愈來愈困難了。成年人做的許多事在空間上和意義上都距離小孩子太遠，用遊戲模仿的方式愈來愈無法得其精髓。要想實際參與成人的活動，必須先接受以參與爲目標的訓練。於是有了設定目標的學習機構——學校，有了明確的學習材料——課程。教授知識的差事交給了特定的一群人。

如果沒有這樣的正規教育，要傳遞一個複雜的社會的所有知識技能是不可能的。由於受正規教育要讀書本，要學會知識的符號，其開啓的另一種經驗途徑，是在非正規教學關係中隨看隨學的孩子得不到的。

然而，從間接式教育轉變成爲正規教育卻會有一些重大缺失。實地參與事務（不論直接分擔或是遊戲式的仿傚）畢竟是身體力行的，是活的。這些優點多少可以彌補教育機會之不足。反觀正規教育，很容易落入隔膜死板，也就是一般批評者說的「既抽象又迂腐」。在文明度低的社會裡，那些累積的知識至少會實踐在生活之中，會轉化為品行，會因為觸及要緊的生活實務而保有一定的重要意義。

在文明進步的社會裡，許多應當學的知識是用符號儲存的。從符號變成習以為常的行為和目標卻有很長一段差距。這類知識的教材是比較專門而且表面的。按現實的一般標準衡量，從實用與否的角度來看，這種教材是造作的。它們存在於獨立的世界裡，無法融入慣常的思想和言行。正規教育的內容是否會成為只有學校在乎的題目，孤立於生活經驗的內容之外，這是長期存在的問題。在學校教育裡，可能會看不見那些恆常不變的社會關注。至於那些不能帶進社會生活的架構裡繼續存在的東西，那些大多用符號表述的專門知識，在學校裡反倒被顯著強調。因此會有這樣的教育觀念：漠視教育的社會功能，忘記教育離不開影響意識生活的種種人際往來，認為教育就是講授一些與生活距離遙遠的東西，就是用文字符號傳遞學問：就是學會唸書寫字。

由此可見，如何能在非正規的與正規的教育模式之間、在附帶式教學與刻意的教育之間找到維持恰當平衡的方法，乃是教育理念該處理的一大要務。如果學會專門的智識技能無法導引社會意向的形成，實際生活經驗的價值就不可能提昇，在此同時，學校教育卻只會製造學術的「行家」，即自以為是的專家。知識變得一分為二，一種是曉得自己特意去學習過，所以有意識擁有的知識，另一種是因爲與他人共處而學習內化，並不自覺的知識。隨著學校教育的發展愈趨專門化，如何避免這種分裂，是愈來愈棘手的問題。

摘要

延續生存乃是生命的本質。生命靠不斷更新而延續，所以生活乃是一種自我更新的過程。生理的存活仰賴攝食養分與繁殖，社會生命則是靠教育才得以延續。這種教育基本上是在共處溝通中進行的知識傳授。溝通是經驗分享，使經驗成爲彼此所共有。授受雙方的意向都在溝通過程中受到影響。人與人的相處關係不論是何種形態，都因爲可以提昇經驗的品質而具有意義，在與年幼者相處的關係中尤其顯著。換言之，每一種社會安排都有教育的作用，然而，教育作用成爲相處關係的一項重要目的，卻是從年長者與年少者相處的關係開始的。在社會結構和資源漸趨於複雜多樣的同時，正規或刻意的教與學也愈來愈有必要。正規教學與訓練的範圍漸漸深廣以後，親身體會的經驗與學校學來的經驗之間就出現不應有的割裂。由於過去一、兩百年間知識與專門的智性技能突飛猛進，這種分裂現象如今更甚於以往。

第二章

教育是一種社會功能

1 環境的本質與意義

前文說過，社會群體憑藉不斷自我更新而長存。群體中的幼年者受教增長知識，才能完成群體的自我更新。社會能以各種不同的方式，有的是無心的，有的是刻意安排的，把未長成的、好似外來客的幼年者，轉變成可以託付群體資源與理想的成員。因此可以說教育是一種扶助的、滋育的、培養的過程。三個形容詞都含有關注成長狀況的意思。我們也會以飼育、栽培、教養等詞彙表明教育涵蓋的不同層次。從字源看，英文的education只意指導引或教養的過程。如果我們想到的是這個過程造成的結果，「教育」就應該是影響、塑造、調教的意思，是要把人塑造成社會行爲的標準樣式。本章要討論的是，社會群體教養幼小成員的方法中普遍可見的一些特徵。

教養應該做到的是，使個人經驗質變，終至融入社會群體的利益、目標、既有的想法。所以，要點顯然不僅僅是生理上的培育。物品可以在空間裡挪移；一件有形的東西可以從甲地送到乙地。信仰和願望卻不可能從甲身上抽出來再安插到乙身上。這些該怎樣傳遞呢？既然硬生生的灌輸行不通，我們就該弄明白，用什麼方法可以使年輕一代吸收老一代的觀點，可以讓老一代把年輕一代的想法同化。

方法應該就是：藉環境的作用引發一定的反應。想要灌輸的想法不能用蠻力打進去，必須養成的心態不能劈頭套上去。但是，個人生存的那個環境可以影響他看待事物的觀點；這環境會使他做某些打算，以免與別人歧異；環境也會強化某些看法，削弱另一些看法，以便使他博得別人的贊同。環境漸漸在他身上產生一種行爲系統，一種言行上的意向。我們說的環境，意思不只是個人生活的周圍空間，而是指周圍事物與個人活動傾向之間固有的「連續性」。無生物當然也與周圍的事物有連續性，它卻不會「在乎」周圍事物給它帶來的影響。鄰近的事物並不等於環境條件，有些在時間空間上與生物體距離遙遠的事物，可能比鄰近的事物更足以構成環境條件，人類尤其會受這樣的環境影響。人會因爲所處的環境不同而各異，有這種影響力的才是個人的眞正環境。因此，天文學家會因爲各自觀察研究不同的星體而彼此行爲互異。至於周圍的緊鄰空間裡，關係最密切的環境條件就是望遠鏡了。古物學家的環境包含他研究的那個古典時代的人、遺跡、碑文等等，他憑藉這些和那個時代發生關聯。

總之，環境條件對於活生生的人應有的典型活動會有助長、阻礙、鼓勵、壓制的影響。水是魚的生活環境，因爲魚必須有水才能活動，才能生存。從事北極探險的人不論能不能眞的進入北極，北極都是他生活環境的要素，因爲他從事的活動的意義是北極界定的，是北極使他的活動與其他活動不一樣。生活所指的不是消極的存在（姑且假定消極存在是可能的），而是指行爲的方式，正因爲如此，環境所指的就是涉入行爲而對行爲構成支持或阻礙的那些條件。

行爲活動與別人發生關聯的人，就是生活在社會環境裡。他怎麼做、可不可以怎樣做，要視別人的期望、要求、讚許及責難而定。一個與他人有關聯的人，在做出行爲的時候不能不考慮他人的行爲。因爲他人的行爲是他實現自己意向必不可少的條件。他一動，就會牽扯到別人，別人動也會牽扯到他。商人不可能獨自一人做生意，買賣行爲不可能不牽涉他人。製造業者不論是獨自在辦公室裡擬定計畫，或者購買原料、賣出成品，都是社會導向的行爲。思考和感覺，只要牽涉到他人，都是社會行爲，其社會性絲毫不少於最明顯的合作行爲或仇敵行爲。

我們特別要述明的是，社會環境如何教養其中的幼小成員。行爲習慣受環境影響，這是不難看出來的。狗和馬的行爲習慣會因爲和人類相處而改變；因爲人類在意狗和馬的行爲，牠們就會養成不一樣的習慣。人類掌控住會影響馬兒的那些自然刺激，從而能控制馬；換言之，人類會製造一定的環境使馬兒服從。人類利用食物、馬嚼、轡繩、喝叫、車輛，來導引馬兒因其自然或本能反應，走到期望的方向。以固定的方式持續引發某些行爲，久而久之，和最初刺激產生的反應一樣的習慣就養成了。同理，老鼠在迷宮裡跑了幾次，起初要轉好多次彎才找到食物，後來漸漸學會修正，肚子一餓就會順著該跑的方向跑，不會再繞遠路。

人類也會按類似的方式修正行爲。被火燙過的小孩子知道怕火；假如父母安排的環境中，孩子每次去抓某一件玩具就會被燙，孩子自然會像不敢碰火一樣不再摸那件玩具。以上談的可以說都是「訓練」，與教育性的教導是有區別的。這些改變都是外在的舉動，卻不是行爲的心智及情緒表現。但這個區別並不明確。可想而知，不敢摸那玩具的孩子，日後極端厭惡的，可能不只是那一件玩具，而是所有和它相似的玩具。甚至可能在他忘了當初被燙的事件後，那厭惡感仍然存在；他後來甚至可能另外編一個理由，來解釋這看似莫名其妙的厭惡感。有的時候，改變環境因爲影響了可引發行爲的刺激，既能改變外在舉動的習慣，也能改變與這舉動有關的心理意向。但這並非必然發生的情況。例如，訓練有素的人會在可能被打中時閃開，這是自動的閃躲反應，沒有連帶想法或情緒。因此我們必須找出訓練與教育的差異點。

我們可以從馬的行爲著眼。馬的行爲所產生的社會功用，馬自己是沒有份的。人用馬達成對他自己有利的目的，由於馬的這個行爲使馬能得到餵食，所以對馬也是有利的。但是馬並沒有因此拓展它的興趣；馬感興趣的仍然只有食物，牠對自己的貢獻不感興趣。牠並非參與一樁共同活動的夥伴。假如牠是夥伴之一，應該會和別的夥伴一樣，關切這共同行動的成敗，牠應該會和其他夥伴有相同的想法和感情。

在很多——太多——教養案例中，孩子的活動根本只是用來養成習慣，教孩子就像在訓練畜牲，不像在教育一個人。孩子的本能就停留在原始的要快感不要痛的目標上，爲了要感受愉快而不要失敗的痛苦，他的行爲必須合別人的意。如果不是這一類的教法，孩子便可眞正參與共同的活動，孩子原先要快感怕痛苦的欲望也會修正。他不但做出合別人意的行爲，這行爲在他心中激起的想法和情感，對別人也一樣有推動作用。假定有一個部落是好戰的，部落中的人努力的目標、重視的成就，都與打鬥和勝利有關。這樣的生活環境會激起男孩子好鬥的表現，先是在遊戲中鬥著玩，等到長得夠壯以後就眞的打鬥。男孩有打鬥行爲會受到讚許，會因此發跡出頭；如果不肯打鬥，會喪失人緣，受人譏笑，得不到晉陞的機會。他原有的好鬥傾向和情緒會因爲打敗別人而增強，他的意念也會投注在與戰爭相關的事情上，這些都是可想而知的。唯有如此，他才能名正言順地成爲部落成員。他的心理習性便是這樣與部落群體的習性合而爲一。

如果要從這個例子歸結出一套原理，我們可以看出，社會環境不會直接將某些願望觀念植入人心，也不是只能教會一些純肌肉的反應，例如面臨揮擊時「出於本能地」閉眼或閃躲。按理，首先應當布置環境條件，以鼓勵某些看得見的眞實反應行爲。然後讓個體分享或參加聯合的行動，使他感覺行動成功就是他自己成功，行動失敗就是他自己失敗。他一旦被群體的情緒觀點感染，就會機敏地去認可群體瞄準的特殊目標，以及用來達成目的的手段。換言之，他的想法觀念會變成和群體中的其他人一樣。他也會學到和其他人大致相同的一套知識，因爲這套知識是他慣常行事的一個要件。

要獲得知識，語言乃至關重要，因此常有人以爲，知識是可以直接傳遞的東西，甚至以爲，只要說給對方聽見，就算是對方接納了傳遞的意思。傳授知識變成純粹有形的過程。然而經過分析，我們會發現，藉由語言完成的學習確實合乎先前定下的原則。小孩子怎樣能明白「帽子」的意思？應該就是旁觀別人戴它，學著戴在自己頭上；交給別人戴給他看；天冷出門的時候讓別人幫自己戴上。大概沒有人會否認這個從共同行爲學習的道理。然而，如果要藉由講述或閱讀來傳達「古希臘頭盔」的意思，沒有親自使用的可能，要如何引用共同行爲的原理？從書本上知道發現美洲大陸，又有什麼共同經驗可言？

既然語文一向是學習的主要工具，我們應該了解一下語言的功能。嬰兒的語言學習，從沒有含意的聲響、音調開始，這些聲音並不表達任何觀念。聲音的刺激會引起直接反應，有的聲音使人心平氣和，有的會嚇人一跳。說出「帽子」的語音時，如果沒有搭配人的動作，嬰兒聽來就和外國語一樣沒有意義。母親要帶嬰兒出門之前，拿了一個東西戴在嬰兒頭上，並且說「帽子」。和母親出門成爲嬰兒重視的事；母子不僅僅是一同走到戶外，而且兩人都在乎這活動，都以此爲樂事。「帽子」的語音因爲和出門的其他因素連結，在嬰兒心中產生了與母親所想的一樣的意義；帽子是出門這個活動的一部分，成爲這個活動的一個符號。語言是以「彼此聽得懂」的聲音組成，單憑這個事實就足以證明，語言的意義要視它是否和共同的經驗相關而定。

簡言之，「帽子」這個語音與「帽子」這件物品，兩者獲得意義的方式並無不同。語言和物件在孩子心中形成的意義會和大人所想的一樣，是因爲這個意義在彼此的共同經驗中使用過。雙方從此會以「帽子」表達相同的意思，因爲這個物件和語音已經在彼此一同做過的行爲中使用過，是建立孩子和大人行爲關係的一種手段。相同的意思和理解會產生，是因爲兩人聯合投入了一個動作，甲怎麼做要看乙怎麼做而定，甲怎麼做也會影響乙所做的。假定原始部落的兩個人一起狩獵，如果甲說的「往右挪」的訊號在乙聽來是「往左挪」的意思，顯然合作狩獵是不會成功的。所謂相互了解，是說彼此在共同從事的行爲中所領會的事物（包括聲音）的含意是一樣的。

因爲和共同行爲中的其他事物有關聯，聲音便帶有一定的含意。之後，這些聲音可能會和其他類似的聲音連用，因爲它們所代表的事物連結在一起，聲音又可以產生新的含意。例如小孩子學習「古希臘頭盔」時所憑藉的字詞，當初能產生意義（能被人們理解）是因爲在有共同目標的行爲中使用過。現在這些字彙使得聽見它們閱讀它們的小孩子藉想像重現頭盔被使用的情景，所以又引發了新的領會。小孩子領會了「古希臘頭盔」的意思，心理上成爲戴頭盔的古希臘人的夥伴。他憑想像參加了共同的行爲。知道字詞的所有含意不是件容易事。多數人也許只模糊知道那是古希臘人戴的一種怪模怪樣的帽子，不會再求甚解。按照事物在共同經驗中使用而產生含意的道理看來，我們可以說，用語言傳遞意思是這個道理的延伸與改良，完全不與這個道理抵觸。使用的字詞如果不是彼此共有情境中的因素，既非顯而易見也不能藉想像而成爲因素，這種字詞就只有純物理刺激的作用，沒有含意，對觀念也沒有影響。這類字詞可以驅動行爲沿著既定的槽線進行，行爲卻少了有意識的目標和意義。例如，加號「＋」可能使人把數字寫成加式再做計算，做計算的這個人如果不明白自己的行爲有什麼意義，便和機械人沒什麼兩樣。

3 社會環境教育功能

討論至此，可得的結論是：社會環境會養成個人行爲的心理意向，因爲社會環境使人從事的活動會引發並強化某些欲望，這些活動有一定目的，也有一定後果。在音樂家家庭長大的孩子，凡是音樂方面的天份一定都受到鼓勵，得到的鼓勵也一定多於他在別的環境中可能被啓發的其他興趣。除非他能對音樂感興趣，而且在音樂上有不錯的表現，否則他就沒辦法和家人打成一片；明明是家庭的一員，他也不能共享家人的生活。個人多少得參與和自己有關係的人的生活，這是不可避免的；就是在這樣參與中，社會環境對個人產生教育性的、人格形成上的影響，這些影響是不知不覺造成的，而且根本沒有設定的用意。

在原始未開化的社會裡，藉由親身參與而受影響，大概是年輕一代學會群體常規和想法的唯一方法。甚至在現代的社會裡，最持續接受學校教育的孩子，也是在親身參與中接受基礎的教養。由於群體有一定的利害考量，某些事會受推崇，某些事會遭排斥。我們所處的團體或階級慣有的處事態度，往往會決定什麼是該受關注的事物，所以也會指定我們怎樣去觀察與記憶。陌生的或外來的（指本群體活動以外的）事物，多半都是道德上禁止的或是知能上可疑的。例如，有些我們熟知的事，前輩古人竟然不曉得。如果追究其原因，我們可能會說，以前的人天生比較笨，而我們自己的智力比他們高。其實是因爲，他們的生活模式不要他們注意這些事，而把他們的注意力轉到別的地方。視覺聽覺等知覺要受可感覺的事物刺激才能活動，我們的觀察、記憶、想像也是如此，不會自發地活動，是因爲當前的社會事務有要求才動起來。主要的意向特質乃是受這種影響而形成，並非學校教育之功。刻意教導能做到的，充其量只是把這樣形成的能力再放寬發揮，把其中一些粗糙部份剔除，再提供一些能使行爲更有意義的目標。

這種「非刻意的環境影響」非常隱晦而無所不在，影響到品行和思維的每一條紋理，我們不妨列舉一些最顯著的影響方向。第一個就是語言習慣。說話的基本方式，語彙的大宗，是在生活的日常往來接觸中形成，話語被當作是一項社會生活的必需而繼續運用，不是當作教導用的一套工具。嬰兒能學會使用我們所謂的「母」語。這樣感染得來的語言習慣，可能被刻意的教學糾正，甚至完全被取而代之。可是情緒激動的時候，刻意學來的說話方式就不見了，人們會說起自己眞正原本的語言。第二個是舉止儀態。身教的影響遠遠超過言教。我們常說，教養好才會進退舉止合宜，也可以說舉止合宜就是教養好。教養是慣常的行爲養成的，是慣常的刺激導致的反應，不是傳授訊息造成的。即便刻意的糾正教導不斷，舉止模式主要還是在周遭氛圍的無形影響下形成。舉止有禮不過是次要的道德。甚至主要的道德養成，如果用刻意教導的方式，也必須符合孩子社會環境中的那些人的作風和互動，才有可能奏效。第三就是鑑賞力和審美觀。如果目光所及都是調合悅目的，外形和顏色都是優美的，自然就會培養出鑑賞眼光。俗艷堆砌且裝飾過度的環境會敗壞品味，正如粗陋貧乏的環境會扼殺美的追求。面對不利的環境條件，刻意教導能做到的，不過是傳遞別人怎麼想的二手資料罷了。這樣養成的鑑賞力絕不會是自然而然或滲透到人格裡，只會是努力記住的自己該尊仰的那些人的意見。說到比較深層的價值判斷標準是由個人慣處環境架構而成，與其算是第四點，不如說是上述三點的綜合。意識的價值判斷其實是根據我們毫不覺察的一套標準而來，這裡影響之深是超出我們意料的。大體而言，我們不加思索而認爲理所當然的事，正是左右我們意識思考與推斷的力量所在。這種隱藏在思慮之下的行爲慣性，就是從不斷的人際往來關係中養成的。

4 學校是特殊環境

我們陳述以上這種當事人無可奈何的教育過程，要點在於指出，大人有心給孩子什麼樣的教育，就必須把孩子行爲的環境控制成那樣，使孩子那樣思考、那樣感受。直接教育是不可能的，教育只能藉環境來間接達成。成就教育的這個環境是碰巧有的，還是按目的設計的，其間會有很大差別。就教育功能而言，除了刻意爲教育成果規劃好的環境，其他一律算是碰巧的。一個思想聰敏的家庭和一個不聰敏的家庭會有所不同，主要是因爲家庭各有不同的生活互動習慣，而這些習慣是大人按他們對孩子發展的意義選定的，或至少是受大人這種考慮影響的。當然，學校仍是針對影響學生智能品行的成效而安排的環境之中最典型的例子。

概括而言，學校會產生，是因爲社會傳統愈來愈繁複，很大一部分必須記諸文字，並且藉符號來傳遞。書寫的符號比說話更人爲化，也更固守成規，不可能在偶然與人互動中學會。況且，寫成文字的記錄大多是日常生活比較少接觸到的事物。祖上累積下來的知識會一一保存在文字裡，但不一定全都對後世有用。一個社會可能需要自己的時代與領土以外的知識，這種需要大到一定程度，就不得不靠正規的學校來達成傳遞的工作。舉一個顯而易見的例子，古希臘羅馬人的生活對現代西方社會影響很深，影響的方式卻是從現代日常生活經驗表面上看不出來的。同理，英國人、德國人、義大利人等和我們同時代的社會，即便相隔遙遠，卻與我們社會的動靜直接相關。這相互作用是什麼性質，也是必須花一番刻意的功夫才能明白的。基於同樣的道理，我們不可能只靠日常共處的接觸使孩子明白，我們的生活如何受遙遠的自然能量與看不見的組織結構所影響。所以，我們必須設立一種特殊的社會交往模式——學校——來打理這些事。

與一般的共處生活相比，這個模式有三項堪稱特定的功能。第一，綜合的文明太雜，不可能整個完全吸收，必須像學校課程這樣分成多個部分，逐步分級而吸收。現在的社會生活裡，關係多不勝數，而且彼此糾結，處境再便利的孩子也不可能輕易參與許多最重要的部分。不能參與其中，小孩子便無法理解其意義，這意義也就不會融入他的意向。結果是見林不見樹。商業、政治、藝文、科學、宗教各科門齊發，只會攪成一團亂。學校這個社會機制的第一件要務，就是提供一個單純化的環境。學校特意安排相當基礎的環境條件，使小孩子能夠產生回應。課業的次序爲漸進的，學會了基礎的才有辦法進而學習比較難懂的。

第二，學校環境必須盡力排除當前社會環境的缺點，以免心理習性受到不良影響。學校建立一個淨化的活動環境，不但以單純化爲目的，而且要清除有害的成份。每個社會都可能被一些瑣事、舊時代留下的無用東西、根本違背常理的事物絆住。學校應該做到不讓這些成份殘留在環境裡，從而盡全力抵制它們在一般社會環境中的影響力。學校爲自己選了最優良的條件，並且努力強化最優條件的影響力。社會漸趨開明以後，會明白自己應該傳承保存的不是既有的一切成就，而是能使社會未來更好的部分。學校便是社會達致這個目標的主要機制。

第三，學校環境應當平衡社會環境中的各種不同元素，確實做到人人有機會脫離自己原生社會團體的局限，能與更開闊的環境活潑地接觸。「社會」之類的名詞可能使人產生誤解，讓人以爲「社會」指的是一個單獨體。其實現代社會是多個社會不甚緊密地連結而成。一戶人家和他們交往的朋友們就是一個社會；一個村子或一條街上的玩伴們就是一個社群；每個商業團體、每個社團，都是一個社會或社群。超越這些關係比較密切的團體之外的，還有國家。例如美國，包含不同的種族、宗教集團、經濟分區。現代的都市雖然名義上是一個政治單元，其中包含的社群、習俗與傳統、抱負、治理或管轄的方式等之多樣，也許比古時候整個大陸裡的猶有過之。

每個社群團體對其中成員的行爲意向養成都是有影響的。一個黨派、一個社團、一個幫夥、一個扒手頭子帶著的一群扒手、一所監獄裡的囚犯，都給參與他們集體活動的人提供了教育的環境，和教會、工會、商業合夥關係、政黨沒有什麼兩樣。每一個群體都是一種生活共同體，和家庭、鄉鎮、邦國差不多。還有一些社群是成員彼此沒什麼直接聯繫，甚至從不見面，例如畫家協會、文藝界、散布世界各地的專業學術階級。因爲他們有共同目標，每個成員的活動也因爲知道其他成員在做什麼而受影響，所以構成了社群。

在往昔，不同的群體形成主要是基於地理因素。那時候的社群雖然多，每個社區在各自的疆域內卻有較高的同質性。到了商業、運輸、通訊、移民活動發達以後，像美國這樣的國家就是不同族群、不同傳統習俗混合的群體了。是在這種情勢的要求之下——也許比其他因素的要求都要殷切——教育機構必須爲下一代提供比較同質而和諧的環境。唯有如此，不同群體共存在一個政治單元裡造成的各種離心力才可能被抵銷。不同種族、不同宗教信仰、不同習俗的孩子在學校裡打成一片，是為全體學生創造一種更寬廣的環境。共同教材讓所有學生習慣用統一的觀點看待事物，視野比任何一個群體孤立時所能看見的都更開闊。美國公立學校的這種同化力量，證明共同和諧的訴求確有實效。

協調個人心性之中來自不同社會環境的影響，是學校的另一功能。家裡會有家裡的行事準則；走到街上，準則會和家裡的不同；作坊（shop）或店鋪（store）裡又是另一套；宗教集會的又不一樣。在不同環境之間往返的人會受互不相容的力量拉扯，可能分裂成為在不同情況下遵循不同是非觀與情緒規範的人。為避免這樣的後果，學校必須發揮安定整合的功能。

摘要

小孩子步入社會必需的心態性向發展，不可能藉直接傳述觀念、情感、知識來達成。這是以環境為媒介促成的。環境包括了生命體實行其固有活動涉及的一切條件之總和。社會環境則是每個人行為過程中關係到的所有其他人的行為。只要個人能分擔或參與共同活動，社會環境確實具有教育功效。個人因爲參加共同活動而認同活動的目標、熟悉了方法和題材、學會了技能，也吸收了這共同活動的情感精神。

個人從小逐步參加自己所屬的不同群體之中的活動，是在接受養成教育，這種非刻意的影響是更爲深刻的。然而，社會益趨複雜之後，有必要設置特定的環境，專門負責培育下一代的智能。這種特殊環境的三大功能是：簡化有益發展性向的因素，並安排其順序先後；將既有的社會習俗淨化並理想化；創造比校外社會視野開闊且更和諧的環境。

第三章

教育是指導

1 環境有指導功能

現在來談教育的總體功能所採取的特殊作用方式：也就是指導（direction）、控制（control）、或輔導（guidance）。這三個用語中，「輔導」最足以表達在合作中輔助受輔導者的天賦智能發展；「控制」的意思比較偏重施加力量與受控制者的抵抗；「指導」是比較中性的，表示受指導者的行爲傾向是依循某種連貫的進程而被導引，不是漫無目標的。指導所說的是根本的功能，有可能只做到從旁輔助，但也可能發揮到管制或統御的程度。不論怎麼說，我們必須力求避免某些添加到「控制」裡的含意。有些人認爲（可能是明白地，也可能是不知不覺以爲）個人的行爲傾向生來就是純粹個人主義或自我中心的，所以是反社會的。因此，控制的意思就是，促使個人順從公眾或共同的意見，自己的好惡欲求退居次要。按這個觀念，控制是與本性背道而馳的，所以帶有壓制和強迫的味道。管理制度和治國理論往往建立在這種觀念基礎上，於教育的理念與實踐也造成嚴重的影響。其實這種觀念是沒有根據的。有時候個人的確會想要隨心所欲，而個人所欲也可能和他人的意見相左。可是，參與他人的活動，成爲共同的、合作的事務的一份子，也是個人想做的，而且是個人關注的重點。否則社會這種組織根本不可能形成，也不會有人贊成用警察來維持表面的和睦，這必然是因爲對個人也有利才做的。控制的眞正意思不過是指，以堅決的態度導引行爲的力量，這既包括在別人導引下達成的調整，也包括個人自己努力做到的調整。

一般而論，每個刺激都會導引行爲的方向。刺激不只能引發或挑起行爲，而且會將行爲導向一個目標。反過來說，反應也不只是一種反回去的對應，不是對遭受刺激的一種反抗，而是一種回答。刺激來了，反應接招，與刺激調合。刺激與反應之間有著相互調適。光對眼睛是刺激，眼睛因爲有光而看見東西，而看是眼睛應有的功能。如果眼睛張開的時候有光線，看的行爲就產生了；刺激只是實踐這個器官固有功能的一個環境條件，不是外來的干擾。因此，一切指導或控制多少都是把行爲導向其目的，是協助某個器官完全發揮它本來就要做的。

這個概述有兩點需要補充說明。第一，少數本能反應除外，小孩子所受的刺激不一定一開始就能引起特定的反應。刺激難免會引發大量多餘的力氣。這些力氣也許是白費的，沒用對地方，也可能和達成正確行爲的方向衝突，成事不足敗事有餘。初學騎腳踏車的人使力散亂，把握不到方向軸心，和單車老手是不一樣的。把握方向乃是將行爲調整固定，使行爲成爲眞正的反應，這也應包括把多餘的擾亂的動作排除。第二，人如果不配合，行爲無從發生，即使如此，有些反應卻不一定能符合行爲的順序和連貫性。例如，拳擊手躲過了一拳，但他的閃躲動作卻使自己被更猛烈的下一記打個正著。適量的控制是指，把先後的動作導入連貫的次序，使每個動作不但回應了所受的刺激，而且對下一個動作有幫助。

簡言之，指導是及時而且連續的。是從當時引發的動作傾向之中，選擇那些力氣匯集在所需目標上的傾向。接著，必須讓每個動作與前後的動作調和，排出先後的次序。所以，集中與次序是指導的兩種層面，一個是空間的，一個是時間的。前者確保命中目標；後者調合狀態之平衡，以便進一步行動。很顯然，解釋概念時雖然可以把兩者分開，實踐的時候必然是合而爲一的。行爲應當有一定的時間和方向，而且準備要續接下一步。因爲要考慮到後繼的動作，及時的反應也變得複雜了。

以上的說明可以歸納出兩個結論。第一，純粹外在的指導是不可能的。環境頂多只能做到供給刺激來引發反應。反應卻是從個人已經具備的意向發出來的。某人可能因爲受恐嚇而做出一個反應，然而，恐嚇能產生作用是因爲這個人先有懼怕的本能。如果沒有這種本能，或是他能克制本能，恐嚇對他就起不了作用，就如同失明的人對光沒有反應。成年人的習俗規矩即便構成刺激，即便可以引發且指導小孩子的行爲，畢竟小孩子走的方向還是由自己最後的行動所決定。嚴格來說，硬要指揮或灌輸什麼給小孩子是不會成功的。忽略了這個事實，就可能導致扭曲或敗壞人性。事先考慮到受指導者既有的本能和習慣會造成什麼影響，才是既省力又明智的指導方式。準確來說，一切指導都是重新導向，是把已經在進行的行動導引到另一個方向上去。如果不明白已經有動作力量在那兒，指導的目的十有八九是達不到的。

第二，按別人的習俗和規定來控制，可能是短視的。也許收到了立即效果，代價卻是使後續的行爲偏頗。例如，恐嚇可以使某人因擔心後果而不敢做自己本來想做的事。因爲害怕而不做的心態，卻可能導致他有比做了還糟糕的行爲。這也許會激發他的狡詐本能，以後他就變得喜歡規避和用詭計，而當初若不被恐嚇阻止也許不會走上這條路。指導者若不謹慎，很容易忽略受指導者後續發展的方向。

2 社會指導的模式

成年人意圖指導別人的當下，當然最會意識到在指導別人的行爲。通常是發覺自己受到抗拒的時候，或當別人做出不合己意的行爲時，就會有想指導別人的意圖。比較能持久的，影響力比較強的控制模式，卻是隨時持續進行而不是刻意去做的。

(1)別人沒有按照我們期望的樣子去做，或是有不服的意思，在這類情況下，我們最會意識到有必要控制別人，也最能意識到別人在受某些影響的控制。這時候我們做的控制最直接，也最容易犯下前述的錯誤。我們甚至會憑自己力量大來控制對方，忘記了那至理名言：能拉馬到水邊卻不能強迫馬喝水；能把人鎖進牢裡卻不能逼他懺悔。諸如此類對人有直接行爲的狀況，都必須分辨結果是身體上的還是品行上的。對處於某些狀況的人而言，也許強行餵食或監禁是爲他著想而不得不做的。爲了不讓幼兒被燒傷，也許不得不用蠻力把他從火前拉開。這些對身體所做的事，卻不一定會導致脾性改善或產生教育作用。以嚴厲的命令語氣阻止小孩接近火，效果和用力把他拉開是一樣好的，但兩者都不會帶來品行上的服從。把竊賊關起來可以防止他跑到別人家去行竊，卻未必改得了他偷東西的習性。如果把身體上的結果和教育上的成果混爲一談，一定會錯失借力使力的機會；不能藉由引起受控制者的參與意向，使他心悅誠服朝該走的方向走。

一般而言，刻意的控制應該只限於完全出於本能或衝動的行爲，這些都是行爲者自己無從預見後果的。孩子如果自己不能預料行爲的後果，又聽不懂有經驗的人告訴他的後果，他就不可能明智地導引行爲方向了，在這種情況下，什麼行爲在他看來都差不多。有衝動要做什麼就做什麼，如此而已。有時候不妨隨他去試，讓他自己發現後果，以後遇到同樣的狀況也就學聰明了。可是，有些行爲做來太妨礙別人、太可厭了，不能不予以制止。這時候就會訴諸直接非難的方式，包括羞辱、譏嘲、輕蔑、斥責、處罰。要不然就是誘發他相反的行爲意向，把他轉到惹厭的行爲方向以外；利用他愛聽稱讚、想以乖巧行爲討人喜歡的心理，可以誘發另一方向的行爲。

(2)這些控制方法（因爲是有意運用的）都太顯而易見，本來不需要再提，是爲與第二類更重要而持久的控制模式對照才作贅述。這一類方法在於和孩子相處的人如何運用助力，也就是藉以達成目的的工具。一個人人賴以生存活動的社會環境，就是指導其行爲的長期有效的行使機制。

基於這個事實，我們必須更詳細地檢視社會環境的含意。我們習慣把自己生活的環境分成物質環境和社會環境兩種。因爲有這樣的劃分，一方面會把前面說的比較直接或親自做的控制行爲所造成的精神層面影響誇大；另一方面，現在的心理學和哲學又把純物質環境對智能的影響誇大。其實，根本沒有所謂無需物質環境媒介而產生的人對人的影響。不論是微笑、蹙眉、一句責罵、一句警告或鼓勵的話，都牽涉某種物質上的改變。否則甲的態度不可能傳過去改變乙的態度。就此而論，這種影響模式可以算是人際的，物質環境的影響只限於促成人際的接觸。與這種彼此直接影響明顯不同的，是彼此從事相同活動的聯繫，而活動中要使用工具、計量結果。例如，母親即便從來不教女兒幫忙，或從來不因爲女兒不幫忙而罵她，女兒只要和母親一同參與家裡的生活，她的行爲就會受到指導。模仿、好勝表現、合作之必要，都可以強化控制。

假設母親把一件需用的東西遞給孩子，孩子必須伸手接過來。有一遞必有一接。孩子接過這東西之後會怎樣擺弄，會怎樣使用，必然因爲看過母親的做法而受影響。孩子如果看見母親在找某件東西，大概也會幫著找，找到了便會交給母親，正如母親先前曾把孩子需要的東西遞過來。只要細數一下日常生活中有多少這樣的一來一往的關係，就知道什麼是指導小孩子行爲最常用、效果也最持久的方法了。

這個道理，是重複前文已經說過的：心性養成主要是憑藉參與共同行爲的經驗而來。前文也曾特別說明，使用物件在共同行爲中佔重要份量。學習理論一直過度崇信一種錯誤的心理學，即是認爲人只需要藉感官記下事物的特質便完成學習的行爲。人接收了一大堆感官印象之後，再憑聯想或某種心智的綜合能力，就能把感官印象組成概念，成爲有含意的事物。例如，一個物件、一塊石頭、一顆橘子、一棵樹、一把椅子，所傳達的顏色、形狀、尺寸、硬度、氣味、味道等都不一樣，這些不同的印象集合起來，就能構成每件東西特有的意義。事實上，一件東西的意義是依據其固有特質造成的特定用途而認定的。椅子是有某種用處的東西；桌子是有另一種用處的東西；橘子這個東西可以用某個價錢買賣，在氣候溫暖的地區能生長，可以吃，吃起來有香味又可口。

對生理上的刺激做出適應，是與心智的行爲不同的，後者包含對事物的意涵所做的反應；前者沒有。一聲爆響把我嚇了一跳，這是不牽涉思維的。如果我聽到一個聲音就立刻跑去取水，再用水把一處水焰澆熄，這就是心智的反應了。那聲音的含意是起火了，而起火的含意是必須撲滅。如果我走路踢到石頭時把它往旁邊踹，乃是純生理的反應。如果我爲了怕它再絆到別人而把它搬到一旁，就是心智的反應；我是在對一件東西的含意反應。轟然雷響使我一驚，通常是因爲沒聽出是雷聲而受驚，但即使知道是打雷也可能如此。如果我聽見時說「那是打雷」，這就是在對雷響的意義反應了。這個反應行爲屬於心智的。一旦我們認爲某個事物是有含意的，我們的反應就是有意的（是存心的）。對於沒有含意可言的事物，反應就是盲目的、不知不覺的、非心智的。

這兩類反應調適行爲都是受指導或控制的。盲目的反應受指導也是盲目的。指導過程也許包括訓練，卻沒有教育。對重複出現的刺激一次又一次地反應，可以養成一種不變的行爲習慣。我們每個人都有許多不知其所以然的習慣，是我們不知道自己在做什麼的情況下養成的。所以是我們在受這些習慣支配，不是習慣受我們支配。習慣使我們行動，習慣也左右著我們。總得要我們覺察習慣導致了什麼效果，判斷了後果的好壞，才可能支配習慣。假如一個孩子每次見到某人，別人就壓他的後頸教他鞠躬，以後鞠躬就變成自發的動作。這卻不是他在表示尊敬服從的動作，除非他是考慮到目的而做，要表示某種意思而做。只要他不曉得自己在做什麼，也不是爲這個動作的含意而行使它，就不能說他的舉止是「教養」或教育出來的。明白一件事物的意思，並不只是對這事物有了感官上的知覺而已，而是能夠考量這事物在全盤行爲中的地位而反應，是能夠預知這事物與自己彼此影響的趨向和可能帶來的的後果。

因此，所謂對事物的理解和別人相同，意見和別人相同，從而眞正成爲社會群體的一員，就是在事物與行爲的含意認定上和別人一樣。否則不可能有共識，也不會有社群生活。共同參與的活動中，每個人的行爲都要與他人相互參照。也就是說，每個人的活動都放在同一個包納全體的情境裡。如果去拉一條別人正好也在拉的繩子，除非是拉繩子之前就知道別人在拉，而且是爲了幫忙或阻止別人而拉，否則就不是共同參與或分擔的活動。一根針在製造過程中可能經過許多人的手，每個人也許只做自己分內的步驟而不知道別人做的是什麼，不會去管別人在做什麼；每個人各有自己的工作目的——賺到自己這份工資。這兒沒有多人行爲參照的共同結果，所以，雖然合在一處，雖然各個行爲聯合促成了一個結果，並沒有眞正的交往或聯繫。假如每個人都認爲，自己的行爲與別人做的事相關，而且考慮到別人的行爲對自己會有什麼影響，這一群人就是有共同的打算，有共同的行爲意圖。參與者之間有了相互理解，這種共識可以控制每個人的行爲。

假設有人安排了這樣的狀況：甲無意識地接住拋來的球之後扔給乙，乙接住之後又無意識地拋回去；雙方都不知道球從哪兒來又拋到哪裡去。這種動作當然是沒有目的或含意的。這是可以用物質條件控制的動作，卻不會是社會性指導的產物。如果兩人都知道對方在那兒拋球接球，而且會去注意對方的行爲，因此也在意自己的行爲與對方行爲的關聯，雙方的行爲便是有心智層面的意涵，是有社會性判斷和社會性方向的。再舉一個比較實際的例子，嬰兒餓了，大人在他面前準備他要吃的食物，他仍在哭。假如他不能把自己肚子餓和大人正在做的事關聯起來，不明白那些食物可以使自己飽足，他就會把愈來愈餓的感受反應在愈來愈急躁的哭鬧上。這反應是受生理狀況控制的。假如他能做一番相互參照，態度就會完全改變。如前例所說，他會注意大人的行爲，注意看大人正在做的事。他不再只對飢餓感反應，而是從大人爲了幫他消除飢餓而做的行爲著眼。有這樣的心態，他餓的時候哭也就不再是不自覺的反應，而是在覺察、辨認、確定自己的狀況。他對待飢餓態度有了心智活動的成份，這樣子覺察別人行爲的含意和自己的狀況中，他便是受到社會指導了。

讀者記得，我們的主要命題有兩個層面。一個是我們剛剛討論的，也就是，有形事物不會影響思維（也不會形成概念或想法），除非是爲取得結果而做的行爲所牽涉的物質條件。另一個層面是，人們只能藉利用物質條件的方法影響彼此的行爲意向。且看那些易使他人有感覺的所謂富於表情的動作：臉紅、微笑、蹙眉、捏緊拳頭，以及各種表情手勢。這些動作本身並不表達多少意思，只是個人態度之中用器官呈現的部分。人不會用臉紅向別人表示害羞或尷尬，這是微血管循環在受了刺激時的反應。別人卻「用」自己面前的人臉紅或肌肉略繃緊爲訊號，這個人自覺處於什麼狀態，也以這種訊號爲後續行爲的指標。蹙眉表示這個人即將罵人，所以必須準備應對；蹙眉也可能表示這個人覺得不確定或正在猶豫，所以必須設法說明或做點什麼，來消除他的疑慮以恢復他的信心。

遠處有個人雙臂用力亂揮著。看見他的人如果保持漠不關心的態度，揮手的人就只停留在我們不經意看見某個遠處實物改變的層次。看的人如果不關切或沒興趣理會，那揮手的行爲就像風車在旋轉一樣沒有含意。看的人若感興趣，就開始參與行爲，把揮手者的動作與自己正在做的或應該做的動作參照，並且要判斷揮手動作的含意，以便決定該怎麼做。揮手者是在求助嗎？是在警告即將進行爆破，要對方保護自己嗎？如果是前者，他的意思是要看見的人向前，如果是後者，就是要對方走開。不論是哪一者，是揮手者造成物質環境改變發出了訊號，告訴看見的人該如何。對方的行爲就是受社會性控制的，因爲他試圖把自己的下一步行爲歸因到揮手者的那個情境。

前面說過（見第二章），語言正是自己與他人行爲參照共同情境的一個例子。所以，就社會指導的工具而言，語言的重要地位是無可匹敵的。但是，語言要成為這麼有效的工具，必須憑藉它發生的背景，也就是在實際運用有形工具來達成結果的過程。例如，小孩子目睹與自己一起生活的人們使用椅子、帽子、桌子、鏟、鋸、犁、馬、錢。他只要參加了這些人做的事，就會受引導遵照他們的樣子使用這些東西，在使用別的東西時也會配合他們的使用方法。把椅子拉到桌前是表示他要就座；有人朝他伸出右手，他也該伸出右手。類似的細末事例多不勝數。使用人類技藝成果和天然原料的方式蔚為習慣以後，無疑就是最根深柢固也最普遍通行的社會控制模式。小孩子入學的時候已經有「智能」了——他們能理解事情、會按某些傾向作判斷，用語言訴諸這些能力。而這些「智能」是一套心智反應的習慣，是早先從使用東西中參照別人的使用方式養成的。這必然有控制的作用在其中；行為意向是受控制滲透的。

以上討論的最終結論是：控制的根本方法不是關乎個人的，而是心智上的。直接以個人感染力造成影響雖然是關鍵時刻可用的重要方法，控制卻不因此算是訴諸「精神」的。方法存在於理解人事物的習慣，這習慣則是在與他人配合使用物件之中養成，可能是與他人合作互助，也可能是敵對競爭。心智的具體發揮，是按用途來理解事物；社會化的智能理解事物，則是從用途轉入共同參與或分擔的行為著眼。就這一層意義而言，心智乃是社會的控制方法。

3 模仿與社會心理

前文曾指出心理學的某種學習理論的缺點。按此理論，等於是讓人的赤裸裸的智能去接觸有形的東西，而且認爲這樣的互動會自然累積形成知識、觀念、想法。一直到比較晚近，另一種理論才被接受，即心智及道德意向的養成主要是受與他人共處經驗的影響。但是通常仍以這個理論爲輔，以直接接觸事物的學習方法爲主，人的知識只算是物質界知識的附錄。我們的討論要指出，這種論點把人與物劃分開來是荒謬欠通的。人對物的相互作用可能塑造外在行爲的習慣，但是，唯有在物的使用能夠產生某種結果的時候，這種互動才會導致有含意和有意圖的行爲。某人若要影響另一個人的智能，也唯有藉著利用物質條件（不論天然的或人爲的）引發對方的回應行爲。這便是我們的兩項主要結論。可以將這兩點放大強化，對照前述的那個理論，即是把人與人的所謂「直接」關係的心理學，附屬在人與物的假定直接關係的心理學之下。這個所謂的社會心理學，大體上是以模仿的概念爲基礎。所以我們要討論模仿的本質，以及模仿在心理意向形成的過程中如何作用。

按前述的理論，個人會受社會控制，是因爲出於本能要模仿或複製他人的舉動。他人的舉動乃是範本。由於模仿是極強的本能，小孩子會學別人的榜樣，在自己有所行爲的時候照樣做。按照我們的理論，這兒所謂的模仿是個誤導的名詞，其實就是因爲和別人一同使用東西結果產生了共同的興趣關注。

目前通行的模仿概念錯在因果顚倒，把後果當成了起因。組成社會群體的人們當然一定是想法相同的；他們彼此是能相互理解的。只要環境條件相同，他們的言行多半出於同樣的有控制作用的觀念、想法和意圖。從外表上看，可以說他們是在彼此「模仿」。因爲他們都在按很相似的方式做很相似的事。但是，「模仿」並未說明他們爲什麼行爲如此，這是說不出其所以然，只重複說其然。這樣的說明法很像一句有名的話：「服用鴉片會想睡，因爲鴉片有催眠作用」。

行爲的目標相同，發覺自己與他人一致時心生滿足之感，被冠上了模仿這個名詞。這樣的社會事實隨即被視爲一種會製造相同性的心理力量。所謂的模仿，其實有很大一部分只是構造相似的人對相似的刺激，採取相同的反應方式。人受了羞辱會生氣，而且會攻擊羞辱他的人，這不是模仿他人的反應。這句話可能遭到這樣的反駁：在習俗不同的群體裡，對受辱的反應方式會不同。的確如此。甲群體可能揮拳相向，乙群體會提出決鬥挑戰，丙群體的反應方式可能是做出不屑搭理的樣子。按模仿理論，反應方式不同是因爲模仿的範本各異。其實這是無須訴諸模仿的。單憑習俗不同的事實便可知道，引起行爲的刺激本來就不同。刻意的指導會有影響；在指導以前表示的贊同或反對影響就大了。更明白的事實是，個人非得按群體通行的方式舉措，否則等於不屬於群體。他唯有按別人行爲的方式行爲，才可能和別人相處融洽、地位平等。人要這樣做才會被納入群體活動，不然就被擋在群體活動之外，這種事實構成的壓力是永不鬆懈的。至於所謂的模仿帶來的後果，主要是刻意教導的結果，是共處的人不知不覺表示允准認可產生的取捨影響造成的結果。

假設某人把一個球滾給一個小孩，小孩接住球又把它滾回去給這個人，滾球遊戲於是開始。這個行為的刺激不只是看見了球，也不只是因為看見另一個人在滾。刺激是這個情境，是進行中的這個遊戲。反應不只是把球滾回去，而是滾回去讓對方再滾過來，然後自己能接住再滾過去，讓遊戲能繼續。「模式」或範本不是對方的動作。整個情境要求雙方針對彼此已經做的和要再做的動作調整自己的動作。其中可能包括模仿行為，但只有次要份量。滾球的小孩是為自己而感興趣；他想讓遊戲繼續。他甚至可能留意對方接球持球的樣子，從而改進自己的動作。他在模仿進行遊戲的手段，不是模仿結果或該做的事。他模仿滾球的方法，是因為他自己就希望成為表現稱職的遊戲夥伴，是他主動求好。想想看，小孩子為了要順利達成自己的目的，從小就多麼需要在行為上配合別人的行為，才能明白照別人的榜樣做會受到多少嘉獎，多麼需要理解別人行為的意思以便他自己照樣做。要求行為配合一致的壓力已經太大，訴諸模仿亦屬多餘。

模仿行為的結果只是表面的短暫功夫，對個人意向難有多少影響，這其實與為達致結果而模仿行為的方法是明顯有別的。智障者特別容易有這種模仿行為；這影響的只是模仿者外表的動作，並不影響行為的含意。我們如果看見小孩子這麼學模學樣，不會予以鼓勵（如果模仿行為是社會控制的重要方法，就會鼓勵），反而可能罵他這麼做像猩猩、猴子、鸚鵡，或罵他莫名其妙。模仿某個可以達成目的的方法，卻是一種心智行為了。模仿者必須先仔細觀察，再斟酌該怎麼做能使他把已經在試著做的事做到更好。模仿的本能（任何本能皆然）如果用於某個目的，可能成爲促進有效能行爲發展的因素。

這一番補論是要再強調這個結論：眞正的社會控制指的是心智意向之形成，也就是知道怎樣去理解物件、事情、行爲，從而能夠實際參與共同活動。唯有遇抵抗而產生的摩擦會導致人們認爲，社會控制就是強迫人遵守違反本性的行爲路線。唯有忽略了人們彼此都關切的情境（或有心要行動以相互呼應的情境），才會把模仿視爲促成社會控制的主要媒介。

4 教育的應用

爲什麼原始部落一直停留在未開化狀態，文明的社會卻持續文明？第一個想到的回答就是：因爲未開化的人是未開化的、智能低、道德觀念可能也不足。但是，詳細的研究發現，他們的天生資質未必不如文明社會的人。研究已經證明，文化差異不能只用天賦的差異解釋。未開化社會的人的智能是落後制度的果，不是因。由於社會活動影響，他們關注的事物有限，從小局限了心智的發展。即便對於在他們關注範圍之內的事物，原始社會的習俗也多半把觀察和想像停頓在不會拓展智能的層面。因爲對自然力無法控制，自然事物甚少納入他們的共同行爲。只要少數幾種天然資源被他們利用，利用得也不得當。文明進步也就是說，大量天然資源和物件被轉化成爲行動的工具，成爲幫人達到目的的手段。文明能起步不是因爲才智較優，而是因爲有較優的刺激來喚醒才智導引才智。原始社會面對的刺激多爲天然未加工的；我們的刺激則是「加權」的。

人類曾經付出心力，自然環境的條件才變了樣。本來它們對人類的行爲是冷漠的。後來的每一種栽培作物、每一種馴養的動物、每件器皿、每件工具、每件製造品、每件美觀裝飾、每件藝術品，都代表環境條件的一種轉變，是從原來不利於人類固有活動轉變成爲有利。由於如今小孩子的活動都受這些經過淘汰留下的內容豐富的刺激在控制，所以能在短短一生之中跨過人類歷經許多時代的艱辛累積下來的經驗。未來發展的結果，已經由先人的成績註定。

有些刺激可以導致有經濟功能和效率的反應，例如建設道路系統和運輸工具、使用熱、光、電、製造各種不同用途所需的機器和裝置。但是，只憑這一件件東西或它們的總和，並不構成文明。這些東西發揮用途才是文明，沒有這些東西，用途也無從發揮。假設我們不能用這些東西，勢必要浪費許多時間在嚴苛的環境中謀生存求自保，如今這時間省下來了。先人的整套知識傳下來，體現知識的有形用具產生的結果能符合自然界的事實，證明知識是正確的。這些器具提供了一種保護，這也許是防止人類舊病復發的主要保護，以往的人已經把太多上乘智力耗在迷信思想、奇幻神話、無益的想像上。如果再增加一個因素，即是，器具不但被使用，而且是爲共有或聯合的生活而使用，這些器具就變成文明的積極資源。古希臘的物質資源遠不如我們，卻能成就優秀高貴的思想美藝生涯，是因爲希臘人能爲社會目的而運用既有的資源。

然而，不論情況如何，不論是未開化的或文明的狀態，不論是對自然力控制有限的狀況，或是尚未使環境從屬於共同經驗而多少聽命環境機制擺佈，器物在人類行爲中被使用了，就提供了教育的環境條件，也能導引心智與道德意向的形成。

前文說過，刻意的教育有特意選擇的環境，選擇的依據是特別有益朝預定方向成長的教材和方法。語言代表的物質條件，是曾經爲了社會生活而承受最大改變的（這類條件在化爲社會工具的過程中喪失了原有的特質），所以，與其他器具相形之下，應該是居很重要地位的。我們藉語言可以領會過往時代的人類經驗，從而能夠拓廣且豐富現代的經驗。語文使我們能憑符號和想像來預料未來。語文可以用無數方法濃縮記錄社會後果與預示社會前景的種種含意。由於語言參與生活中有價值的部分太多了，文盲幾乎成了「未受教育」的同義詞。

然而，學校特別偏重這個工具也有其危險。這危險不在理論中，而是表現在實踐上。傾灌式的教法和被動吸收式的學習法明明普遍受各界指謫，爲什麼一直改不掉？教育不是一邊只管講另一邊只管聽的事，而是一種主動的積極的過程，這個原則在理論上是普遍受肯定的，在實踐上卻幾乎一樣普遍遭到違背。會有這可悲的狀況，是不是因爲這個道理只是講來聽的？鼓吹、宣講、撰文闡述這個道理的大有人在。若要貫徹實行，學校的環境必須配備這樣做的設施，有工具有實材。授課的方法和行政管理也必須修改，以便學生能直接而持續地用實材作業。這並不表示應該少用語文這個教育資源；語文應當保有它與共同活動的正常聯繫，使用起來才會更有活力更有成效。「汝應辦妥此等諸事，亦不可怠忽彼等諸事。」對學校而言，「此等諸事」就是設備合作或共同活動需要的工具。

這是因爲，學校一旦脫離了在校門以外有效用的教育條件，就一定會用一種迂腐的僞智育精神取代社會精神。小孩子當然要上學，但如果學習搞成另成一格的東西，學校的安排未必就是最適切的學習方式。社會觀念是從參與有共同關注及價值的活動而來，學校的安排往往把這些阻隔在外，爲孤立的智育付出一切努力，因而與教育的目標背道而馳。不讓一個人與別人接觸，或許可使他有肌肉活動和感官刺激反應，卻不可能使他理解各種事物在社會生活中的含意。我們可能教他把代數、拉丁文、植物學之類學到專精，卻不可能教他懂得怎樣把能力導引到有用的目標上。唯有在參加共同行爲的時候，個人使用實材和工具才會參照別人運用才能和實物的方式，這樣才可能在意向上接受社會指導。

摘要

小孩子天生的自然衝動並不符合他們所處的群體之中的生活習俗，所以必須受指導。這種控制與身體上受強制是不同的；它要做的是，把衝動行爲朝一定的明確目標集中，並且使連串行爲有一個連貫的次序。別人會有什麼樣的行爲，端看決定用哪種刺激引出其行爲。有些刺激，例如命令、禁止、稱許、非難，是發出刺激者存心要影響他人行爲的。在這類情況下，控制他人行爲的意識最強，所以我們往往會誇大這種控制的重要性，同時卻疏忽更持久且有效的指導方法。基本的控制始於小孩子參與的那些情境的性質。在社會性的情境中，小孩子必須將自己的行爲方式參照別人的行爲，才能夠與別人相符。小孩子的行爲因此被導引到共同的結果，他也因此能和其他參與者一樣理解行爲的含意。即便參與者的動作各有不同，都是按同一個意義而行爲。對行爲的手段和目的有共識，即是社會控制的本質所在。社會控制是間接的或訴諸情感和智能的，不是直接的或個人的。而且，社會控制是行爲意向內含的，不是外力的或強制的。藉共同關注和共識達成這種內在的控制，即是教育的本務。書本和講談雖然是有效的教育工具，學校往往太偏重使用這兩者。學校教育爲謀求更大效益，就必須提供更多共同活動的機會，讓學生參與，以便從中獲取對自己的能力、使用的實材和工具應有的社會意識。

第四章

教育即成長

1 成長的條件

社會指導小孩子的行爲而決定他們的未來，決定小孩子的未來也就是決定社會自己的未來。一代的小孩子會成爲以後一個時代的社會成員，他們組成的這個社會將是什麼模樣，主要取決於他們早先行爲所受的指導。這樣朝著日後結果累積的運動，就是成長的意涵。

成長的基本條件是未成熟狀態。這樣的說法——人只會在未發展的時候可能發展——似乎是不言自明的道理。然而，在「成熟」前面加上「未」組成的詞是含有積極意義的，並不僅僅表示「欠缺」的意思。注意capacity和potentiality這兩個名詞都是有雙重含意的，一個消極，一個積極。capacity可能只指包納性、容量；potentiality可以只指休止狀態、靜止狀態，在外力影響下才會變得不同。capacity也可以指才能、力量；potentiality也可以指潛能、勢力。我們所說的未成熟狀態有可能成長的含意，並不是指當下欠缺以後才會有什麼；我們指的是積極存在的力——發展的能力。

我們容易把未成熟狀態當作短缺，把成長當作填補從未成熟到成熟之間的空缺，是因爲我們從比較的角度看童年，沒有就童年本身的角度看。因爲我們把成年看作固定的標準，按這個標準衡量，童年就成了匱乏狀態。這樣的著眼點看見的是小孩子沒有的，是他未長大成人之前不會有的。這種比較的觀點有時候可行，但如果只認定這一個觀點，恐怕會犯了過度武斷的毛病。小孩子若能夠清楚眞誠地表達自己的意思，就會說出另一種意見；而且，按成年人自己提供的可靠憑據，爲了達成某些道德上知識上的目的，成年人必須變得像小孩子一般。

從負面角度看的未成熟狀態，是把靜止的目的設定爲理想與標準，這種假設顯然是太過了。它把實踐成長當作「達成」成長的意思；換言之，就是喪失成長，停止繼續成長。成年人莫不厭惡再也不可能成長的污名，發現成長的機會不可得只會感到悲哀，並不會仰仗已經「達成」的而得意，可見這樣的假說多麼無益。爲什麼小孩子和成年人要有不平等的衡量標準？

如果不從比較的角度看，改從絕對的角度看，未成熟狀態標示出一種積極的力量或能力，即成長的能力。有些教育理論說要引出小孩子的積極行爲云云，其實無此必要。有活力的地方就已經有急切熱情的活動。成長不是外力施加給活動的什麼東西，而是活動自己在做的。要理解未成熟狀態的兩個主要特性——依賴性與可塑性——必須以這個狀態的積極建設性走向爲起點。(a)把依賴說成積極，聽來很荒謬；說它有力量似乎更荒謬。假如依賴就只是不能自立的無助，根本不可能再有發展。虛弱無力的人永遠得靠別人背著抱著走。依賴其實包含了有能力成長的意思，並不只是愈來愈依附寄生的景況，這就有了積極性。靠他人庇護而生存是不會促進成長的，因爲(b)庇護只是把柔弱無力用一層保護牆圍起來。就有形的世界而言，小孩子是一籌莫展的。他從出生起有很長一段時間沒有照顧自己的能力，不可能自己謀生。如果把他放在無人扶助的情況下，恐怕連一個小時也活不過。小孩子在這方面是徹底無能的，肢體柔弱而無力應對所處的環境，遠遠不如畜牲的幼仔。

⑴這樣的徹底無助卻暗示有補償力量在其中。畜牲從很幼小的時候就相當能夠適應生存環境，這暗示牠們的生活並不是與周遭同類的生活密切結合的。牠們不得不具備體能上的稟賦，因爲牠們欠缺社會能力。人類嬰兒卻因爲有社會能力，即便體力上無能也可以存活。我們在觀念和言語中，把小孩子當成是恰巧置身在社會性的環境裡，似乎社會力完全只在那些照顧他們的成年人那邊，小孩子只是被動的接受者。如果說小孩子有招引他人關注的奇異天賦，好像是把人們會特別關注小孩子的需求的話反過來講。其實研究已經證明，兒童天生就有上乘的社會交流能力。小孩子那種能觸動周遭人態度行爲的柔韌敏銳能力，極少人能在成年以後全部保留。他們雖然對有形事物不留意（由於無力控制這些事物），對於他人行爲的興趣和注意卻相對強化。小孩子天生的機能與衝動，都是能便利社會反應力的。所謂兒童在青春期以前都是利己而自我中心的說法，即便有理，也並不與這個論點相悖。利己說法所指的是，兒童的社會反應力爲利己而用，不是指沒有社會反應力。但這個說法其實有誤。所謂兒童純粹自我中心的心性，一般引證的事實都在凸顯兒童要達到目標的態度是多麼強而直接。如果他們的目的在成年人眼中看來顯得狹隘自私，是因爲成年人已經（在孩子的年紀同樣一心一意）完成過那些目標，所以不再那麼感興趣。所謂小孩子天生的自私利己，大多只是與成年人利己行爲相衝突的利己。太專注在自己的事情

上的成年人對小孩子的事情不會感興趣，難怪會覺得小孩子專心一意在他們自己的事情上是不對的。

從社會的觀點看，依賴意指一種力量而不是無力，其中包含相互依賴的意思。各自獨立性提高會使個人的社會能力降低，這是必然的。個人愈不需要依賴別人，可能就愈自負；可能導致與人疏遠，態度冷漠。這往往會使一個人在人際互動中麻木不仁，從而產生錯覺，以為自己眞能單打獨鬥。這種未定病名的瘋狂症，曾經給世人帶來許多本來可以避免的苦難。

(2)未成熟的人具有的適應成長的特殊能力，即是他的可塑性。這與灰泥或蠟的可塑性大不相同，不是按外在壓力產生形體改變的能力。這種可塑性接近一種柔軟彈性，類似人染上周遭環境的色彩卻保有自己的好惡意向。可塑性也不僅止於有彈性的層面，基本上是指有能力藉經驗學習；這種能力使人從經驗中保留有用的部分，供日後應對困境時使用。這是依據過去經驗結果修正行為的能力，是發展行為意向的能力。如果沒有這種能力，習慣就不可能養成。

眾所周知，高等動物的幼仔，尤其是人類的幼兒，必須學習利用自己的本能反應。人類與生俱來的本能傾向就比其他動物多。但是，比人類低等的動物，會在出生後不久就將本能完全配合適當行為之需，人類嬰兒期的本能卻大多無甚用途可言。生來有特定作用的適應能力可以立刻達致效率標準，但是這種能力如同火車票，只能在某一條路線上用。要使用眼睛、耳朵、手、腳，都必須試驗將各種反應做不同的組合，從而能夠有彈性而多樣的控制用法。例如，小雞能在破殼而出幾小時後就能準確地啄食，這是因爲眼睛看和低頭啄的動作經過幾次試驗就達成確定的協調。人類嬰兒需要大約六個月的時間，才能夠把眼手並用的伸手搆物動作做到近似準確；換言之，要六個月才知道自己能不能抓到視線內的某件東西，以及該怎樣去抓。然而，小雞將受限於相對精準的天賦本能。人類嬰兒卻有大量的本能嘗試性反應的優勢，以及隨之而來的大量經驗，雖然這些反應相互妨礙使他暫時處於劣勢。人學習動作不是按現成榜樣學，而是必須學習視情況不同而變換各個因素，做出不同的組合。學會一個動作的同時，也開發出適用於其他情境的方法，因此而有繼續進步的可能。更重要的是，人類會養成學習的習慣，懂得要學習。

依賴與變化的控制這兩項事實對人類生活之重要，在重視嬰兒期延長的學說中已有概括論述。[1]不論從群體中的成年人的立場看，或是從幼小者的立場看，嬰兒期延長都有重要意義。有小孩子在依賴、在學習，就是一種刺激，會引來養育與愛護的反應。小孩子時時需要不間斷的照顧，這也許是促使人類從短暫共居變爲永久結合關係的主要原因。當然主要是受這個因素影響，人類才養成對幼小有愛心及同情關護的習慣；這樣爲他人福祉著想的正向心態，是共同生活的根本要件。就領悟力而言，這一步道德發展意味有許多新的關注目標加入；這一步發展也刺激了前瞻與事前計畫的能力。所以這是有交互影響的。因爲社會生活益趨複雜，嬰兒期必須拉長才能夠學會必要的能力；依賴期拉長也就是可塑期延長。可塑性是學會多樣新穎控制模式的能力，這種延長也是推動社會進步的力量。

2 習慣是成長的表現

前面說過，可塑性是指一種能力，能按先前經驗保留下來原動力修正後來的行爲。這意指養成習慣的能力，或發展確定意向的能力。接著要談的是習慣的重要特徵。第一，習慣是一種執行技巧，是行爲中的效率。習慣即是利用自然環境條件達成自己目的的能力，是藉著控制動作器官而主動控制環境。我們也許常在強調對身體的控制之餘，忽略了對環境的控制。想到走路、說話、彈鋼琴，或是蝕刻師傅、外科醫生、造橋工人的專精技能，就只想到行爲者的輕鬆、純熟、精確。技能當然也包括這些特質，但衡量這些特質的高低，就要以行爲者能否經濟而有效地控制環境爲標準了。能走路表示能駕馭某些自然屬性，其他的習慣亦然。

1 多位作者寫到這一點。費斯克（John Fiske）的《一個進化論者的遊歷》（*Excursion of an Evolutionist*）應屬首先有系統詳述之作。

教育即是培養有益個人適應環境的種種習慣。這個常見的定義表達了成長的一個重要面向。這裡所說的適應是主動的行爲，是「控制」用來達成目的的手段。假如我們以爲習慣只是行爲者承受的改變，假如我們忽略這種改變乃是一種能力促成，是影響以後環境中改變的能力，那麼我們就會誤以爲「適應」就是遵從環境的規範，如同蠟被戳印壓出刻痕。按這種看法，環境是固定不變的東西，因爲固定，所以有一定的目的和衡量行爲者有無改變的準則；而適應就僅僅是調整自己以符合外在環境的固定不變。[2]如果習慣的意思是指使自己慣於接受某事物，那的確是比較被動的；我們對自己的環境條件便是這樣習以爲常，例如穿戴衣服、鞋子、手套久了便習慣；對尚屬穩定的氛圍習慣；對日常交往的人習慣，等等。這類習以爲常的明顯特徵是，遵循環境條件，行爲者承受的改變與調整環境的能力無關。這種適應（不妨說是「遷就」，因爲與主動的適應行爲不同）的特徵既不一定帶進我們主動利用環境的習慣裡，有兩點是應該注意的。第一，我們對事物是「使用」在先，然後才會習以爲常。

假設是要習慣一個陌生的城市。一開始會有太多刺激和太多適應不良的反應。漸漸地，有關係的刺激被選出來，無關的就降級。對降級的刺激大概不會再反應，其實也就是對這類刺激有了一貫的反應，即適應平衡。這也就是說，第二，這種持久的適應提供了經驗背景，遇有狀況發生時可以按此做出特定的適應。行爲者從未想要把環境「整個」改變；對於許多事物會視爲理所當然，就接受現狀。在這種背景中的行爲有時候會專注於引入必要的改變。習以爲常因此意指，針對環境做調適而無意更改環境，這個環境是促成積極習慣的助力。

總之，適應即是環境適應我們的行爲，也指我們的行爲適應環境。例如，一個原始部落在沙漠平原上生活，適應了環境。這適應卻包含對於現狀最大程度的接受、容忍、逆來順受，最大程度的被動順從，以及最小程度的主動控制和馴化利用。換成一群文明人在沙漠平原上生活，他們也要適應環境。這適應卻包括開闢灌溉系統；搜尋在這種環境條件下能繁茂的動植物；仔細去蕪存菁改良已經生長在這個環境裡的動植物。結果，荒野變成一片蔥綠。原始部落只是習慣了這個環境；文明社會卻具有可以使環境改觀的習慣。

習慣的意義並不只限於執行與動作的層面。習慣也指智能和情感傾向的形成，以及行爲在輕易、省力、效率上的增進。習慣都是意向，是對於執行意向時牽涉的環境條件有主動的好惡。習慣不會像《塊肉餘生錄》的密考伯先生那樣，等刺激來了才忙起來，它會主動找機會全力施展。如果施展受了不當的阻礙，意向就會變成焦慮與強烈渴求之狀。習慣也顯示智能的傾向。有某種習慣，就一定有相關素材及配備方面的知識。理解習慣如何作用，有一定的方法可循。思考、觀察、感想的模式都化爲技能和願望進到人的習慣裡，人

2 這種概念當然與前章說的刺激及反應的外在關係有合理的相關性，與本章所說的未成熟狀態及可塑性的消極概念也有關聯。

會成爲工程師或建築師、醫生、商人，也是這些習慣使然。智能因素在不需技能的勞動中佔的分量最少，正是因爲牽涉的不是高等級的習慣。但是這類勞動包含判斷與推理的習慣，與操作工具、繪畫、進行實驗之少不了判斷與推理行爲是一樣的。

以上的陳述都還只是輕描淡寫。手與眼的習慣牽涉到智能習慣，智能習慣增添了手眼習慣的意義。習慣中的智能成分定下這個習慣與多樣不同用途的關係，從而確定習慣與持續成長的關係。我們常說某人有固定的習慣，意思可能是指某些能力已經十分確定，此人有需要時一定可以用這些資源。這句話也可以指某人的習慣是欠缺新意、創意、虛心包容的陳規老套。習慣固定可能意指人被習慣套住，不是指人扣住了習慣。從這個事實可以明白，我們對於習慣爲什麼常有兩種看去：第一，把習慣視爲機械的外在的行爲模式，忽略其中的心智及道德角度。第二，給習慣帶上不好的意思，認爲習慣即指「壞習慣」。如果有人說選擇職業的性向乃是一種習慣，許多人聽了會感到意外，他們卻認爲自己吸菸或飲酒或說髒話的行爲是習慣一詞的典型釋義。他們會認爲習慣這個東西能把人箝制住，自己即便知道它不好卻不那麼容易把它甩脫。

習慣越是與智能不相干，就越降格到行爲常規的地步，越墮落成箝制人的行爲模式。常規式的習慣是未經思索的習慣：「壞」習慣乃是與理智斷絕的習慣，是與刻意考慮的結論及刻意的決定對立的。前面說過，人會有習慣是因爲天性本有可塑性：因爲人會變換反應方式，直到找出適當有效的行爲方法爲止。常規式的習慣和箝制住人的習慣，都是遏止可塑性的習慣。這些習慣顯示變的能力已經終結。生理基礎的固有可塑性當然會隨著年齡增長而減退。童年期本能的好動與熱切求變的行爲，對新刺激新發展的喜愛，都太容易「定下來」，也就是對於變有反感，故步自封。環境必須使習慣形成時充分運用智力，才可能抵銷這種趨勢。不過，有機體條件的老化也影響與思考相關的生理構造。這是事實，但只證明隨時多多動腦是多麼重要。如果只是機械般循常例重複動作達到習慣的外在效率，只有肌肉運動技能沒有思想，乃是短視的，是故意封閉環境對成長的影響。

3 發展概念中的教育意義

本章一直沒談到教育，討論的都是成長的環境條件和相關含意。但是，如果我們的結論無誤，這些都是一定影響教育結果的。按教育即發展的說法，一切解釋都要從「發展」如何定義開始。我們的最終結論是，生活即發展，而發展與成長即是生活。用教育的術語講，就是(*i*)教育過程即教育的目的，沒有以外的目的；(*ii*)教育過程乃是一種不斷再整理、再建構、轉變的過程。

(1)如果從比較的角度來看，按兒童與成年人各有生活特徵的觀點解釋，發展的意思是指把力量導引到特定方向：導引到習慣的養成，習慣形成要包含執行技能、興趣之確定、觀察及思考的明確目標。比較的觀點卻不是定論。小孩子有小孩特有的能力，忽視了這一點就等於妨礙小孩子成長的官能，把他賴以成長的官能扭曲。成年人憑自己的能力改變環境，從而引來新的刺激，導引他的能力到新的方向，使能力持續發展。忽略了這項事實，就是遏止發展，剩下的只有消極的遷就。換言之，正常的小孩和正常的成年人一樣，都是在成長的。兩者的差別不在成長與不成長，而在適於不同環境條件的成長模式。如果是要發展應對某些科學上經濟上問題所需的能力，我們會說小孩子應成長爲大人。如果是要發展投契的好奇心、無偏見的回應能力、坦率的心胸，我們又會說成年人應該多一些童心。兩種說法都沒有錯。

前文評論過三個觀念，即是：未成熟狀態是一種欠缺；對固定的環境用不變的適應方式；習慣是固執僵化的。三者都與一個錯誤的觀念有關聯，那就是：認爲成長或發展是要走向一個確定的不會變的目標。成長本身就是一個目標，這個觀念卻認爲成長是另有目標的。教育方面也有同樣的三項謬誤，即是，第一，不考慮小孩子本能的或天生的能力；第二，不發展面對全新情境時的主動作爲；第三，爲養成機械化的技能，太偏重操練等方法，忽略了個人理解。這些謬誤都是認定成年人的環境爲小孩子的標準，教養小孩子就是要達到這個標準。

自然的本能被當作可厭之物，要不然就視之爲淘氣行徑，必須予以禁止，或盡可能順從外在的標準。由於目的就是使小孩子順從規範，所以凡是有孩子個人特色的成分都被冷落，或被當作調皮搗亂的根源。規範變成等於不可以有差異。於是，孩子被教成對新奇事物不感興趣，厭惡進步、對不確定與未知的事物懷有恐懼。既然成長的目標是在成長以外，就必須藉外力誘導往目標走。每次有什麼教育方法被指責為機械呆板，大概都是引用外力施壓以達到外在目的者。

⑵事實上，成長的意義只相應於更多的成長，所以，能使受教育退居次要的也只有再受更多教育。俗話說，出了校門並不停止受教育，意思是指，學校教育的目的是確保教育延續，方法則是整理能促進成長的種種才能。使受教育者願意從生活中學習，願意把生活環境安排成能讓人人在生活過程中學習，就是學校教育的最佳成果。

我們既然反對拿成年人當比較準則的方法來定義未成熟狀態，就不得不丟開「未成熟狀態意指欠缺一些優點」的想法。揚棄了這種想法之後，我們又不得不改掉原來的思考習慣，不能再認為教導就是補充這欠缺狀態，把知識倒進正等著灌充的一個心智道德的空洞裡。既然生活即是成長，每個不同階段的生活就是一樣真實一樣積極的，彼此沒有完整與否的差別。所以，教育事業是要為成長或充分生活提供環境條件，沒有年齡的分別。我們卻以不耐煩的態度看待未成熟狀態，當它是應該盡快打發過去的東西。這種教育方法造就的成年人繼而以不耐煩的遺憾回顧童年和青少年期，當它是一段錯失良機與白費力氣的時期。這是令人啼笑皆非的。我們必須明白生活有它內蘊的特質，而教育的本務就在這特質，否則上述的情形仍會繼續存在。

我們如果明白生活即成長，就可避免再犯所謂把童年理想化的毛病，那其實只是懶惰放縱。生活不可以和表面呈現的行爲和興趣混爲一談。看來只是表面的玩鬧行爲是否某種才開始發展而有待調教的能力，雖然不易辨認，我們卻該記得，表現形式不應視爲目的本身。表現形式應該變成發展用的工具，變成帶著能力向前的工具，表現形式本身不值得縱容或培養。過度注重表面現象（包括加以責罵或鼓勵）可能導致這種現象固定，以至於阻礙了發展。父母師長應當注重的是，孩子的哪些衝動在向前發展，不是衝動原來的狀態。什麼是尊重未成熟狀態的原則，愛默生（R.W. Emerson）說得再好不過：「尊重孩子。不要太做出父母親的樣子。不要妨礙他的獨處。我卻聽到有人高聲反對這個建議：你眞的要放棄公私紀律的管束嗎？你要讓小孩子跟著他自己的激情和心血來潮去橫衝直撞，還說這樣顚倒混亂是尊重孩子的本性嗎？我要回答——尊重孩子，尊重他到底，但是也要尊重你自己。……教育男孩子的兩個要點是，保存他的本性，此外其他都修整乾淨；保存他的本性，但是要遏止他撒野、調皮、胡鬧；保存他的本性，順著他本性的走向給他裝備知識。」愛默生並不爲教導者開方便之路，只繼續說明這種對孩子的尊重「要求老師同時大量付出時間、心思、生活。這需要時間、習用、洞察、實事，以及上帝的所有教誨與幫助；僅僅心存要用這法子之念，就顯出個性與深度」。

摘要

成長能力的大小取決於對他人的需求多寡與本人的可塑性。兩個條件都在童年及青少年期處於高峰。可塑性亦即藉經驗學習的能力，指的是習慣之形成。習慣可以控制環境，是一種利用環境達到目的的能力。習慣有兩種形態，一是對重複刺激的習以爲常，一是個體活動與環境之間全面而持久的平衡，即調整行爲以應對新環境條件的主動能力。前者供給成長的背景；後者構成持續的成長。主動的習慣包含思想、發明、把能力運用到新目標上的動力。主動習慣與成規式習慣相反，後者顯示成長已停滯。因爲成長是生活的特徵，教育就是成長；教育本身即目的，沒有以外的目標。學校教育的價值如何，要看是否能激發持續成長的意願，是否能供給成就這意願必需的工具。

第五章

準備、展現、正規訓導

1 教育是做準備

前章已闡述過，教育過程是一種不斷成長的過程，每個階段的目標都是要提增成長的能力。這個概念與一向影響教育實踐的其他觀念是截然不同的。把不同之處一一說明，可以使這個概念的意思更加清楚。第一是與教育乃是一種準備過程的觀念不同。按這個觀念，做準備當然是爲了成年人生活的責任和權利而做。小孩子並未被當作具備正式完整資格的社會成員，而是當作候補者，只是等候名單上的名字。比這種觀念更有過之的，是認爲成年人的生命並無意義，只是在爲「另一種生命」做準備的試用期。準備觀念與上一章評論過的成長有消極及缺乏意涵的觀念是異曲同工的；所以此處不再重複評論，直接討論從這個基點理解教育的不良後果。

首先，動力沒有了，原動能力沒有利用到。大家都知道，小孩子活在當下；這不但是不可迴避的事實，而且是個優點。未來這個東西對小孩子沒有急迫性，也沒有實質意義。要他們爲他們不知爲何物的東西做準備，也不知爲何要準備，等於放棄既有的優勢，往茫然之中尋求原動力。其次，在這種情況下，無異於助長拖延與因循。準備工作等著的那個未來還遠得很；未來變成現在之前有很長時間。爲什麼要急於爲它做準備？何況現在有的是大好機會，隨時吸引人去冒險，也使想擱延的意念更強。當然，注意力和精力仍會擺在準備上，自會累積成爲教育結果，這個結果卻不如全部心力放在營造環境的教育功能上。

第三個不良後果是，按照符合習俗的一般標準要求孩子，不以個人確切能力在教導下的表現爲準。不根據個人優缺點做嚴謹明確的判斷，只按一般孩子在頗遠的未來大概該是什麼樣子而提出模糊不定的意見。例如，到學年結束將升級的時候該是如何，或是到將上大學，或是將要結束「試用期」而踏入所謂人生正經要務的時候。如此把注意力從關鍵時刻轉移到比較沒有成效的時段，損失大得難以估計，這樣做爲的是達成爲未來做準備的目的，卻正是在這一點上失敗得最嚴重。

末了，做準備之說必須大量使用快感與疼痛的附加動機。既然與眼前活動機會無關的未來沒有刺激力和引導力，就必須抓別的東西來達成效果。所以使用了利誘和恐嚇的法子。爲眼前的原因以及生活因素而做的有益身心的事，大多是不知不覺做的，刺激力就在個人實際面對的狀況之中。如果不理會這種狀況，就必須告訴學生，不按規定做就會受處罰；如果按規定做了，現在雖然有所犧牲，將來會得到報償。教育體系爲了爲未來做準備而罔顧現在的做法，必須仰賴懲罰制度到多麼大的程度，是人人都知道的。之後，因爲對懲罰制度之粗糙與作用不彰厭煩了，又出現大逆轉，這一劑爲未來需要而學的苦藥包上了糖衣，爲的是要騙學生去做他們不喜歡做的事。

問題當然不在教育是否應該爲未來做準備。如果受教育是成長，就一定會逐步把現在的潛能發揮出來，使個人更有條件達到以後的要求。成長不是等有空時偶爾做做的事；成長是持續不斷的步向未來。假如校內校外的環境提供的條件可以恰當發揮未成熟者現在的才能，從現在發展成形的未來當然就得到妥當處理了。錯誤不在重視爲未來做準備的工作，而在拿未來當作現在努力的主要動機。因爲極有必要爲持續發展的人生做準備，所以必須盡可能把每一分力量集中在豐富現在的經驗上。就在現在不知不覺融入未來的同時，未來也得到了安頓。

2 教育即展現

有一種教育理論自稱是以發展概念爲基礎的，可是它一手端出來的東西又用另一隻手拿回去了。它所說的發展不是一種持續成長，而是把可朝確定目標走的潛能展現出來。目標則是一種完成與圓滿。沒達到目標以前的任何生命階段，都僅僅是有助於達成目標的展現行爲。邏輯上看來，這個理論只是準備論的變體。實際而言，擁護準備論的人強調準備是爲了實用及專業的職責，發展論者注重的是展現的理想及精神意義。

成長與進步不過是逐步接近一個不變的最終目標。這種想法是從靜態生活觀轉爲動態的最後一個思維弱點。它假裝動態生活觀的模樣，稱讚發展、過程、進步之重要，卻認爲這些都只是過渡的；本身無甚意義，是因爲走向現在進行的事情以外的目標才有意義。因爲成長只是往圓滿完成的人而走的動向，所以最終的理想是不動的。在一個抽象而不明的未來主控下，所有論點都對現在的能力與機會含著貶意。

因爲圓滿這個目標（也就是發展應達到的標準）很遙遠，太遙不可及，所以嚴格來說是無法達到的。因此，爲了便於指導現在之用，必須變成可以代表這個目標的東西。要不然，孩子的每個形諸於外的行爲，都必須當作是從內在發生的一種展現，而且是一種神聖不可侵犯的展現。必須明定一個代表那理想目標的準則，按這個準則來評定某個態度或行爲是向目標接近或漸行漸遠，否則就只好把環境的一切影響都撤離，以免它們干擾適當的發展。由於這是實際上做不到的，所以設置了一個能起效用的替代品。這替代品通常一定是成年人希望小孩子能學會的觀念。於是，老師便用「提出暗示性的問題」或其他教學技巧來「引出」學生應有的表現。假如老師得到了期望中的結果，這證明孩子在正確地展現。然而，既然一般學生在這方面並不處於主動，結果便只有胡亂摸索投老師所好，而且會養成聽了口令才動作的習慣。正因爲這類方法扮起正確理論的模樣，又自稱有正確理論的後盾，它比直截了當「吩咐」孩子爲害更甚，因爲畢竟願意聽進去多少仍得看孩子自己。

爲了給絕對的目標提供一個能起效用的代表物，哲學思想界曾有兩次頗具代表性的嘗試。兩者都是從人生「內在的」完整性——某種絕對——的概念著手，要讓圓滿完善的理想不只是理想，而是眼前就在起作用的。不過現在它是以內隱狀態存在，是「潛在的」，也就是處於包裹中的狀態。所謂發展就是把包裹住的東西逐漸揭露外現。福祿培爾（Froebel）和黑格爾（Hegel）是這兩種哲學理論的創始人，二人對於這完善圓滿原則循什麼途徑逐步實現，有不同的想法，黑格爾認爲，歷史上的制度習俗具體呈現「絕對」之中的不同要素，這乃是由一連串歷史制度來達成。按福祿培爾的意思，驅動的力量是將與絕對的基本特徵類似的符號呈現給孩子。這些符號大多爲數學符號，傳授給孩子以後，沉睡於孩子內在的「完整體」或完善便被喚醒了，舉一個例子便可說明這個方法。見過幼稚園的人都曉得，幼兒常是圍成一個圓圈而坐。這豈止是因爲圓圈是集合幼兒的一個簡便方法，其中是有玄機的，「因爲這是人類共同生活的普遍象徵符號」，所以一定要用圓圈。

福祿培爾肯定兒童天賦能力之重要、對兒童愛護關心、誘導他人研究兒童，在近代教育理論中堪稱是推廣成長概念最有效的一股力量的代表。但是，他構想的發展觀念，以及他規劃的促進發展的辦法，都受了極大束縛，只因爲他認爲發展乃是把現成的潛在的天性展現出來。他未能認清，成長的過程就是成長，發展的過程就是發展，所以他把重點放在過程最終的成品上。因此，他定下一個阻止不斷成長的目標，他定下的評量準則也不適用於直接導引才能，必須轉換成抽象的與符號的公式才能用。

圓滿展現狀態的這個遙遠目標，用哲學的專門術語來講，是先驗的（transcendental）。也就是說，是親身體驗認知以外的東西。就經驗而言，這目標是空洞的；它代表的是某種感情用事的模糊盼望，不是可以用智能掌握說明的。這模糊的缺點可以用一些假定的先驗公式彌補。福祿培爾認爲，經驗的具體事實和發展的先驗理想是一體相關的，前者乃是後者的象徵符號。如此把已知事物當作符號，根據的卻是一些武斷的先驗公式——凡先驗的概念必然是武斷的——等於任由浪漫奇想去隨便抓些與自己相投的類比來用，把它們奉爲定律。定下象徵符號說的基調之後，還得發明一些明確的方法，以便使學生眞正領會所用的符號有什麼內在含意。成年人既是全套符號的規劃制定者，當然也就是負責創立並控制方法的人。其結果就是，福祿培爾對抽象符號的愛好佔了上風，他的推己及人見識只得讓步；發展的意義沒了，取而代之的是教育史上所見最武斷最訴諸外力指揮的做法。

按黑格爾的理論，「絕對」既然是難以求得的，就必須找到某種能起具體作用的對應物，但不是用象徵的形式，而是用制度。他的哲學，如同福祿培爾的，從某方面看是一種貢獻，對於形成有效的生活過程的概念乃不可或缺。他知道抽象的個人主義哲學有顯而易見的弱點；他也明白，不可能把過去的制度全部清除，也不可能把它們全部視爲專制，是詭計與詐騙孕育滋養出來的東西。他的歷史社會哲學匯集了萊辛（Lessing）、赫爾德（Herder）、康德（Kant）、席勒（Schiller）、歌德（Goethe）諸位德國著述名家的意見，來評價人類的偉大集體制度產物在養育方面的影響。已經學過這般思潮功課的人，從此不可能把制度或文化設想成人爲的東西。這個教訓證明語言、政府、藝術、宗教等「客觀心智」在個人心智形成中有重要影響，把主張「心智」是個人生來就有的現成物的心理學徹底摧毀——是在觀念上摧毀，不是事實上。但是，由於黑格爾記掛著絕對目標的概念，不得不把制度按其具體存在的狀況安排成一級級向目標漸近的階梯。每一級都是各自的時空裡絕對必要的，因爲都是絕對心智自我實現過程中的一個階段。這樣的層級或階段存在，就證明它們有完整的合理性，因爲它們是總體的必要成分，而總體就是「理性」。在制度之下的個人本來是沒有精神權利的；個人的發展與受教養就是順從地接受既有制度精神的同化。受教育的要義是遵循規範，不是改變心性。歷史證實，制度會變，但制度改變與國家興亡都是「世界精神」造成的。除了偉大的「英雄」有資格參與（他們是「世界精神」選中的工具），一般個人是沒份的。這種唯心論在十九世紀晚期又與生物進化論合併了，認爲「進化」是一種自己努力要達到自己目的的力量。與它相比，個人有意識的觀念與好惡是起不了作用的。也可以說，人只是進化用來成就它自己的工具。社會進步是一種「有機的成長」，不是實驗性的淘汰作用。理性是全能的，但只有絕對理性能發揮力量。

能夠看出（或再發現，因爲古希臘人早已知道）偉大的歷史制度是培育心智的積極因素，對當時的教育哲學是一大貢獻。這是眞正超越盧梭（Rousseau）的證明。盧梭曾主張教育必須是一種自然的發展，不應是從外面強加於個人或移植到個人身上的東西。但他認爲社會條件不是自然的，這個看法有損他自己的主張。黑格爾理論認爲，發展的最終目的是完全而無所不包的，這樣雖然在抽象理念上把「個人」放大，卻把實實在在的個別性抹煞了。黑格爾的一些追隨者想要把「總體」和個別性的處境調和一致，辦法是建立整個社會是一個有機體的概念。社會組織要以人人能發揮所長爲先決條件，這應該是沒有疑問的。

假如社會有機體的機能，是按照身體各器官彼此間以及與整個身體的關係來解釋，每一個人的地位和功能就都是有限的，必須靠其他器官的地位和功能來補助。就好像身體組織的某一部分和別的部分不同，可以成爲手，而且只能成爲手。另一部分只能成爲眼睛，每個部分的功能都有限，湊在一起才成爲生命有機體。按照這樣，社會中的某甲應該被劃分爲專做機械操作，某乙專做政治事務，某丙專做學者工作，等等。有了這種「有機體」概念，社會組織中的階級分別就有了哲學上的依據。應用到教育上，這個概念講的仍然是外力的指揮，不是個人的成長。

3 教育是功能訓練

成長概念的影響力還不大的時候，曾有另一個理論產生，而且風行一時，即是「正規調教」（formal discipline）的理論。此論有個正確的理想：教育的一個後果應該是創造可以成就事務的確切能力。一個受過訓練的人，做自己有必要會做的事能比沒受訓練的人做得更好。「更好」的意思是指做來更輕鬆、更有效率、更省力、更快，等等。教育能帶來這樣的後果，前文所說習慣是教育發展的成品之時已經討論過了。但是這個理論似乎抄了近路，把某些能力（見下文）當作教學刻意要達成的直接目的，不認爲那只是成長的結果。因爲可調教的能力就是那麼多種（例如高爾夫能手該學會的揮桿法就是有一定的），所以教育該做的就是直接去訓練那些能力。按這個意思看來，那些能力已經以尚未受訓練的形態存在了，否則它們必然是其他行爲和作用力間接製造出來的東西。既然有待琢磨的粗坯已經在那兒，接下來該做的就只是按劃定的級別不斷反覆練習，這些能力一定會達到精湛熟練。「正規調教」這個名詞用到這個概念上，「調教」既是指能力訓練成功的結果，也指反覆練習的訓練方法。

這兒所說的能力包括理解、記住、回憶、聯想、專心、決意、感受、想像、思考等，是藉既有教材練習就可以造就成的功能。這個理論的經典論述是洛克（Locke）提出的。他認爲，一方面是外在環境提供了素材，我們才從被動承受下來的感覺學到知識。另一方面，心智也具備一些現成的能力，如專注、觀察、記憶、比較、摘要、綜合等。能夠把事物按它們在自然環境中原有的合分狀況加以區分連結，就是學得了知識。教育的要務是操練實習這些心智能力，到它們都變成徹底確定的習性爲止。這一派理論常用的類比例子是玩撞球或練體操的人，因爲重複按一套方式使用某些肌肉，終於練成自動反應般的技術。甚至思維能力亦然，也應該藉重複練習作連結區分而成爲訓練出來的習慣。按洛克的看法，數學提供的這種練習機會是再好不過的。

洛克的論述正符合他那個時代的二元論，心與物、個人和世界都可以兼顧。其一交代了心智要學的知識內容，其二明確說出心智能力有哪些，數量不多，而且可以憑特定的練習來訓練。這套理論看來相當重視知識的素材，卻也強調受教育的目的不單單是接受訊息儲存訊息，而是培養個人的專注、記憶、觀察、摘要、綜合等能力，特別強調所有知識素材來自外在，是重實際的；最終的重點放在養成心智能力上，又是理想主義的。如果主張個人不可能憑一己之力據有或造出眞實的觀念，就是客觀的，非個人的；把教育的目的放在改進個人本來就有的某些能力上，這又是個人主義的。這樣的價值分配很精密地表陳了洛克以後幾代人的意見狀態。後來這就變成教育理論和心理學之中的老生常談，不必要引述洛克爲出處。就實務面看，這給從事教育的人指出明確的任務，把制定教學方法細目的工作變得比較輕鬆。需要做的就只是讓每一項能力都有充分練習。而練習就是反覆地注意聽、注意看、背誦等等。把這些行爲按難度分級，每套重複的行爲一級比一級難，這樣便發展成功一整套教學方法了。

要批評這個概念所說的基礎和教育上的應用，方式有好幾種，每種都一樣有說服力。

(1)最直接的攻擊法也許是，指出觀察、回憶、決意、思考等這些假定本來就有的能力根本就是神話。根本就沒有這些現成的能力等著練習再受調教。確實有的是許許多多天生的本能行爲模式，都是從中樞神經系統裡的神經細胞原有的聯繫產生。例如，眼睛會不由自主跟著光走，注視光源；頸部肌肉會轉向光與聲音的方向；手會伸手搆物，會轉、會擰、會敲；發聲器官會出聲；嘴會把厭惡之物吐掉、會作嘔、會抿唇，例子多不勝數。但是這些行爲傾向(a)不在少數，彼此也沒有鮮明的差異，反而是樣式極多，彼此交織在各種不同的微妙關係裡。(b)這些不是潛伏的心智能力，沒有在等候熟能生巧的練習；這些行爲傾向按某些方式反應環境中的改變，因而帶來別的改變。喉嚨裡有東西，人自然會咳；這樣可以把令人不適的東西排出去，從而修正隨後的刺激。手摸到燙的東西會縮回來，這是完全不經意的。但是縮回來可以改變作用中的刺激，也多半能把刺激變得比較符合個體的需求。就是憑個體以行爲上的明確改變反應環境中的明確改變，前文（第三章第一節）所說的對環境的控制才得以實現。我們所有的第一次看、聽、觸摸、嗅、嚐味的行爲都屬於這一類。我們能說得出的「心智」、「智能」、「認知」的任何定義，都不能套在這類行爲上；這類行爲不論重複練習多少次，都不可能添上觀察、判斷、蓄意行爲（決意行爲）的智能特性。

(2)所以，訓練原始衝動行爲不是藉「練習」來達到精確熟練，不是像強化肌肉的練習那樣。而是(a)從某時刻產生的分散的反應之中選出特別適合「利用」刺激的。也就是說，在眼睛受光的刺激時，本能產生的身體全面性反應[1]和手部反應之中，除了最適合有效做到伸手搆、抓握、操弄物件等動作的反應，其餘的反應都要逐漸淘汰，否則沒有訓練可言。前文說過，初始的基本反應都太分散太一般，除了極少數例外，都是對嬰兒沒有多大實用性的。所以，訓練就是選擇性的反應。(b)同樣重要的是，確切協調反應產生時的各個因素。例如不是只選擇促成抓握動作的手部反應，還要選那個只會引起手的此種反應而不會引來其他反應的視覺刺激，並且建立手眼之間的關聯。協調還不僅止於此。抓握物件時可能發生對溫度冷熱的典型反應，這個因素也要納入。爾後，溫度反應可以直接和視覺刺激相連，而手的反應已經被壓下來。所以，人看到明亮的火焰時不必有貼近的接觸，就會知道要避開。又如，孩子把弄物件時會敲打它或捏揉它，這樣產生的聽覺刺激會把耳朵的反應帶進反應系統。假如別人發出一個聲音（一個慣用的名稱）而且是和行爲一起，與聽覺刺激相連的耳朵反應和發聲器官反應，也會變成綜合反應中的相關因素。[2]

(3)反應與刺激之間的適應越是專一（以行爲的連貫性爲例，反應要適應刺激，刺激同樣要適應反應），訓練的結果就越僵化，越不能普遍應用。意思也就是說，心智的或教育的性質越少。按通常講法即是，反應越是針對一定的刺激而來，藉練習這個反應學會的技能也越不能運用到其他行爲模式上。按正規調教的本門理論，學生從學習拼字而練就的不只是拼寫某些字的本領，另外也增強了觀察、專注、記憶等能力，這些能力可在別的時地派上用場。其實，學生越把自己限制在注意強記字形上，卻不管字形和其他事物（例如字義、常用於什麼上下文之中、字詞的屬性與衍用等）的關係，越不易學到可以應用於其他

1 由於相互聯繫太密切，組成反應的途徑太多，每個刺激都會引起反應器官的某種改變。我們卻習慣忽略總體活動的大部分變動，只專注於最確切適應當下最迫切刺激的一個反應。

2 比較前文（第三章）所說反應之連貫次序。此處只是將連貫組合發生的方式說得更明白些。

方面的能力，學會的只是注意字詞的視覺形狀。也許連辨認幾何圖形的能力也不曾加強，更不用提觀察一般事物的能力了。學習拼字的學生只是在選擇字母形狀所給的刺激，以及口說或手寫的肌肉運動反應。其中涉及的協調，範圍非常小。學生練習的如果只是字母和字形，就是刻意排除了其他觀察記憶行爲（或複製行爲）會用到的聯繫作用。這個部分一旦被排除，再需要用時也不能恢復了。觀察記憶字形的本領，在理解記憶其他事物上是無力可使的。換言之，這套本領不能搬到別的地方用。反之，銜接的上下文越廣，協調的刺激與反應越多樣，學會的本領也就越能運用到其他行爲上，嚴格來說，這不是因爲本領眞的能「搬過去用」，而是因爲某個行爲運用的因素包羅很廣，等於行爲的範圍增廣，等於協調作用靈活——不會是狹窄僵化的。

⑷歸根究柢，這個理論的根本毛病出在二元的劃分；換言之，不該把行爲和能力與教學素材分離。所謂看、聽、記憶的全面能力是不存在的；只能說有看見、聽懂、記得某事物的能力。講到身心能力的訓練，卻不提練習所用的素材，根本是沒有意義的胡扯。活動身體可以引起血液循環、呼吸、營養吸收的反應，以致發展活力和體能。如果要把活力體能運用到某個目標上，就必須和達成目標所用的工具一起運用。有體力的人打網球或高爾夫或駕駛帆船，會比沒體力的人做得好。如果要成爲網球或高爾夫或帆船高手，一定得把球和球拍、球與球桿、帆和舵柄按一定的方式使用。至於憑擅長一種運動就能擅長別種運動，必然是因爲擅長前一種證明此人的肌肉協調功能良好，或是因爲這三種運動所需的協

調功能是一樣的。此外，拼字能力訓練也有不同的方法，一是從狹小的框架接受字形的視覺刺激，另一種接受方式是把視覺刺激和上下文、字源關聯等理解意義必要的行爲相連。兩者的不同，類似在健身房裡練滑輪舉重使某些肌肉「發達」與運動遊戲比賽的差別。前者是沒變化而機械式的；呆板地只做一種動作。後者是時時在變的；每個動作都不同；必須應付先前沒遇過的緊急狀況；協調作用要保持靈活彈性。所以，後者的訓練是比較「一般」的；也就是說，它涵蓋的領域比較廣，包含的因素比較多。心智的專科教育與普通教育不同，也正是同樣的道理。

單調不變的練習可以使某一個行爲因熟生巧，但這技巧只限於這一個行爲，簿記、對數計算、碳氧化合物實驗都在此列。某人在某個領域也許是權威人士，如果要他去判斷與自己的領域不甚相關的事務，除非他的本門專長和這些事物有衍生分枝的關聯，否則他的判斷一定是錯的時候遠多於對的。

(5)因此，觀察、記憶、判斷、審美等能力，都是天生主動行爲傾向用一些東西做事的「組合結果」。要一個人有仔細徹底觀察的行爲，不是按一個啓動觀察機能的按鈕（即「願意」去觀察）就成的。但如果他要做的某事，是非得密切廣泛地運用眼與手才能做到的，他自然會有觀察行爲。觀察的行爲是一種後果，是知覺器官和被觀察物的交互作用帶來的結果。所以它會因爲對象事物不同而改變。

也因此故，如果不先確定我們希望學生精通哪些事物的觀察與記憶，不先確定如此希望的目的何在，就謀求觀察、記憶等能力有更遙遠的發展，將是徒勞一場。這方面的準則應當是社會性的，這是重複前文已經說明過的話了。我們希望學生能注意、記得、判斷的事物，是有益他在自身所處的群體之中發揮成員功能的事物，否則索性教學生去仔細觀察牆上的裂縫，令他去背誦一長串他不懂的語文的字詞——我們向正規調教的理論低頭後，所做的其實和這些差不了多少。植物學家或化學家、工程師的觀察習慣會比這樣教出來的習慣好，是因爲他們的習慣面對的事物對生活比較有意義。

我們總結這一部分討論時會發現，專科教育和普通教育的區別不在功能或能力可不可以搬移。就字面意思講，搬移根本是不可能的。區別在於有些行爲的範圍廣，要協調的因素很多。這類行爲發展中必須不斷作改變調整。條件一變，某些因素便退居次要，本來次要的因素卻躍居主要地位。行動的重點不斷重新分配，就好像用圖解說明一個拖動重物的遊戲，一連串動作方向不變，施力點卻在調整。爲了配合題材改變，行爲的焦點就立即重新布局。只要行爲涉及的範圍廣（也就是說，需要協調多個不同的細分行爲），而且必須在漸進的發展中不斷出乎預料地改變方向，普通教育的作用也就必然產生。因爲「普通」的意思就是指寬廣而可以變通的。教育的實踐越能重視社會互動關係，就越能符合寬廣變通的條件，也越能達到普通。有的人在自己本行的哲學或語言學、數學、工程學、財金學上已經成了專家，在專業以外卻做出愚蠢的行爲與錯誤的判斷。然而，他對專業事物的關注如果與有社會廣度的行爲連到一起，他需要運用並且彈性整合的反應範圍就擴大多了。教材與社會脫節，乃是目前普通智育執行上的主要障礙。文學、藝術、宗教信仰一旦與社會背景脫節，其狹隘與主張普通教育的教育界人士極力反對的專門教育是不相上下的。

摘要

人受了教育以後會有能力再接受更進一步的教育，這個觀念與一些影響教育實踐甚深的別種觀念是截然的對比。與此相對比的第一類觀念認爲，人受教育是爲未來的責任和權利做準備。由於這個目的把教師和學生的注意重心偏離了唯一可能獲取成果的方向，不能把握眼前的需求與機會，結果是連設定的目的也達不到。第二類觀念認爲教育是把人的內在展現出來，似乎比較接近前章談過的成長概念。然而，就福祿培爾和黑格爾的理論看來，卻忽略了個人現在意向與現在環境的相互影響，與做準備的觀念犯的毛病一樣。這個觀念認爲人的內在本來就蘊含某種整體，成長只有暫時的重要性；成長本身不是目的，而是一種手段，用來使內蘊的整體外現。由於未展現的東西不能發揮明確的用途，所以要另尋替代之物。按福祿培爾的意思，有些物件和行爲（多屬數學方面的）具有的神秘象徵意義，可以代表逐漸在展開的那個「絕對總體」。按黑格爾所說，既有的制度就是這個絕對總體的實際代表。因爲偏重象徵符號和制度，會忽略了從領悟經驗意義的直接成長。第三類影響甚大卻有缺點的理論是，認爲人心生來就有理解、記憶、決意、判斷、概括、專注等心智能力，教育便是藉反覆練習來訓練這些能力。這個理論把能力投注的對象視爲比較外在而不甚重要的東西，用處只在能促成練習心智的全面能力。如此把假定的能力彼此分離，又與對象事物分離，是不正確的。其實踐結果也證明，過度偏重訓練狹隘的專門技巧，導致荒疏了主動力、發明能力、再適應的能力的培養，這些能力必須來自各種特定行爲的廣泛而連續的互動作用。

第六章

保守的教育與進步的教育

1 教育是塑造過程

現在要談的這個理論，它否認有所謂的心智功能，強調教材在智育德育中獨有的作用。按這個理論，教育既不是內在向外展現的過程，也不是在訓練本來就存在的心智功能，而是一種塑造過程，是藉外在的教材完成一定的聯繫作用達成的。教育就是嚴格定義的「教學」的過程，是一種自外而內的心智建構。教育是塑造心智的說法沒有問題，前文已經提出這個概念。這兒所說的心智塑造卻有以外在作用力爲依據的專門技術的含意。

這類學說的最佳歷史人物代表乃是赫爾巴特（Herbart）。他根本就否認人生來具備心智功能。他認爲，心智天賦的能力是，對其承受的各種不同刺激產生各種不同性質的反應。這些性質上各異的反應叫作「呈象」（即Vorstellungen）。呈象一旦形成就會持續留存，它們可能因爲心靈對新教材的反應比較強，而被壓到意識的「閾界」之下，卻會在意識表面以下繼續其固有的動向而作用。所謂的心智功能（包括專注、記憶、思考、理解，甚至情操）都是這潛伏在下的呈象彼此作用或與新的呈現互動而組成的安排、連結、複合。例如，理解功能便是一種複合，是舊的呈象上升來迎接新的，並且與新呈象融合的結果。記憶則是舊呈象與另外的呈象相纏，被帶到了意識閾界以上。快感是呈象的各個獨立活動被強化的結果；痛苦則是這些活動被扯開的結果。

心智的具體特徵完全是按各種不同的呈象的不同性質組成的排列。心智的「配備」就是心智，心智根本就是「內容」的問題。這個理論在教育方面的意義可分三方面講。⑴心智會有這樣與那樣之別，是因爲使用的物件引起這樣或那樣的反應，這些反應組成了這樣或那樣的安排。⑵因爲早先的呈象是「統覺的機關」，控制新呈象的吸收作用，所以舊呈象的特性很重要。新呈象的作用是增強先前的組合。教育者首先必須選擇適合的教材，以確定原始反應的性質。其次，根據先前的處理取得的許多觀念，排組接下來的呈象的順序。這與展現概念不一樣，控制力量不是來自未來的最終目的，而是從後面來，從過去而來。⑶一切教育方法都得先定下一定的正規步驟。提出新教材當然是必要的，但由於新教材和潛入意識以下的舊內容有互動後才有認知，必須先做「準備」，也就是把舊的呈象帶回意識平面以上，藉它們的活動來吸收新的。提出新教材之後，便是新舊的交互作用過程，然後是把新組成的內容應用到執行任務上。一切都是按這個過程來，所以有一套不變的方法適用於教導所有年齡層的所有學生學習所有的科目。

赫爾巴特的重大貢獻在於，使教育工作脫離了成規與偶然的地帶。他把教育帶進有刻意方法的領域；教育變成按明確目標有意去做的事，不再是偶發的靈感與順從傳統的複合。此外，教學訓導中的每件事都可以明確詳述，我們不必勉強安於有關終極理想的一些模糊而帶幾分神秘的泛論，以及臆測式的象徵符號。他廢掉了所謂心智功能現成的觀念，使重視教材——「內容」——變得極爲重要。與教材相關的問題會大受重視，赫爾巴特的功勞當然比其他任何一位教育思想家的功勞都大。他指出教學法的問題，是從教法與教材的關係著眼：怎樣安排新的材料以確保新舊間應有的交互作用，是教學方法的首要之務。

這個觀點的根本理論缺失是，忘記活生生的人自有主動的確切的功能，這些功能是在承受環境影響、發生重新導引融合時發展的。這個觀點是讓老師的長才有用武之地，從這一點上就可同時看出它的優點和缺點。心智的內容是老師已經教會的東西，已經學到的東西重要是因爲可以便利再受教導，這種概念反映了教員學究的人生觀。這套理論在老師教學生的職責上說得洋洋灑灑，關於學生的權利卻幾乎保持緘默。它強調了知識環境對心智的影響，對於環境也包括人們經驗與共的部分卻含糊其詞。有心設計並使用的教學法被捧得過高，活力充沛的無意識心態卻被低估。這個觀點強調舊的、過去的，對於眞正新穎的、不可預見的會有什麼作用卻輕輕帶過。簡言之，它談教育面面俱到，獨漏了教育的本質——追求確實運用機會的那股能量。一切教育都在塑造智能和道德的品行，但塑造過程在於選擇並協調學生與生俱來的行爲，使這些行爲利用社會環境中的學習材料。此外，塑造不僅止於塑造天生的行爲，而且要藉這些行爲進行塑造。這是一個再建構與重新整理的過程。

2 教育是重演與回顧

結合從外在而來的塑造與發展的觀點，導致了教育的重演論，是生物性的重演，也是文化性的重演。按重演論，個人會發展，但恰當的發展應是按有條理的階段，重現動物生命和人類歷史的過往演化。動物生命因生理機能而重演；人類歷史的演化則是藉教育而重演。生物學有理論假定，個人從簡單的胚胎到發育成熟是重演動物從最簡單到最複雜的進化史（用專門術語講，就是種系發生等於個體發生）。這本來與我們的討論無關，但它正是文化重演過去歷史的所謂的科學根據。按文化重演所說，第一，某個年齡的兒童的心智與道德處於野蠻人的狀態；他們的本能游移不定，有掠食性，這是因為他們的先祖曾經如此生活。因此，他們這個時候適用的教材應當是大致相同時期的人類製造的，尤其是神話、民間故事、歌謠等文學素材。之後，兒童會發展到等於人歷史上另一時期的階段，姑且說是田園詩歌時代吧！依此類推，到了文化的現代紀元，他們就可以參與當代生活了。

除了德國的一個小學派（多為赫爾巴特的追隨者）之外，切實貫徹這個理論的人極少。這個理論的基礎觀念卻是，教育基本上是回顧的；它放眼的目標以過去為首要，尤其重視過往時代的文學作品。心智是否塑造得當，端看仿傚過往精神遺產到什麼程度。

首先，這個理論的生物基礎是謬誤的。不錯，人類嬰兒的胚胎保留了較低等物種的某些特徵。但這絕不能說是重蹈演化的過往階段。假如真有純粹重演的「法則」，根本也不會有進化的發展，每一代子孫只會重複上一代的生活。簡單地說，是因爲能在前一輩的成長模式中抄近路作更改，才會導致發展。這也顯示，教育的目的就是要促進這樣走捷徑的成長。就教育的觀點而論，未成熟狀態的一大優勢是，我們可以把孩子們從必須生活在不合用的過去中的處境解放出來。教育要做的不是教孩子走上重演過去之路，而是把孩子從復興過去重蹈過去中釋放出來。孩子的社會環境，由文明人的思考感覺習慣的存在與作用構成。如果漠視這現在環境對孩子的導向影響，根本就是讓教育的功能棄權。曾有一位生物學家說：「不同種類動物的發展史……教給我們……一連串巧妙的、確定的、多變的卻多少是失敗的努力，那些努力是爲避免重演過去之必要，並且用更直接的方法取代祖傳的方法。」假如教育不謹慎設法在有意識的經驗中推動同樣的努力，使這些努力越來越成功，豈不是太愚蠢了？

重演論有兩個正確概念，很容易從把它們曲解的上下文中解放出來。其一是生物學方面的事實，嬰兒開始生活時只有他一出生便有的那些衝動行爲，眼睛看不見的情況下，許多行爲是彼此衝突的、偶發的、分散的，不能適應周圍的環境。其二是，過往歷史的產物只要對未來有益，本來就該加以利用。既然它們都是過往經驗的成果，對未來可能也有極大價值。古代的文學作品只要仍爲現代人所用，就是個人「現在」的環境；不過，當作現在的資源是一回事，按回顧的性質當它們是標準和模範，卻是另一回事了。

⑴第一個概念被扭曲，通常是因爲錯用了遺傳的意義。遺傳的意思變成是：過去的生

活以某種方式預先決定了人們的主要的特徵，這些特徵非常固執，難有大幅度改變。按這樣的解釋，遺傳的影響與環境的影響是相對的，環境的作用受到輕視。就教育的目的而言，遺傳簡直就等於個人的天生稟賦，教育必須接受個人本來的樣子；基本事實是，每個人天生配備的能力是有一定的。天賦能力如何產生，如何從祖上傳下來，對教育者而言並不特別重要（生物學家會比較在乎），重要的是這些能力已經在那兒。假如我們必須幫某人處理他繼承的遺產，可以假定遺產該怎麼用已經由它是遺產的這個事實預先決定了嗎？謬誤是顯而易見的。幫忙處理遺產的人應該做的是物盡其用，讓遺產在最有利的條件下發揮功用。他當然不可能讓並不存在的東西發揮功用；教育者也不可能這麼做。就這一層意義而言，遺傳條件會限制教育的功能。認清了這個事實，可以避免白費力氣與無謂的生氣，兩者都緣於不能因材施教的教育風氣。但這個事實並不決定該怎樣發揮學生既有的才能。除了弱智者之外，一般人——包括比較愚鈍者——的天賦才能的差異和潛力都遠遠超出我們已知該如何運用的程度。因此，詳細了解個人天賦的優缺點，固然是進行教育之前的必要準備，重要的下一步是提供適當的環境，讓現在的活動充分發揮。

遺傳與環境的關係，可以舉語言為例解釋明白。某人如果生來沒有發聲器官，如果沒有聽覺器官或其他知覺感受器官，沒有發聲和聽覺器官之間的聯繫，要想教他和人談話就純粹是白費力氣了。他天生有這方面的缺陷，教育者必須接受這個事實。假如他的器官都健全，也並不擔保他會講話，或一定會講哪一種語言。他在什麼環境裡活動，什麼環境在促成他的行爲，才是決定因素。假如他生活在一個不用語言的無社會性的環境裡，人們彼此不交談，只使用維持生存必要的極少量的手勢，他在講說語言上的發展會和沒有發聲及聽覺器官的人一樣。假如他是在說中文的環境裡發出語聲，能發與中文相同聲音的行爲會被選擇保留下來，這些行爲也會被協調。這個例子說明過去與現在環境的確實關係，適用於解釋任何人接受教育的全面可能性。

(2)所謂適當的教材要從過往時代的文化產物之中尋找（只要是過去的均屬之，或針對與學生發展階段對應的時代產生的文學作品而言），這個論點乃是把成長過程和成長結果分割的又一個例子。教材的功能其實是保持成長過程不息，使不斷成長的狀態更易於未來持續成長。人只生活在現在。現在並不只是跟在過去後面而來的東西；更不是過去的產物，現在是把過去放下以後的生活形貌。研讀過去的產物不會使我們更理解現在，因爲現在不歸因於過去的產物，而是歸因於製造這些產物的生活。對於過去和過去的遺產熟悉，必須能成爲現在的一部分，才會有重大意義。把過去的記錄和遺留物當作主要的教材，錯在把現在與過去延續的關係切斷了，而且往往把過去當作現在的對手，現在則是模仿過去不成的蹩腳品。在這種情況下，文化變成一種裝飾品和安慰物，成了避難所和收容處。人們逃避現在的粗鄙，躲到想像中的過往的優雅裡，卻不會藉過去的長處來修葺現在的粗陋。

簡言之，是現在產生的問題引導我們在過去之中找對策，我們找到的東西有意義，也是現在賦予的。過去會成爲過去，正是因爲它不包括現在的典型部分。發展中的現在能夠包含過去，全憑它能利用過去導引自己的動向。過去是想像的大泉源，它能增廣生活的空間，條件是必須把它看成現在的過去，不能當它是與現在不相連的另一個世界。只有現在的生活行爲與成長作用永遠是在的，重演與回顧的理論忽視了這些，當然只能從過去著眼，因爲它提出的未來目標既遙遠又空洞。它既然已經離棄了現在，就不可能滿載著從過去得來的戰利品重返現在了。對於現在眞實的需求和機會，只要能有充分的敏感度，就會有最活潑的動機去注意現在的背景，當然也就絕無必要去尋找退回過去的路，因爲過去從來是與現在相連的。

3 教育是再造

相對於從內向外展現潛在能力的理論，以及由外力達成塑造過程（不論外力是有形的自然界或往昔文化的產物）的理論，成長的理想形成了這樣的概念：教育乃是經驗的不斷重組與再造。教育隨時都有立即的目的，只要行爲是有教育功用的，就是達到了立即的目的——直接改變經驗的性質。嬰兒期、童少年期、成年人的生活，都站在教育意義的同一個水平上，因爲，任何一個階段眞正從經驗學到的，都是經驗的價値所在。也因爲，每一個時期的生活主要該做的就是，讓生活的過程因經驗價值而能使其明顯可見的意義更加豐富。

因此我們可以這樣陳述教育的定義：教育乃是經驗的再造或重組，這再造或重組的過程能增添經驗的意義，也能使人更有能力引導隨後經驗的走向。⑴經驗的意義增加也使我們更能領會自己的行爲之間的關係與連續性。行爲一開始只是不假思索的衝動；換言之，初始的行爲是盲目的，不知爲何而做，不知此行爲與其他行爲有什麼交互作用。行爲若能帶來教育作用或指導作用，便使人覺察本來並不明顯可見的關聯。例如前文說過，小孩子伸手觸摸一個耀眼的光亮時被燙了，以後他便知道，某個看的行爲和觸摸的行爲連在一起會有灼熱和疼痛；也會知道，某種光亮是燙人的。科學家在實驗室裡學到更多關於火的經驗，雖然方法不同，原理卻是毫無差別的。他的某些行爲會把火的熱與其他事物的某些關聯凸顯出來，這些關聯卻是他未做此行爲之前未注意到的。因此他用那些事物做的行爲增添了意義；有必要再做的時候，他比先前清楚自己在做什麼，會做出什麼；他可以存心要一些後果而不是任由後果發生。敘述方法不用，故事卻和小孩子的經驗是一樣的。同樣是從一次經驗學到火的新含意；對於燃燒和氧化、亮光與溫度的理解，都可能成爲智能內容的一部分。

⑵有教育作用的經驗也帶來以後的指導或控制能力。所謂知道自己在做什麼，可以存心要什麼後果，意思當然是說，更能預期會有什麼狀態出現；因此也能預先做好準備，來

取得有益的後果，迴避不想要的後果。所以，一個眞正有教育功用的經驗是能傳達指導並提升能力的，與例行動作、反覆無常的任性都是截然的對比。(a)反覆無常的任性是行爲者「不在乎會發生什麼後果」；他只是任性而爲，不讓自己行爲的後果（證明行爲與別的事物有關）與行爲本身銜接。一般都不贊同這樣漫無目的的隨意行爲，認爲這是故意搗亂或目無法紀。有些人士認爲，青少年常有的這類任性傾向，應是獨立的原因引起的。其實這種行爲是猛然的爆發，是對環境適應不良引起的。凡是外力強迫的或聽從命令的行爲，而且行爲者在聽命行事中沒有自己的目的可達，或是不明白該行爲與其他行爲有何關聯，他就會有反覆無常的任性表現。做一件我們不理解的事，也可能學到東西。即便是最運用智能的行爲，我們做的時候仍有很多無意中做的成分，因爲行爲雖是有意做的，它連接的很大一部分關係是我們沒看出來或預期的。而我們能從中學習，是因爲能在行爲做完後看見以前沒注意到的結果。然而，學校花了很多功夫設下學生應守的行爲規則，學生照做之後卻未能明白行爲的結果——例如試題的答案——與方法之間的關聯。對學生而言，這純屬訣竅和某種奇蹟。而這種行爲本質上就是反覆無常的，也會導致反覆無常的行爲習慣。(b)例行的動作，即機械化的動作，可以提增做某一件事的技巧。就這一點而言，可以算是有教育效用的。但這不會啓發對於意義和關聯的領會，只會局限意義的視野，不會把它拓廣。由於環境會變，我們必須修正行爲的方式，才能夠維持事物之間的關係平衡，如果在關鍵時刻只能做例行的動作，後果可能不堪設想。過度誇大的「技巧」反而變成無能的表現。

教育是不斷再造的論點，與本章及前章批評的其他只顧及一面的理論的根本差別在於，再造論認爲，目的（即結果）即是過程。這樣的說法在字面上是自相矛盾的，但矛盾也只在字面上。它的意思是說，經驗是需要時間進行的一種動態過程，時間上較早的部分由較晚的部分來完成；較晚的部分可以凸顯其中包含的關聯，這是早先沒看出來的。較晚部分的結果因而揭示較早部分的意義，而整個的經驗所養成的意向會偏好具有這種意義的事物。每一個這種有連續性的經驗或行爲，都是有教育效用的，而一切教育都從這種經驗開始。

最後要指出的一點（後文會有詳論）是，經驗的再造可以是個人的，也可以是社會性的。前文爲了簡單明瞭起見，曾經把幼少的教育敘述成好像只是灌輸所屬社會群體的精神，只是教小孩子學會成年人群體的性向和才智。在靜止的社會裡，這種解釋是大致適用的，因爲靜止的社會以維持已確立的習俗爲價值的衡量準則。這種解釋卻不適用於向前移動的社會，因爲這種社會努力影響小孩子的經驗，不是爲了讓他們複製現行的習慣，而是希望塑造更好的習慣，從而使未來的成年人社會能比現在的好。人類早已想到該如何利用教育來消滅明顯存在的社會之惡，讓下一代從小就走上不會製造這些惡的路。人類也早就知道，該如何以教育爲工具來達成更美好的希望。教育是改進社會的積極作用力，我們顯然仍未認清它的潛在效能有多強，也始終不曾看清，它代表的不只是兒童與青少年的發展，也代表受教育的下一代組成的未來社會。

摘要

教育的意義，可以從回顧過往或前瞻未來的觀點來解釋。也就是說，教育可以解釋爲使未來遷就往昔的過程，或是將往昔當作資源運用到發展未來上的過程。前者在已經過去之事中找到準則與典範。心智可以說是因爲有事物呈現而形成的一組內容，較晚出現的呈象會被融入較早的呈象所構成的材料裡。小孩子的早期經驗應當受到重視，不應認爲這些不值得注意。這些經驗並不只是外在環境呈現的學習材料，而是天生的本能行爲與環境的互動作用，這種互動會逐漸修改人的行爲與環境。赫爾巴特的以呈象達成塑造的理論，缺點在於忽視這種不斷的互動與改變。

這個批評原則也適用於以人類歷史上的文化產物（尤其是文學著作）爲首要教材的論點。歷史的文化產物如果與個人生活的現在環境脫節，就會變成一種敵對而擾亂專注的環境。過往的文化產物應能使我們於現在必須從事的行爲更有意義，才是發揮了它的價值。以上各章提出的教育理念，可以正式概述爲經驗的持續再造過程。這與教育是爲遙遠的未來作準備，教育是展現，教育是外在力量塑造，教育是重演過去等理論都是不同的。

第七章

教育中的民主概念

以上各章主要都是討論任何社會都可能存在的教育觀念。現在必須說明的是，教育在不同類型的群體生活中運作時的精神、教材、方法上的差異。我們如果說教育是一種社會功能，使小孩子藉參與所屬群體的生活獲得指導與發展，其實就是在說，教育會隨著群體現行的生活特性不同而各異。某個社會如果會有改變，而且有從變中求改進的理想，其教育準則和方法，會與只求延續習俗的社會不同，這一點更是確實無誤的。爲使一般提出的觀念更能應用到我們的教育實踐上，有必要詳細析論一下現在的社會生活的本質。

1 人類共處生活的影響

社會是一個名詞，卻有許多意義可解。人的共處方式多不勝數，共處的目的也包羅萬象。一個人會與許多個不同的群體有關係，各個群體中的人可能都很不一樣。這些群體看來好像沒有相似之處，唯一的共同點是：都是共處的生活模式。每一個較大的社會組織之內都有無數個小群體：除了不同的政治黨派之外，還有產業的、科學的、宗教的種種團體。有目標不同的政黨，有社交圈子、派系、幫派、法人、合夥關係，因有血緣關係而往來親密的集團，等等，形態多得數不完。許多現代國家（以及一些古代國家）裡有十分多樣的人口群，彼此的語言、宗教、道德規範、傳統都不同。按這個觀點看，許多小的政治單元，例如美國的大城市，都是多個聯繫不緊密的社區的聚集，並不是行動與思想上總括一切、充分滲透散佈的共同體。

社會、社群這兩個用語因而意義含糊不明，既有稱頌或規範的意思，又有描述的意思；有法理上的意義，也有事實上的意義。在社會哲學裡，前一種含意幾乎總是居於首要。社會正是因爲其本質而成爲一體。這個統一體的諸多特質，包括值得讚美的目的與福利之一致、對公共目標效忠、成員相體恤，都是社會哲學強調的。然而，我們如果看這個名詞意指的事實，而不是只顧注意它的固有含意，看到的就不是統一體，而是眾多不同的群體，好壞都有，包括爲非作歹的犯罪集團、提供公眾服務的同時卻榨取公眾的商業集團、靠貪贓利益維繫的政治機器。假如要說這些組織並不符合社會的理想概念應有的條件，所以不算是社會，我們的回答包括：這個概念太「理想」而不參照事實，是沒有用的；以及，這些團體不論多麼違背其他團體的利益，都有類似「社會」那些值得讚美的特質在維繫著它們不散。所謂盜亦有道，一群盜賊也有成員相互的共同利益。幫派多有講義氣的特徵，心胸狹窄的朋黨也會強烈效忠自己的律條。家庭生活會有對外人排斥、猜疑、妒忌的特徵，對自家人卻是互愛互助的楷模。一個群體給的任何教育，多能將其成員社會化。這種社會化的品質與價值如何，就要視這個群體的習慣與目標而定了。

所以，再說一次，必須有一個可以衡量任何社會生活模式優缺點的標準。在謀求這個衡量標準時，我們必須避免走極端。我們不可以憑空定一個我們心目中的理想社會。概念必須根據實際存在的社會，才可能確定這個理想是可行的。但是，如前文已經說過，理想不可以只是重現既有的特徵。我們該做的是，從實際存在的群體生活形態中抽出可取的特徵，再按這些特徵來批評不可取的特點，並建議改良。我們知道，不論哪一個社會群體，甚至是一夥盜賊，都有成員的某種共同利益存在，而且多少都與其他群體有些互動及合作的交流。衡量標準就從這兩個特徵引申而來。有意識的共同利益的數目與種類有多少？與其他群體的相互影響有多大的深廣度？假如我們按這兩點來評量一個犯罪集團，就會發現，成員之間有意識的維繫因素很少，幾乎可以減到只有搶奪財物這一個共同利益；基於這種維繫因素，這一夥人是孤立的，與其他團體沒有人生價值方面的交流。所以，這種社會給予的教育是片面而扭曲的。假如以家庭生活爲例來說明這個理想的標準，其中應該有全體成員在物質、知性、審美等方面的共同興趣，一名成員的發展對其他人的經驗會有價值（很容易相互傳遞），這個家庭也不會是個孤立的整體，它會與商業團體、學校、各種文化機構、其他家庭都有密切往來關係，它在政治結構體之內發揮該有的作用，也接受這個政治體給予的支持。簡言之，這個家庭生活中有意識傳遞且共有的利益與興趣很多；與其他共處模式的接觸也是多樣而自由的。

I. 我們試以第一個特徵來評量一個專制統治的國家，我們不能說這種政治結構下的統治者與被統治者沒有共同的利害。執掌權力的當局必須訴諸統治者的天性行爲，必須徵召人民的力量參與。泰利杭（Talleyrand-Perigord）曾說，政府拿著刺刀要做什麼都行，就是不能往刺刀上坐。這雖是一句諷刺的話，但也承認促成團結不能只憑強制。也許可以這樣說：專制統治者訴諸的行爲本身是不足取的、可恥的，專制政府不過是在利用人民的恐懼心理來產生行爲功能。這種說法雖然不無道理，卻忽略了一項事實：恐懼未必是經驗之中不可取的因素。小心、審愼、瞻前顧後、想預知未來以避免傷害，都是可取的特性，卻與怯懦、奴顏卑膝一樣都是恐懼本能發揮作用的產物。眞正麻煩的是，這種訴諸恐懼是「孤立」的。激發恐懼與企求特定實質報酬——假定是安逸與自在——的希望之餘，其他能力都荒廢不用了。或者可說，其他能力會受到影響，卻是把這些能力歪曲的影響，不會使這些能力自行發揮，而是將它們降格爲獲取快感與逃避痛苦的工具。

換言之，這裡面沒有多少共同的利益；這個社會群體的成員之間沒有自由的互動。刺激與反應都是非常單方面的。如果要使社會存在許多共同的價值觀，必須所有成員在彼此的接受和給予上都能機會均等。人們必須有很多一起從事的事務與共同的經驗。否則，可以把某些人教育成主人的那些影響，會把另一些人教育成奴隸。多樣不同模式的生活經驗一旦不能自由交流，主奴雙方的經驗都喪失意義。把社會劃分成享受權利的階級與受役使的階級，會妨礙社會的向內滲透。阻塞向內滲透所造成的惡果，對優勢階級而言雖然物質損失較小，也比較不顯著，卻是一樣有害的。他們的文化大概都是沒有生氣的，吸收的養分只是自己的身體；他們的藝術會變得炫示華麗而矯揉造作；他們的財富變成奢侈；他們的知識太過專精化；他們的禮俗是吹毛求疵卻沒有人味。

多樣的共同利益會帶來自由平等的交流。少了這種交流，知性的刺激會失衡。刺激多樣化表示有新奇的事物出現，而新奇的事物代表思維面臨挑戰。活動越受限於規定的範圍——例如防止經驗充分交互作用的嚴格階級界限——處於劣勢者的行爲越容易流於例行動作，物質處境較優者的行爲也越容易變得反覆無常、漫無目標、胡亂爆發。柏拉圖（Plato）曾經把奴隸定義爲：接受別人的目的而使自己行爲受其控制的人。法律意義上的奴隸制度雖然已不存在，這個狀況仍舊常見。行爲對社會有用，做的人卻不知對誰有用，自己也沒有切身的利害關係在其中，這就是奴隸的處境。常聽見談論工作的科學化管理。如果只把提升效率的科學局限在肌肉運動上，觀點就太狹隘了。科學的主要施展機會是，發現人與其工作的關係（包括與參加工作的其他人之間的關係），從而引起人對於自己做的事產生領悟的興趣。要提高生產效率，往往需要分工。但分工會淪於機械式的固定動作，除非工作的人明白自己做的事包含了什麼技術的、智能的、社會的關係，除非工作者是因爲明白這些關係而產生了動機才投入工作。行爲效率和科學化管理等事務，都貶低成純粹技術性的外表功夫，這種趨勢證明，掌控產業的人（設定產業目標的人）接受的思想刺激是單方面的。因爲他們欠缺全方位而平衡的社會興趣，也就沒有足夠的刺激讓他們去注意產業之中人的因素和人的關係。所以，智能窄化到只管技術生產和商品行銷。這些狹窄範圍裡的智能當然可以發展得非常敏銳，只不過，不能顧及重要的社會因素也導致工作心不在焉，連帶扭曲了感情生活。

II. 上面的例子（任何共處的生活欠缺了利益的相互關聯，都在此列）可以導入我們的第二個要點。一個幫派或小集團如果孤立又排外，是暴露了它的反社會精神。其實，不論什麼團體，凡是因爲顧及其「自身的」利益而斷絕與其他團體互動的，而且以維護自己既有的東西爲主要目的，無意藉更多互動關係謀求整頓與進步，這種團體都存在著反社會精神。國家閉關自守；家庭只關起門管自己的事，好像與外界的生活毫無關係；學校不理會家庭和社會的要求；富人與窮人、有學識與沒學識的人絕不接觸，都是反社會的表現。根本的道理是，對外孤立會使生活變得呆板、從形式上制度化，使團體裡的理念靜止而自私。原始部落把外來的人和敵人當作同義詞，這不是偶然，而是因爲他們認爲自己的經驗就等於固執於過去的習俗。基於這個原因，害怕與外人交往是想當然爾的，因爲這種接觸可能消滅習俗。這種接觸也一定會導致經驗的再造。與有形環境的接觸面擴大，心智生活才更靈活而開闊，這是普通的道理。這個道理在社會性接觸方面的意義更重要，我們卻往往未能留意。

人類歷史上的每一個開闊的時代都有某些作用因素，把前一個時代被分隔的人群與階級之間的距離消除。甚至所謂戰爭的裨益（其實不只是所謂的），也是因爲衝突至少逼得雙方非接觸不可，所以附帶地互相學習，從而拓寬了視野。旅行、經濟與商貿的趨勢，如今更打破了外在的阻隔，把不同的人群和階級帶進更接近更明顯的相互聯繫。而有形的空間距離縮短後，如何能帶來知識上情感上的影響，才是更爲重要的。

2 民主的理想

我們的衡量準則的兩大要件都指向民主。前者說明，除了共同利益更多量多樣是社會控制的一個因素，對於彼此的利益更多肯定也是同樣重要。第二點的意思不只要社會群體（曾經因刻意分隔而維持孤立）之間更自由地互動，也指出社會習俗應有改變，因爲多樣的接觸帶來的新狀況必須憑不斷調整來應對。這兩者也正是民主社會的特徵。

在教育方面首先應注意，民主社會的生活形態之中有不同利益的彼此交融，而且重視進步發展（或重新適應的過程），實現這種社會生活使得民主的社群比其他社群更需要注重審慎而有系統的教育。民主社會熱心致力教育，這是大家都知道的。表面的解釋是，一個仰賴民眾投票的政府若要成功，必須投票的那些被治理人都是受過教育的。民主社會既然駁斥由外在施加的權威，就必須設法用自願的意向和興趣取而代之；而這些只能憑教育來製造。另外還有一個比較深層的解釋。民主並不只是一種治理形態，主要乃是一種共同生活的模式，一種協同溝通的經驗。本來是空間距離相隔的人們，因爲參與共同的興趣利益而彼此行爲互相參照，自己的行爲因考慮到他人行爲而有要點與方向，這等於打破原來存在階級、種族、國家領土之間的屏障，使人們能看見他人行爲的重要性。接觸點越多越有變化，表示個人必須回應的刺激越多樣，也因此重視自己行爲上的變通。多樣的刺激能使人釋出力量。如果所處的群體是排外的，許多興趣利益被阻絕，人接受的只是片面的行爲刺激，這些力量就一直被壓抑。

民主制度下明顯有的共同關注事物範圍拓廣、個人能力更多樣化，當然不是審慎刻意努力的結果。相反的，是科學方法控制天然資源帶來的製造、商貿、旅行、遷徙、來往通訊等模式的發展所造成的。然而，個人發展與利益上的共同性都增加後，再要予以維持並擴大，就必須刻意努力了。假如嚴格劃分階級會使某個社會走向滅亡，這個社會必定會使人人能同樣輕易獲得智能方面的機會。一個階級分明的社會只需要特別注意統治階級的教育問題。流動的社會裡管道暢通，處處可能遇上改變，所以必須讓成員接受教育而有主動行爲與適應能力。否則人們會遇變而不知所措，不明白改變的意義與關聯。結果便是困惑混亂，少數人便從中佔取別人盲目受外力導引的行爲成果。

3 柏拉圖的教育哲學

以後的章節將用於闡述民主理念的密切關係。本章其餘部分要討論的教育理論，是教育的社會意義特別顯著的三個時期逐步形成的。首先看柏拉圖的教育理論。社會上的每個人按天資性向所做的能夠對其他人有用（或對其所屬的群體有益），社會便會安定；教育的功能即在發現每個人的天資性向，並且逐步調教它們能爲社會所用。把這個道理說得最清楚的便是柏拉圖。後人說這個論點的多是引用柏拉圖最早提出的。但是，他所不能控制的環境條件，導致這個理念的應用受限制。他從未想到，個人和社會群體的行爲應該是無限多元的，所以他的觀點就限於有限的幾類才能和社會布局。

柏拉圖的理論起點是，社會組成的根本依據是了解存在的目的。人若不知存在目的，只得任由偶然與變化無常擺弄。必須知道生活的目的，生活的善，才可能按一個準則來合理地決定什麼發展機會是該促進的，以及社會應當按什麼條理布局。不知生活目的的人不會明白，個人和社會組織的行爲應有恰當的限制和分配——他稱之爲公理。但怎樣才能知道這最終的恆久的善呢？這個問題似乎有個不能踰越的阻礙，因爲必須在一個公正和諧的社會秩序裡，才可能知道。沒有這樣的社會環境，人心會被虛妄的評價和錯誤的觀點擾亂誤導。沒有秩序的分裂的社會所設定的是另一套範本和標準。在這種情況下，人的思維不可能和諧一貫。只有完整的一體是首尾完全一貫的。社會如果給予某些因素的優勢大得不合理或失衡，難免會把思想帶上偏路。社會只重視某些事物，對其他事卻馬馬虎虎，就會造成思維勉強而扭曲，只有表面上的統一性。教育畢竟是從制度、習俗、律法提供的模式而來。唯有在公義的國家裡這些條件才可能帶來正確的教育；唯有思維受過正確培育的人能夠認清事物的目的和原則。這樣看來，我們似乎陷入轉不出來的惡性循環了。柏拉圖卻指明一條出路：少數人，即哲學家或熱愛智慧——或眞理——的人們，可以從研讀中至少得知眞正生存的正確模式的梗概。假如一位強有力的統治者按這些模式建立起國家，規章就可以保存下來，並且提供教育，透過教育發現每一個人的長處，憑教育提供的方法分派每個人去做他本性適合的工作。每個人都可以做好自己分內的事，絕無越界之事，社會整體的秩序與統一也得以維持。

我們不可能找到任何哲學理念，像柏拉圖這樣充分肯定社會布局的教育意義，同時又充分肯定教育下一代的方法是這些社會布局的基礎。我們也不可能找出任何理論比柏氏更能深刻體認教育的功能：發現並發展個人的才能、培育個人才能使他能與別人的行爲連結。然而，用於闡述這個理論的社會實在太不民主，柏拉圖明明看見問題所在，卻想不出解決之道。

他雖然強調，個人在社會中的位置不能憑出身、財富或任何傳統的身分來決定，應當由他在受教育的過程中被發現的天資來決定，但是柏拉圖對於個人的獨一無二性卻沒有洞察。對他而言，人本來就分成不同的階級，而且只有少數那麼幾個階級。所以，教育雖有分析篩檢天資的功用，卻只能用來證明每個人應屬三種階級中的哪一個。既然並不承認每個人自成一個階級，就不可能承認個人可能有的行爲傾向和不同傾向的組合是無限多樣的。個人的本性天賦只能分爲三個類型，所以，教育短期內就會達到極限，因爲只有多樣性會帶來改變與進步。

第一類的人天生受欲望支配，所以應分配到勞動與做買賣的階級，這個階級是表達並滿足人類欲望的。另一類人在受過教育之後，慷慨、樂於助人、決斷勇敢的意向會凌駕欲望之上。他們便成爲國家裡受統治的公民；成爲戰時保衛國家的人；成爲太平時期的國內監守者。這類人因爲欠缺理性，不能領悟普世的道理，所以仍有超越不了的極限。有理性的人是可以接受最高層次教育的，之後會成爲國家的立法者，因爲法律是普世原則，控制著經驗的個別狀況。由此可見，柏拉圖並非意圖把個人附屬在社會整體之下。而是因爲他對於每一個人的獨特性、不可與他人按同一個尺度衡量都欠缺體察，並且不承認社會可在變遷中維持安定，所以，他的能力極限與階級區分的理論便在實質上把個人置於次要了。

柏拉圖的某些信念是我們毫無置喙餘地的。例如，當人人能從事適於其天資的行爲，社會便井然有序；教育的首要任務是發現個人的天資，並且按其天資加以調教，使之發揮功用。然而，知識的進步使我們看出，柏拉圖把個人及其天生才能，歸併成界線分明的不同階級，是只看到表面；我們也知道，天賦才能的種類與變化是無限多的。換言之，按社會已經民主化的程度看，社會組成乃是基於人人能發揮所長，不是意指階級層次分明。柏拉圖的教育理念雖然是創見，卻仍舊受停滯的理想箝制。他認爲改變與更動都代表無法紀的波動；眞正的實在是不可變的。因此，他雖想徹底改變既有的社會狀態，他的目標卻是建構一個從此不會有改變的國家社會。生活的最終目的是固定不變的；定下這種目的社會裡，恐怕連細枝末節都是不可更動的。細枝末節的變動本身雖不重要，允許這樣的變動卻會使人心習慣求變，結果走向分裂與混亂失序。柏拉圖的理念顯而易見的毛病是：他不能放心讓教育的逐漸改進帶來更好的社會，讓更好的社會再改進教育，依此不斷進步。他認爲，必須先有理想的國家才可能有正確的教育方式，有了理想國之後，教育的目的就完全是爲保存這個理想狀態。至於理想國的創造，他只能寄望有巧妙的偶然，促使握有國家統治權的人正好也有哲學家的智慧。

4 十八世紀的「個人主義」理想

十八世紀的哲學氛圍又是另一番風光。「自然」仍然有與既存社會結構相對的意思；盧梭是深受柏拉圖影響的。但是這個時代的自然表達的意見是，個人才能本來多樣，應讓各種不同的個人特質自由發揮。符合自然的教育可提供教學的目的與方法。此外，天生的或本來的稟賦的最極端呈現可能是非社會性的，甚而是反社會的。社會既有的安排不過是外在的權宜方法，不合群的個人可以藉這些方法爲自己取得較大的幸福。

以上的陳述並未充分說明當時思潮的眞正要義。事實上，其主要興趣是在求進步，以及求社會進步。表面看來反社會的哲學是個有些透明的面具，用以掩飾走向更寬廣自由社會——走向世界主義——的衝力。當時的積極理想放眼於人類，認爲個人在與全人類的關係之中（這是與做爲國民明顯有別的）才能會施展；在既有的政治體制下，才能會受束縛、被扭曲，因爲要迎合國家統治者的要求與私利。人以及廣闊到包括全人類的社會組織，都可以永無止境地改進，這個理想與國家社會背景中講的極端個人主義是對應的。能力解放的個人，會成爲無所不包的進步社會之中的喉舌與作用力量。

傳布這個信條的人士深感自己所處社會地位之不利，認爲是人的自由能力被外力限制造成的。外在的限制全然是爲了對過往封建制度下握有大權的那個階級有利，這些人士熱烈主張生活從外在限制解放，在崇拜自然中找到思維架構。爲使「自然稟性」全力發揮，必須除去矯揉的、腐敗的、不公平的社會秩序，以新的更好的人類之國取而代之。他們對於「自然」的典範與作用能力有無比的信心，自然科學的進步又使這種信心有增無減。擺脫教會與政府的人爲限制與偏見之後，科學研究證明整個世界是個有法則的領域。牛頓學說的太陽系呈現了自然法則的支配作用，太陽系是奇妙和諧的境界，一切的力都是相互平衡的。只要人類能擺脫不自然的人力施加的壓制束縛，自然法則便可在人的互動關係中達致同樣的平衡效果。

按這個理論，遵循自然的教育方法是達成這種更有社會性之社會的第一步。經濟上與政治上的局限，顯然都是因爲人的思想和情感受了局限。要讓人們脫離外在枷鎖，第一步就是從內在解放，脫離錯誤信仰和理想的枷鎖。所謂的合群生活、既有的社會制度都太不正確，不能擔當這個重任。既然從事這項重任意味著消滅社會現存制度，怎能期望它來擔當？因此，這件要務必須交託給「自然」。甚至當時盛行的極端感覺主義知識理論，也是從這種概念而來。強調心智本來是被動而空洞的論點，即是一種吹捧教育功能的方式。心智既是一面蠟板，等著客觀事物往板上書寫，藉自然環境完成的教育當然就有無限可能性了。並且，既然客觀事物的自然世界是和諧「眞理」的境界，這樣的教育絕對可以造就充滿眞理的心智了。

5 國家教育與社會教育

起初對自由的滿腔熱情一旦減弱，這個理論就暴露了建設性方面的弱點。畢竟，把一切全交給自然乃是否定教育，是聽命於機緣偶然。教學的過程不但需要一定的方法，也需要明確的機構，需要有執行教育事務的機關。「所有能力完整而和諧的發展」——在群體而言即是開明而進步的全人類——必須靠確定的組織來實現。零星的個人可以宣揚主義，卻不能執行實務。裴斯塔洛齊（Pestalozzi）這樣的人可以實驗教育方法，可以敦促有行善意願的有錢有勢者照他的榜樣做，但即便他也看得出，若要有效地進行新的教育理念，必須藉助於政府的支持。新的教育方式必能創造新的社會，實行新教育卻得仰賴既有政府的行動。民主思想的運動不可避免地變成公共部門執行並管理學校教育的運動。

以歐洲而論，歷史形勢把政府支持教育的趨向，與政治上的民族主義趨向連成一件事，這對以後的發展造成難以估量的影響。特別是在德國思潮的影響之下，受教育成為一種國民職責，而國民職責即等於實現單一民族國家的理想。「國家」取代了人類；世界主義讓位給了民族主義。教育的目的不再是造就「人」，而是造就公民。[1] 前面所說的歷史形勢，是指拿破崙征服戰帶來的後果，尤其是德國受到的影響。日耳曼諸邦認為（後來發生的事情證明他們的想法沒錯），有系統地仔細辦好教育乃是恢復並保持政治上的完整與強勢的上策。他們對外是勢弱而分裂的。在普魯士政治家的領導下，這個條件成為一種刺激力，發展了廣泛而扎實的公共教育系統。

這種實踐上的改變，當然導致了理論的改變。個人主義的理論退到不再引人注意的地位。國家不但提供了公共教育的機構，也安排了公共教育的目的。教育的實務一旦做到由學校體系——從小學到大學院校——供給愛國的公民、軍人、未來的政府官員，軍事的、產業的、政治的防禦及擴張所需的工具也都由學校體系提供，教育的理論也就不可能不偏重社會效能的目標了。因爲民族主義國家的意義重要非凡，鄰國他邦又多屬敵意的競爭對手，要把社會效能按模糊的全球人道主義角度來解讀，同樣也是不可能的。爲了國家維持主權，個人不得不向國家的軍事防衛、國際商貿競爭等更重要的利益考量低頭，社會效能按理也就必須做同樣的順從。於是一般都認定教育過程是學科訓練的過程，不是個人發展的過程。然而。由於教育促成人格完全發展的理念仍未消滅，教育哲學便試圖將兩種觀念調和一致，因而有了國家「有機」特徵的概念。按這個概念，孤立的個人什麼也不是；必須融入並吸收了有組織的機構的目標與意義，才能夠成就眞正的人格。表面上看來他是在順從政治權威、甘願爲凌駕個人之上的命令而犧牲自己，事實上，他是在把國家表明的客觀判斷當作自己的判斷——唯有如此他才能夠變成眞正的有理性。前文談過的制度化唯心論（見於黑格爾的哲學）典型特徵的發展觀念，也正是這種刻意要融和兩者的例子，也就是調和人格完整實現的觀念與徹底「調教」順從既有制度的觀念一致。

1 盧梭在這方面的主張有一點是常受忽視的。他反對現狀是因爲既有條件造就不成公民，也不能造就人。在既有的條件下，他寧願試行造就公民。他有許多名句表示，造就公民是更高的理想目標，也顯示他自己努力追求的目標——《愛彌兒》（Émile）之中具體申述的——只不過是那個時代的腐化情勢所允許他勾勒的一個最好的權宜之計。

日耳曼人爲爭民族獨立努力對抗拿破崙的時期，教育哲學發生多大轉變，可以從康德的學說看出端倪。他將稍早的個人世界主義理想作過精闢的陳述。教育學論文是他在十八世紀晚期發表的演講收集而成，其中將教育定義爲人變成爲人的過程。人類起初不是理性的「人」，而是淹沒在自然本性之中，自然只給了人本能和欲望。自然給的只是胚芽，是要藉教育來發展改善的。眞正屬於人的生活有一個獨特之處：人必須憑自決的努力創造自己；他必須造就自己成爲眞正道德的、理性的、自由的人。創造工作由緩慢發生的教育行爲來進行。速度是否加快，要看人們是否有心要努力教育下一代，不是爲現狀而教育，是爲了使未來的人類能更好。這裡有個大問題：每一代人教育孩子，大多是爲了使孩子能適應現在世界的生活，不會考慮到教育的正當目的——促進人類成爲人的最圓滿的實現。一般父母教育兒女是期望兒女能有出息；國君教育子民是要拿他們當工具逞一己之目的。

那麼，教育該由什麼人來處理，人類才能走向進步？這必須仰賴有開明見識的人們各自的能力。「所有的文化都始於個別的，從個別的人向外擴展。純粹是因爲有些人有開闊的意向，能領導未來更入佳境的理想，是憑他們的努力，人的本性才可能逐漸接近目標。……統治者感興趣的培育，只是使子民變成爲其遂願的更佳工具。」統治者給私人興辦學校的津貼，甚至也必須小心維護。因爲統治者在乎的是自己國家的福祉，不是什麼對人類最有益，如果資助學校，可能會想自己來擬訂學校的方案。我們從這個觀點可以找到十八世紀個人主義式的世界主義的要點陳述。個人人格的完整發展、全人類的目標、進步的觀念是混爲一談的。此外，我們也唯恐國家主導、國家制約的教育方式會妨礙這些目標達成。然而，此後不到二十年的時間，康德哲學的後繼者費希特（Fichte），便把國家主要功能是教育性的觀念加以引申詳述；尤其是，德國之復興大業應當由針對國家利益施行的教育來完成，孤僻的人必定是利己主義的、無理性的，受其欲望與機遇的奴役，除非他自願順從國家制度及法律的教育訓導。德國便是憑這種精神成爲第一個全面推行公眾義務教育制度的國家，從小學一直到大學，所有私人的教育事業，都得服從政府不容別人插手的制約與監督。

這一段簡史概述凸顯兩種結果。第一，談到教育概念，諸如「個人的」、「社會的」之類的用語不能籠統，且必須放在環境背景裡看，否則是沒有意義的。按柏拉圖的理想，教育等同個人自我實現與社會和諧安定。他的處境卻硬把他的理想變成組成階級分明社會的觀念，個人在階級之中已經失去蹤影。十八世紀的教育哲學形式上是高度個人主義的，這個形式的靈感卻得自一種崇高寬大的社會理想：社會組織包括全人類，教育要促成人類無止境地進步。十九世紀早期的德國唯心論哲學，再次把教育促成人格自由完整發展的理想，與社會紀律及政治上的順從混爲一談，並且把單一民族國家當作中間階段，介於個人人格發展與全人類的精進之間。因此，說它的中心思想是古典術語說的「人格全部才能的和諧發展」是對的，按比較晚近的用語說是「社會效能」也沒有錯。這都進一步證實本章開端的表述無誤：我們未將自己所說的社會明確定義之前，談教育是社會化過程及功能是沒有確切意義的。

有了以上的說明，便可導入我們的第二個結論。在民主社會中實施的教育、為民主社會而施行的教育的一個大難題，是民族主義的目標與更寬廣社會目標的衝突造成的。早先的世界主義和「人道主義」觀念，都因為意義模糊、缺乏確定的執行機構和主管機制而難以施展。在歐洲，特別是在歐陸的國家裡，教育有益人類福祉與進步的新觀念為國家利益所用，教育的社會目標也當然因此趨於狹隘而排他。教育的社會目標與國家目標合而為一，結果則是社會目標的意義漸漸被淡化。

這種意義混淆，呼應了目前的人際交流情勢。科學、商業、藝術是超越國界的，它們的性質與方法大多是國際性的，而且牽涉到居住在不同國家的人們之間相互依賴與合作的行為。反觀國家主權的觀念，在如今政治領域的地位之重要是前所未有的。每個國家都與鄰國處在壓抑敵意與即將開戰的狀況。每個國家按理都應該是最確知其自身利益的，而每個國家都有只為自己考量的利益也是想當然爾的。質疑這項事實，就是質疑國家主權概念，而國家主權的概念被認為是政治實務和政治學研究的基本要素。一方面有共處互助社會生活的較寬廣的範圍，同時又有因排他而潛存敵意的方向目標，兩者的相互牴觸便要求教育理論必須比以往說得更明白，教育作為一種社會功能，與社會檢驗標準中所說的「社會」，究竟是什麼意思。

教育系統由國家政府主導，教育的社會目的卻不受局限、不受壓制、不被腐化，這是可能的嗎？對內而論，這個問題要面對把社會分裂成不同階級的趨勢（這是受經濟條件影響所致），有的階級不免淪爲其他階級達到受更高教育目的的工具。對外而言，這個問題關係到如何調和效忠國家、愛國主義，以及更高層次的奉獻精神——即是追求超越國界團結全人類的共同目標。這個問題的任何一面都不可能只用消極手段解決。只做到防止教育被當作階級剝削工具是不夠的。學校機制必須廣泛而有效地在實質上做到，讓受教育的下一代人人能不分貧富、機會均等、得到其未來生涯所需的配備。要達成這個目標，不但需要廣設學校機構、補充家庭資源以便裨益需受教育的孩子，而且必須修改傳統式的文化理想、傳統式的學門科目、傳統式的教學訓導方法，才能夠把學生留住，直到學畢各自經濟社會生涯所需的知識。實行這個理想的日子也許尙遠，但是，我們的公衆教育體系如果不能漸漸受這個理想的支配，所謂的教育之民主理念仍只是可笑復可悲的妄想。

這個原則也適用於國家之間的互動關係。只講授戰爭之恐怖、只迴避可能激起國際猜忌與仇恨的事端，是不夠的。重點必須放在可維繫不同族群於一體的力量上，使人們能夠在不受地理條件限制的情況下，合力成就人類的共同目標。相較於所有人類更豐富、更自由、更有收穫的共同生存與交流，國家主權乃是次要的。這個觀念必須灌輸成爲可以起作用的思維意向。讀者如果覺得這些用途和教育哲學的考量相距太遠，乃是未曾充分理解以上闡述的教育的意義之故。與這個結論密切銜接的觀念正是，教育使人在導向社會目標的成長過程中釋放出才能。否則，教育的民主準則就不能一貫適用了。

摘要

由於教育是一種社會性的過程，社會的類型又很多，所以，教育批判與教育建設要有一個準則，勢必得有特定的社會理想。可供衡量社會生活價值的兩個要點是：群體的利益讓所有成員共同參與到什麼程度，群體與其他群體的互動是否全面而自由。換言之，不良的社會對內對外都有障礙在阻隔經驗的自由交流。一個社會若能妥善安排所有成員平等地參與全體的共同利益，並且在與其他群體互動中彈性地調整制度，就可以算是民主的。這種社會的教育模式必須能使人們自己就對社會互動關係產生興趣，也使人們的思維習慣能夠帶來社會的改變，卻不至於引起混亂失序。

我們從這個觀點討論了三種具有重要歷史意義的教育哲學典型。柏拉圖的理想在形式上十分近似上述的觀點，實行中卻不能以個人爲社會單元，以階級爲社會單元成爲一大敗筆。十八世紀啓蒙運動所謂的個人主義之中，社會的範圍擴及全人類，而個人便是促成社會進步的機關。這個理論把發展其理想的重任交給「自然」，顯而易見是欠缺促成發展的機制。十九世紀的制度性唯心論哲學以民族國家爲機制，補充了這方面的欠缺，卻因而把社會目標的概念窄化，專指同一政治單元中的成員，而且納入了個人附屬於制度之下的想法。

第八章

教育的目標

1 目標的本質

教育在民主社會中的意義如何？結論其實可以從以上各章的討論看出來。因爲以上的討論假定，教育的目的是要使人能繼續受教育，或可說，學習的目的與從學習得到的報償，是繼續成長的能力。但是，這個觀念若要適用於一個社會中的所有成員，人與人就必須有雙向的交流，社會也必須有充分的條件，使平等分配的利益產生的各種刺激，帶動社會習慣與制度的再造。所以，我們探尋教育的目的時，不是跑到教育過程以外去找，不是把教育當作爲那個目的效勞。我們的整個概念不容許這麼做。我們要注意的是，目的就在過程之內，與目的定在過程以外的截然不同。後者會出現，一定是因爲社會關係不能平等地保持均衡。在社會關係不平等均衡的情況下，群體中的一部分人的目標會受外力左右；這些人的目標不再是從他們本身經驗的自由成長而產生，名義上雖是他們的目標，其實是別人遂願的手段。

首先，我們要定義目標的本質，這是指包含在行爲之內的目標，不是另外設定的目標。這個定義可以從「後果」（results）與「結局」（ends）的明顯差異著手。能量的任何施展都有後果。風颳起沙漠上的塵土，沙粒的位置會變。這是一種後果，一種影響，卻不是「結局」。因爲這個後果並不是把前面發生的部分作一個完成，只是在空間上重新分配。重新分配之前與之後的兩種狀況沒有好壞之別，所以無從選擇之前的狀況是開始，之後的狀況是結局，也無從認定中間的過程是一種質變和實現。

再以蜜蜂的活動為例，對照一下風吹沙漠造成的改變。蜜蜂行為的後果可以算是結局，這不是因為是已經設計好的或有意要達到的，而是因為這個後果真正是把前面發生的部分收尾或完成。蜜蜂採花粉、製蜜蠟、造蜂窩，每一個步驟都為下一步驟做準備。蜂窩造好之後，女王蜂在窩中產卵；產卵完畢後，蜂窩被封住，工蜂便孵卵，給蜂卵保持孵化必要的溫度。等蜂卵孵化，工蜂又餵哺幼蟲，直到幼蟲能憑自力存活。我們已經太熟悉這些事實，所以總會以「生命與本能真奇妙」一句話帶過。其實我們忽略了這件事的一項基本特徵，即是，各個步驟的先後順序是有重要意義的。前面的一步導入下一步，後面的一步接續上一步已經做的加以利用，如此一直進行到結局，而結局便是將前面的部分總結收尾。

既然目標必與後果相關，談到目標的問題，首先應該弄清楚的是，安排的工作本身是否含有連續性，抑或只是一連串行動的總和，一次只能做一件。假如學生的每個行動都是老師指揮才做的，假如學生各個行動的先後順序，是因為課業規定、別人指示而來的，根本沒有教育的目標可言。以自發性自我表現的名義，放任反覆無常忽做忽停的行為，對於教育目的同樣也是致命傷。目標的意思包含了有條不紊的、受約束的行為，行為的秩序就在逐步完成的過程之中。如果做某件事需要一段時間，進行中又有累積的成長，目標的意思即是事前預見結局或預知會如何收尾。蜜蜂若能預期自己行為的結果，牠們如果能從想像中預見自己工作的結局，就可以算是掌握了目標的基本條件。因此，如果環境條件不允許人預見結果，也不會刺激人前瞻自己的行爲會帶來什麼後果，要談教育——或任何事務——的目標都是空話。

再者，目標是一個預見的結局，能指引行爲的方向；目標不是觀看者無端的觀感，目標會影響爲達到結局所採取的步驟。預見結局的作用有三。第一，使人仔細觀察既有的條件，以便找出可以用來達到結局的方法，並且發現途中有無阻礙。第二，指出採用方法的恰當順序，以便做出省時省力的選擇與安排。第三。可以在方法上做取捨。我們如果能預測這樣或那樣做會有什麼後果，就可以比較兩種行爲途徑的優劣，判斷哪一種比較可取。如果我們知道死水易生蚊蟲，蚊蟲可能傳染疾病，我們便可採取防範措施，避免我們預見的不良後果。由於我們在預期後果的時候，並不只是能思考的旁觀者，而是與後果有關係的人，所以我們就是過程的參與者，而過程會製造出後果，是我們的行動在促成後果。

這三點當然是密切相關的。我們必須仔細詳察了現在的條件，才可能看清未來的後果，而後果之重要也是現在觀察的動機。觀察得愈充分，從現在看見的條件和阻礙就愈多樣，可做的取捨也愈多。從現況中看出的可能性或可行途徑愈多，作用的抉擇當然就愈有意義，也愈有變通彈性；如果能想到的後果只有一個，沒有再用頭腦的餘地，行爲包含的意義就很少了。沒有考慮餘地的人會直接衝向目標。途徑狹窄有時候可能是有效率的。但如果有出乎意料的難題出現，應變的能力就不如考慮過多種可行性而做了同樣選擇的人。

沒有考慮過其他途徑的人沒辦法立即做好必要的調整。

最後的結論是，有目標的行爲就是發揮智能的行爲。預見行爲的終點，就是有了進行觀察、選擇、安排事物與自己能力次序的依據。能夠這樣做表示有行動意志（mind），行動意志正是在理解了事實及其關係之後，有意要做有目的的行爲。有意要做某一件事即是預知了未來可能有的後果；是爲達成這個後果作了計畫；是看出實行這個計畫的法子，也看出實行中可能遇上的障礙。如果是打定主意做某事，不只是若有似無的想要做，那就是有了一個已經考慮過難處與因應對策的計畫。意志是能將現在條件與未來結果相互參照的能力。這種特徵正是我們所說的有目標或有目的的意思。一個人對自己所做的事有多麼茫然——不知可能會有什麼後果——他就有多笨、多盲目、多麼不聰明——多麼缺乏意志。一個人如果對自己行爲的後果沒有充分考慮，只大略猜測，只求碰碰運氣，或是做計畫時不細察實際狀況，連自己的能力也不衡量清楚，都是有欠聰明的。這樣意志相對缺乏的情形，就是憑感覺去評量行爲的後果。在計畫行爲時必須「停、看、聽」，才是明智的。

有目標的行爲就是發揮智能的行爲，這種說法足以凸顯有目標的行爲的價值所在——在經驗中的作用。我們經常把抽象名詞「意識」（consciousness）當成一個實存物，忘了它是從形容詞「有意識的」（conscious）而來。有意識就是能覺察自己在做什麼；有意識也表示行爲中刻意考慮、有觀察、有計畫的特性。意識不是我們擁有的什麼東西，不是用來無聊地看著四周景況的，也不是供有形事物來烙下印象的。意識是用來指行爲有目標的特質。換個方式來說，有目標就是行爲有了意義，行爲不會像自動的機器；有目標就是有心要去做某件事，而且會從這個意念的觀點去理解事物的意義。

2 有益目標的評量標準

我們討論的結果可以應用到評判確立目標的方法上。(1)訂立的目標必須是從既有條件而來，必須已經考慮到已經在發生的事；要根據既有情勢的可用資源與困境而定。討論吾人行爲之正當目的的學說——教育理論或道德理論——往往違背這個原則，假定目的是在行爲過程之外；目的和實際情勢的條件無關；目的是從某種外在原因產生。這樣看來，問題只在如何用行動來達成這外力提供的目的。目的成了一件我們必須爲了它而行動的東西。無論怎麼看，這種「目標」限制了智能，它沒有表現意志的前瞻、觀察、選擇良策等活動。因爲這種目標是現成的，必須由與智能無關的某些外在權威強加下來，智能除了做機械式的工具選擇之外，沒有任何施展空間了。

(2)按前文所述，目標似乎是可以在試圖實行之前就完全安妥。這一點需要再做補充，目標開始浮現時只是個試驗性的草圖，爲達成它而付出的努力會測試它是否值得。如果它足以導引行爲方向，便不需要其他條件了，因爲預先定好標的就是它的全部功能，有時候只需要有提示的作用就夠了。通常——尤其是形勢複雜時——會在行爲進行中暴露先前未留意的狀況。這時候原始的目標就需要修改了，需要的可能是一些增添或扣減。所以，目標必須有彈性，必須能順應環境條件而改變。定在行爲過程以外的目標必然是僵硬的。因爲是外力安插的，所以不會和形勢的具體條件有這種作用關係。行爲進行中出現的狀況不會認可目標，不會反對目標，也不會改變目標。對這種目標只能固守到底。如果因爲欠缺適應而導致失敗，只可歸咎於條件狀況不配合，不能說是目標本身在某些環境條件下是不合理的。合理的目標正相反，它的價値就在於可以用它來改變環境條件。它是可以用來處理環境條件的一種方法，能促成有益的改變。一位農人如果對現狀只是逆來順受，可能犯的錯會與完全不考慮土壤、氣候等條件就進行耕作的人犯的錯一樣多。教育的目標如果是外定的，是不實在而遙遠的，其惡果之一是，因爲根本行不通而導致胡亂利用眼前的條件。良好的教育目標會通盤考慮學生目前的經驗狀況，擬成一個試驗性的計畫，雖然按照計畫進行，但是會根據條件的發展而修正。簡言之，目標是實驗性質的，所以會在實行中經過測試而不斷增長。

(3)良好的目標一定帶有釋出行爲的意思。「擬定的目標」會使人想到某個過程將有的收尾或結束。要界定一個行爲，必須擺明哪兒是行爲的結束點——如同指出射擊的標靶。但是要切記，標靶只是一個標記或符號，指明意志想要去做的行爲方向。嚴格而論，行爲的目標不是標靶，而是射中標靶；射擊者要藉標靶瞄準，也要藉槍的照門來瞄準。有了瞄準的對象，便有導引行爲的工具。假定某人瞄準了一隻兔子，他想做到的是射擊準確，是一個行動。假如他想做的是取得兔子，這兔子不是與射擊行爲無關的，而是射擊行爲中的一個因素；他想吃兔子肉，或是用兔子證明他的槍法，總之他想要用兔子做一件事。他的目的是用牠來做點什麼，而不只牠這個東西而已。瞄準的對象只是動態目標的一個階段，此動態目標即是使行爲順利地繼續。這正是前面所說的「釋出行爲」的意思。

這是能實行某個過程以便行爲能繼續下去的目標。從行爲以外施加的目標卻全然不是這樣的。那種目標是靜止的；是要去達到去攫獲的。一旦定了這樣的目標，行爲不免就成爲另一樁事的工具；行爲本身沒有了重要意義。與目的相形之下，行爲不過是必要之惡，是爲了達到目的必須經過的部分，只有目的才是有價值的。換言之，目標在行爲之外的概念把目的和手段分離了。在行爲之中生成的目的是導引行爲的計畫，既是目的也是手段，所謂的目的手段之別，乃是爲了方便。每一個手段其實都是暫時的目的，直到達成。每個目的一旦達成，就變成帶著行爲再向前的一種手段。我們說它是目的，因爲它標示我們正投入的行爲的未來方向；我們說它是手段，因爲它指出現在的方向。目的和手段分離得越遠，行爲就越失去意義，行爲本身可能降格至能不做就不做的苦役。一位農人必須利用植物和牲畜來行使他的農務。他可能很喜歡做農事，也可能認爲農事只是他爲獲得另外的東西而採取的一種手段，只有那另外的東西才是他感興趣的。兩種態度對他的生活而言會有極大的差別，如果是前者，他的行爲從頭到尾都有重要意義，每個階段都自有其價值。他經驗的是實現每一階段的目的，還沒達到的目標只是一個前景，能使他繼續努力發揮。如果他不向前看，反而容易覺得自己受到阻撓。目的當然是行爲的一個手段，正如行爲的每一部分都是手段。

3 在教育上的應用

教育的目標並沒有什麼與眾不同之處，和我們從事的任何有方向的活動的目標是一樣的。教育者和農人一樣，有某些事得做，有某些資源可用，有某些障礙要克服。農人面對的種種狀況，不論是障礙或資源，都各有一些與農人的目的無關的結構與作用。種子會發芽，雨水會降下，日光會閃耀，昆蟲會破壞作物，病蟲害會降臨，季節會更替。農人的目標就是利用各種不同的條件，使自己的行動和這些條件的能量合力作用，不要彼此衝突。假如農人根本不考慮土壤、氣候、作物生長特性等條件，就逕自定出農事的目標，就太荒謬了。他的目標就是前瞻他自己的力量與周遭條件的力量聯合帶來的後果，用這個前瞻的未來引導他每一天的行動。對於可能發生的後果有所前瞻，會使他更廣而仔細地觀察，與他相關的事物有哪些性質與作用，並且擬成計畫——定下他自己行動的先後順序。

教育者，不論是父母親或教師，情形也一樣。教育者定下他「自己的」目標來當作孩子應有的成長目標，這與農人不考慮既有條件就定下理想是一樣荒唐的。不論是農務或教育工作，有目標的意思都是指接受了履行職務應當有的觀察、預期、規劃的責任。任何目標，凡是對於進行觀察、選擇、計畫有幫助的，能使一步步的行爲繼續的，都是有價值的。凡是妨礙人們運用常識判斷的（外力施加的目標與迫於權威而接受的目標向來如此），都是有害的。

我們該記得一點：教育本身並無目標。有目標的是人，例如父母親、老師等等，不是教育這樣的抽象觀念。人的目標千變萬化，因孩子不同而各異，隨孩子成長而改變，也隨著教導者自己的經驗成長而變。凡是可以用文字表達的目標，無論多麼正確，如果不能讓人明白它們不是目標，而是在建議教育者在運用環境條件時該如何觀察、如何前瞻、如何取捨，這些表諸文字的目標就是害多於益的。如一位近代作家曾說：「教這男孩去讀史考特的小說，別看老的偵探故事；教這個女孩子縫紉；根除約翰性格裡的霸道習慣；給這個班級準備學醫的功課——這些都是我們在具體的教育工作中實際面對的上百萬個目標中的一些例子」。

我們記住了以上這些條件，可以接著來談一切良好教育目標應有的一些特徵。(1)教育的目標必須以受教者本身的行爲和需求（包括先天的本能與後天養成的習慣）爲根據。前文說過，常見的把爲未來做準備當作教育的目標，是忽略了受教者既有的才能，把目標定成一些遙不可及的成就與責任。一般而言，目標的考量往往都是成年人自己重視的事物，沒有顧及受教育者的才能便訂定下來。另外一種常見的做法是，定出的目標太一律，忽視了個人的特長與需要，也忘記了一切學習都是個人在特定時地的某種經驗。成年人的見聞範圍比較廣，在觀察孩子的能力與弱點上，在判斷孩子未來發展上，都很有用。因此，從成年人的藝術才能可以看出，孩子的某些傾向會有什麼樣的發展可能。如果沒有成年人表現的成績，我們也無從確定孩子的繪圖、臨摹、仿製、著色等行爲是否値得注意。同理，如果沒有成年人的語言，我們也看不出嬰兒期說話的衝動有何意義。我們可以把成年人的成就當作參考來觀察童少年的行爲；至於把它們設爲固定的目標，卻不考慮受教育的孩子的具體行爲，就要另當別論了。

(2)目標應要能轉變爲配合受教者行爲的一套方法。目標必須指出能夠釋放並安排受教者才能的必要環境。目標必須適合規劃明確的進行程序，這些程序必須能測試、修正、擴展這個目標，否則這目標就是無用的。這種目標不但對教學這件要務沒幫助，反而妨礙了觀察與估量情勢時需要做的一般判斷，它能認出的只限於結局已經固定的部分。凡是固定不可變通的目標，似乎正因爲是硬性規定的，所以不必仔細留意具體的環境條件。反正已經是非執行不可的，注意那些不列入考慮的細節又有何用？

外力施加目標這毛病植根很深。老師定這種目標，是受上級權威的指示；上級權威接受這種目標，是因爲社會之中正在通行。老師把這種目標強加給學生，帶來的第一個後果就是，老師不能自由地運用智能了；因爲接受了上面交下來的目標，老師的智能被綁死了。老師要想擺脫權威監督、教科書說的方法、規定的課業等等，讓自己的思維接近學生的思維與教材，是非常不容易的。老師的經驗不受重視，也反映在對於學生反應沒信心的態度上。學生遵循的目標是雙重或三重外力施加的，學生又有符合自己當下經驗的目標，兩種目標的衝突令學生莫衷一是。在未能以民主的準則來評定每個成長經驗的內在意義之前，我們都將因爲必須遷就外在的目標而困惑。

(3)教育者必須愼防所謂的一般性的與終極的目標。由於每個行爲都聯繫到數不清的許多事物，再明確特定的行爲都有其一般性。一般性能使我們更注意牽涉的枝節關係，就這一點而論，越有一般性越好。然而，「一般」也有「抽象」的意思，或可指脫離一切特定脈絡的意思。抽象帶有遙遠的意思，這麼一來，我們又退回教育只是手段之說，是爲了與教學無關的目標在做準備。受教育得到的報酬就是受了教育，的的確確從來都是。這個說法的意思也就是：一切學習與訓練必須是本身就値得做的，才稱得上有教育功能。眞正具有一般性的目標可以拓寬視野，能使人考慮到更多的後果（關係）。這表示對於可採用的方法有更寬廣更靈活的觀察。例如，農人愈能多多考慮各種交互作用的影響，他能立即取用的資源就愈多樣。他會看見更多可能著手的起點，也能發現更多行得通的方法。對未來可能做到的愈能夠有完整的概念，現在的行爲就愈不至於被有限的選擇綁住。假如知道的夠多，要從哪裡開始，大概都不成問題，而且會做得順順利利。

「一般的」或「綜合的」目標，意思不過是指對於現在行爲的領域有一番廣泛的全面測勘。有這樣的理解，我們就應該討論一下現今教育理論中通行的一些比較大的目標，看看能否對教育者一向眞正關注的各種具體目標有一些了解。我們的前提（其實是緊接在上文所說的之後）是，不必在這些目標中做選擇，也不必把它們當作互不相容的競爭者。我們要實際行動時，固然會選定什麼時候該做什麼動作，但是，並存的綜合性目的再多，也不會有孰重孰輕的問題，因爲它們看的場景是同一個，只是看的方位不同。一個人不可能在同一時間內去爬幾座山，但登上不同山峰所見的景色可以互補，並不會形成互不相容的世界。換個方式說，用不同的方式陳述某個目的，會啓發不同的問題和觀察角度。所以，一般性的目標越多越好。一種陳述可以凸顯另一種陳述忽略的地方。多做假設對科學研究有益，多點陳述的目標對老師同樣有益。

摘要

任何自然的過程皆有後果。意識到未來的後果，將它作爲現在觀察與決定行爲動向的依據，便是目標的含意。有目標的行爲是運用智能的行爲，說得明確些，是能夠前瞻某一情境下採取不同行爲方式可能帶來的不同後果，並且以前瞻所見爲依據來導引觀察與實驗的方向。因此，眞正的目標在各方面都不同於從外在對行爲過程施加的目標。行爲過程以外的目標是固定僵化的，不會在不同的情況下激起智能反應，只是指示該如何如何做的規定與命令。這種目標非但不能與現在的行爲直接相連，反而距離現在很遠，脫離了要達成目標的手段。它不但不能啓發比較自由且均衡的行爲，反而限制了行爲。因爲這種目標在教育界盛行，人們往往強調教育是爲了遙遠的未來在做準備，也使教與學的工作趨於機械化與盲從。

第九章

以自然發展和社會效能爲目標

1 自然提供目標

前文說過，要給教育設定一個最理想的目標，一個使其他目標都附屬其下的最終目標，是白費力氣。我們曾指出，因爲一般性的目標只不過是著眼的觀點，可以按此勘測既有的條件並估量可能的發展，所以一般性的目標其多寡無妨，都是相互連貫的。事實上，不同的時代都曾經提出許多目標，在當時都有很大用處。表述目標是因爲當時有必要強調之故。我們不會強調不需要強調的事（那些已經佔據重要地位的事），卻會按當代情勢的缺點或需求來架構目標的表述；對於已經做得對或尚可的事，我們會視爲當然而不再作明確陳述了。明確的目標是根據可能促成某些改變而設定。所以，各個時代有意規劃的目標中強調的，大多都是當時實際上最欠缺的，這並不是令人費解的矛盾。威權統治的時代會引起要求更多個人自由的反應；人人各行其是的混亂時代會要求以社會控制爲教育目標。

因此實際存在而未明確表述的慣常習俗，會與刻意的或明確表述的目標相互平衡。例如，完整的生活、較佳的語言學習方法、以實物取代言談、社會效能、個人修養、社會服務、人格完全發展、百科全書式的知識、紀律、美學思考、實用功利等等，這些目標都在不同的時代發揮了作用。以下要討論近來具有影響力的三種目標論述；其他有些已在前面的章節順帶提及，另外的將在後文討論知識與科目的價值時再談。我們從教育是與自然一致的發展過程開始，這是盧梭的主張，認爲自然的與社會的是相反的（見第七章第四節）；然後再談與此對立的社會效能概念，這個概念往往認爲社會的與自然的是相反的。

⑴那些反對教條式方法的教育改革者，厭惡他們所見的墨守成規與不自然，通常會往自然之中尋求依據。他們認爲自然界提供了發展的法則與目標，人只需遵照自然的典範去做。這個概念的優點在於，直指一些不顧及受教育者天資的目標是錯誤的。缺點則是，教育目標以自然指「正常」的意義，輕易地和生理發育方面的自然混淆了。因此，智能在前瞻、謀劃上的積極發揮也都被忽略了；該做的只是別擋在那兒礙事，交給自然去辦就對了。把這個理論的實在與謬誤說得最清楚的莫過於盧梭，所以我們要轉過來談他。

他說過：「教育的來源有三：自然、人、事物。吾人的器官和天資發育是自然教育。我們受教導而會運用這些發育結果，是人給予的教育。個人從周遭事物得到的經驗是事物的教育。必須三種教育協調而走向同一目的，人才趨向其眞正目標。……若問這目的是什麼，答案是自然的目的。因爲，既然必須三種教育一同作用才可完善，完全不受我們控制的那一種必定在指揮我們去決定另外兩種。」於是他界定自然的意思，是指我們天生的資質和意向。「因爲它們在控制人的習慣與他人意見的影響造成任何更改之前就存在了」。

盧梭的措詞值得仔細研究。其中包含有史以來最根本的教育理論眞實，也有奇怪的歪曲。前面幾句的道理不可能有人說得比盧梭更好了。教育發展的三要素是⒜身體器官的天生結構與其功能活動；⒝在他人影響之下運用官能活動；⒞官能與環境的交互作用。這的確是很周詳的論述。他的另兩個論點也是一樣穩當的，即是，⒜教育的三要素必須協調一致，個人才會有充分的發展，(b)天生的官能活動是與生俱來，所以是組織協調的基礎。

然而，只要稍稍體會一下這裡的弦外之音，再參考一下盧梭的其他論述，就不難發覺，他非但不認爲三要素必須有一定程度的合作，才可能使三種教育功能發揮，反而是把三者當作分離而獨立運作的。他尤其相信，天生的器官和功能的發育是獨立的、「自發的」。他認爲，官能活動不論如何運用，都會繼續發展，而社會接觸帶來的教育應當附屬在這種獨立的發展之下。必須注意的是，配合天生的官能活動本身而將這些活動加以運用——不強迫其發展也不阻撓其發展——這是一個概念。另一個概念則是，假定天生的官能活動不加以運用也能正常發展，一切運用官能的學習都應以自然的發展爲標準。兩個說法是大有差距的。我們要再舉前文說過的語言學習過程爲例，這是闡述有教育功能的成長的最佳範例。學習是從發聲器官、聽覺器官等開始，但如果認爲它們都能不靠外力自動成長，自己就能發展成理想的說話能力，就太荒謬了。按這樣看來，盧梭的理論就是在說，成年人應該接受並且複述幼兒的牙牙學語與無意義的聲音，因爲這些不僅是清晰語言的發展開端，還是一切語言教學的標準。

我們可以這樣總結：盧梭提出了教育迫切需要的改革，他認爲，器官的構造和活動能力提供了條件，才可能有使用這些器官的教學行爲，這是對的。他暗示器官的活動能力既是發展的條件，也是發展的目的，這就大大錯了。事實上，天生的官能活動會在使用中發展，這與偶然隨意發出動作是不同的。而社會環境的功能就是，將人的天資作最佳發揮，藉此導引成長，這一點前文也已經說過了。這些本能的活動可以形容爲自發的，因爲器官功能強烈偏向特定的作用方式，強到我們不可能逆著它來，如果試圖逆向操作，可能會把功能的發展扭曲、阻礙、糟塌了。可是，所謂這些活動能力自動會有正常發展，純粹是癡人說夢。自然的或天生的能力是一切教育的原動力與限定力，卻不是教育的目的或目標所在。一切學習都是從天生的能力開始，但學習並不是天生的能力自然洋溢而已。盧梭不這麼認爲，顯然是因爲他相信上帝等同自然；在他看來，天賦能力是從智慧慈善的造物主而來，是不折不扣的善。有一句老諺語說：上帝造鄉，人類造城。換一下措詞是，上帝造了人類天生的器官和才能，人類來加以利用。因此，天賦能力的發展提供標準，後天的運用必須順從這個標準。人類如果試圖決定怎樣利用天賦能力，就是干預了上帝的計畫、社會制度干預自然本性——上帝所創之物——乃是人們敗壞的首要根由。盧梭狂熱地主張一切天性傾向具備固有的善，乃是針對當時盛行的人性本來敗壞之說的反應，在改變人們看待兒童福利的態度上功不可沒。我們不說大家也知道，原始的衝動本身沒有善惡可言，會成爲善或惡，端看用在什麼事物上。同樣毫無疑問的是，爲了某些本能而對其他本能忽略、壓抑，或過早強迫發展，製造了許多可以避免的錯誤。但不能因爲如此就完全放任它們「自動發展」，眞正的對策是提供可以把這些本能妥善安排的環境條件。

回頭再看盧梭理論中實在的部份，因爲他以自然發展爲目標，所以能指出修正現行常規缺點的方法，並且舉出一些可取的明確目標。(1)以自然發展爲教育目標，可使人們注意身體發展以及健康與活力之重要。自然發展的目標告訴家長和老師：要以健康爲目標；不注重體能是不可能有正常發展的。這是再明顯不過的事實，要是能在實踐中獲得應有的肯定，幾乎會自動在我們的教育常規中掀起徹底改革。「自然」的確是個含糊又有隱喩的用詞，它卻明確說出，教育效能是有條件的。我們如不能明白條件是哪些，不能學會在實踐上配合，我們最崇高最理想的目標就注定難以成功——變成只是空談與感情用事。

(2)自然發展的目標可以轉化爲尊重身體機動性的目標。盧梭說：「兒童永遠在動；靜坐不動的生活是有害的。」當他說「自然的本意是要在鍛練心智之前先強壯身體」，根本沒把事實說清楚。假如他說自然的「本意」（按他本來的詩意措詞）是特意要藉肌肉鍛練來發展心智，就是說出了正確的事實。換言之，遵循自然的目標就是意指，要注重身體器官的運用在兒童的探索行爲中、處理教材的方式中、遊戲與競賽中發生的實際影響。

(3)一般性的目標可以轉化爲注重孩子的個別差異。凡是接受注重天資原則的人，必然深深體認到天資是有個別差異的。個別差異不只是程度上的，更是性質與結構上的。如盧梭所說：「每一個人生來就有不同於他人的稟賦。……我們不加區別地使天賦不同的孩子投入同樣的訓練；他們受的教育毀了特有的天資，剩下的只是乏味的一律性。因此，我們把力氣浪費在阻撓自然天賦之後，看著取而代之的短暫的虛幻的才華消逝，我們搗毀了的天生才能卻不會恢復生機」。

末了，遵循自然的教育目標意指，注重孩子愛好與興趣的由來與消長。孩子才能的萌芽與盛開是此起彼落的，不可能大家整整齊齊地併肩發展。教育者必須把握時機，最寶貴的就是才能剛展露的時候。童年早期性向受到的對待，會定下基本的行爲意向，也會決定以後才能展露時的樣貌，這影響之大是超乎我們想像的。教育重視幼年期——不同於以往只注重灌輸有用的技能——幾乎完全是從裴斯塔洛齊和福祿培爾強調自然成長原則的時候開始，兩人都是追隨盧梭的腳步。一位研究神經系統成長的專家，證明成長之不規則與其重要影響：「成長繼續時身心狀況都不平衡，因爲成長從來不是全面的，而是有時候此處較明顯，有時候彼處較明顯。……教育方法若能從這些巨大的天賦差異中，看出成長本來不均有其生氣勃勃的價值，若能接受參差不齊，不要齊頭修平，將是最能配合發育狀況的，也是最有效的」。[1]

小孩子如果處於受束縛的情況，其自然傾向是不易觀察出來的。自然傾向最容易在孩子自發的言行中流露，也就是在他未被指定要做什麼，而且未察覺在被人觀察的時候。言行的傾向並不因爲是自然的就當然是可取的；但因爲它們已經在那兒了，當然就會有作用，而且應該予以重視。我們要做的是，讓可取的那些傾向有繼續活躍的環境，使它們因爲活躍而控制其餘傾向的發展，從而誘使不可取的傾向因爲得不到結果而漸漸廢置不用。許多令父母親煩惱的言行傾向可能只是一時的，對這些如果太過直接關注，反而吸引孩子

1 唐諾森（Donaldson），《腦的成長》（*Growth of Brain*），頁三五六。

自己特別注意。總之，成年人很容易認定自己的習慣和期望就是標準，把孩子偏離標準的衝動行爲都視爲應當戒除的惡行。如此企圖直接硬把孩子塞進成年人標準的模子，是違反自然的，後來的遵循自然的主張，主要也是對這種作風的反彈。

綜合以上所述，我們應注意，遵循自然的概念在早期把兩個本來沒有關係的要素合在一處。盧梭以前的教育改革者多鼓吹教育之重要，認爲教育的能力簡直是無限大的。不同民族之間的差異，同一民族之中的階級差異、個別差異，都可以歸因於教育、鍛練、實踐上的差別。每個人生來的心智、理性、理解力其實都是一樣的。因爲心智基本上是一模一樣的，所以人人基本上是平等的，所以把所有人教育成同一個水平是可能的。遵循自然之說反對這種論點，對於心智及其能力的看法比較不那麼拘泥而抽象。這個理論不談洞察力、記憶力、類推歸納能力等抽象的功能，取而代之的是確切的本能、衝動、生理官能，這些都是人人各異的（如盧梭所說，正如一窩小狗也不可能個個一樣）。近代生物學、生理學、心理學的發展，在這方面幫了大忙，證明教養、改造、直接教育帶來的質變雖然影響極大，後天的培育卻必須以先天條件——也就是天資——爲基礎和主要資源。

從另一方面看，遵循自然的學說曾是一種政治信條，代表對現行制度、習俗、理念的反抗（見第七章第四節）。盧梭說過，一切事物因爲是上帝之手所造而屬於善，此話的重要意義完全在於後半句的對照：「一切事物敗壞於人類之手。」他還說：「自然的人有絕對的價值，是一個數字單元，一個完滿的整數，除了與自己和其他人類，沒有相對關係。文明的人只是一個相對的單元，是分數中的分子，其價值取決於分母，取決於它與社會整體的關係。好的政治制度就是把人弄成不自然的那種。」正是基於現存有組織的社會生活既不自然又有害[2]的原由，他主張，不僅成長的主要起動力從自然而來，連成長的計畫與目標都在自然之中。惡劣的制度和習俗幾乎會自動促成錯誤的教育，連最謹慎的學校教育都無法彌補，這的確是事實。但不能因此就把教育放到環境以外，應該做的是提供適合天資充分發揮的環境。

2 以社會效能爲目標

自然提供理想教育的目的，社會提供有害的教育的目的。這種概念免不了會引來抗議。反對意見的重點形成的學說是：教育的職責是提供自然做不到的；即是，養成個人受社會控制的習慣，使天生的才能順從社會規則。我們不難發現，社會效能論值得重視之

2 我們不可忘記，盧梭所想的是一種截然不同的社會，在他的博愛社會之中，社會的目的等於社會每個成員的利益。他認爲這種社會比既有的社會好得多，正如既有的社會遠不及自然的狀態。

處，主要是在自然發展論走偏的地方提出反對；如果故意忽略自然發展論中確實的部分，就是把社會效能論不當濫用了。我們其實應該從共處生活中的行爲與成果著眼，找出能力發展——即效能——的意義何在。社會效能論錯在，認爲必須藉由使個人順從的措施來取得效能，卻不主張用發揮天賦能力的方法。只要能夠承認，社會效能不可以藉消極的約束取得，應該藉發揮個人天賦才能投入有社會意義的事務，這個理論就差強人意了。

(1)如果轉換爲明確的目標，社會效能顯示了勝任工業生產的能力之重要。人要生活必須有維生的工具，維生的工具如何使用與消耗，對於一切人際關係都有重大影響。一個人如果不能維持自己的以及靠他撫養的子女們的生活所需，會變成他人活動的累贅或寄生蟲。他自己也得不到人生最有教育功能的經驗。假如他沒有學會使用工業產物的正確方法，他雖坐擁財富卻可能敗壞自己傷害他人。任何教育方案都不能忽略這種基本考量。然而，高等教育以更崇高更重視精神價值的理想爲名，所作的安排不但忽略這些要素，而且不屑地認爲它們不值得受到教育的重視。寡頭統治的社會變成民主社會以後，教育強調的意義自然應該是：受過教育的人有能力過經濟無虞的生活，能有效益地處理經濟資源，不會只知炫耀與奢侈。

但是，強調這種目標會鑄成大錯，既有的經濟條件和標準可能變成確定不改了。按民主的準則，我們應當把才能發展到能夠選擇並成就自己要的生涯。如果根據個人父母親的財產和社會地位，不根據個人受過訓練的天賦能力，就試圖預先安排個人該從事什麼行業，那就是違反了這個準則。事實上，新發明接二連三問世使現代的工業改變既快又突然。新型工業在興起，舊的工業也有革命性的劇變。因此，如果爲了得到效率而受教育，效率的模式又定得太確切，結果就會落空。一旦這個行業換了新方法，只懂一種效率的人，重新適應的能力也許還不如沒受過特定訓練的人，這個人就被拋在後面了。不過，最重要的是，現在的工業社會體制和以往的每一種社會體制一樣，處處都是不公平。進步的教育目標是設法糾正不公平的特權與不公平的匱乏，不是讓這些現象保持下去。凡是社會控制意指個人行爲順從階級權威的社會，工業教育都有可能聽命於接受現狀的要求。在這種情況下，個人未來的行業只得由經濟機會的差異來決定。我們不知不覺中恢復了柏拉圖規劃的社會的缺點（見第七章第二節），此外還沒有他的開明選擇方法。

(2)公民社會的效能，或良好的公民品行。把工業的勝任能力與發揮公民職責的能力分開來談，當然是專斷的做法。但是我們可以用公民品行來指一些不像職業能力那麼明確的條件。公民品行的範圍很廣，包括使個人能與別人相處更和諧的任何條件，也包括政治意義上的公民條件；這意指有能力明智地判斷人與措施，能在立法與守法上成爲決定性的力量。以培養公民品行爲教育目標至少有一個優點，避免所謂心智能力全面訓練的籠統觀念。這也使我們注意，能力必須視其與所做的事的關係而定，而最需要處理的事是牽涉人際關係做事。

在此我們又得慎防把這個目的理解得太過狹隘。過分確定的解讀有時候會排斥科學發現，即便社會進步終究得仰仗科學發現來保障。排斥的原因是，科學家會被認爲只是空談理論的夢想家，根本欠缺社會效能。我們應當切記，社會效能最終指的正是在經驗交換中分享的能力，包括使個人經驗對別人更有價值的能力，以及使個人能更加充分參與別人有價值的經驗的能力。創作並欣賞藝術的能力、創造力、有效地運用閒暇，都是公民品行的要素，比一般慣常聯想到的成分更重要。

最廣義的社會效能可以說是心智的社會化。這個過程積極關注的是，如何使經驗更便於傳遞，如何打破社會分層形成的障礙，使人不再對他人的利益無動於衷。如果社會效能只限於明顯可見的行動所提供的服務，那就是忽略了最主要的成分（因爲這是社會效能的唯一擔保）——推己及人之心，或善意。同理心這個可取的特質並不只是一種感覺；而是培養出來的一種從人的共同點出發的想像力，以及這些共同點遭到不必要的分割時挺身反抗的能力。有時所謂的「對他人有善意的興趣」，可能並不是想給別人自由，以便利別人去尋求、找到他們認爲對自身有益的事物；而是一種不自覺的假面具，掩飾自己想指揮他人利害的企圖。社會效能必須能夠主動肯定生活可以提供不一樣的利益給不同的人，也必須相信，鼓勵人人自己去做智慧的選擇是有社會功用的，否則將流於僵硬刻板。甚至社會服務亦復如此。

3 以文化爲目標

社會效能的目標是否與文化連貫一致，取決於以下的考量。文化起碼應是經過培養、達於成熟的事物，不是保持原始模樣的、粗糙的東西。假如「自然的」就是指這種原始粗糙而言，文化就與所謂的自然發展相反。文化也是關乎人的，是培養對於觀念、藝術、人類各種利益等領會的能力。假如效能是指狹義的「行動」，不是指「活動」包含的精神與意義，那麼文化就與效能相反。不論稱之爲文化或是人格完整發展，只要能注重個人本身的獨特之處（個人必有不能按同一尺度與他人比較的地方，否則就不足以成爲個人），結果都與社會效能的眞正含意是一樣的。與個人獨特性相反的就是平庸，一般而言，只要能讓不同於他人的特質發展，就會有人格上的與眾不同，這種人格也更有可能帶來不同一般的社會服務，超越大量供應有形商品的層次。社會成員如果都沒有值得重視的個人特質，這樣所組成的社會實在也不值得爲它服務了。

重視人格價值會與社會效能的目標對立，是封建結構的社會造成的。封建社會的尊卑劃分嚴格，尊貴者才有時間和機會發展爲人；卑下者只能爲供給外在產品而效力。以民主自許的社會，追求的理想如果仍然是一種用產量來衡量的社會效能，就是重蹈覆轍，像典型的貴族社會一樣貶抑一般大眾。如果要說民主的道德意義與理想，那就是人人應爲社會貢獻一分力量，人人也都有發展天資的機會。教育上將兩種目標分開，是對民主的致命傷；採用比較狹隘的意義來解釋效能，便使效能的目標喪失了成立的主要理由。

效能的目標（和教育的其他目標一樣）必須包括在經驗的過程裡。衡量效能如果是以得到有形產品的多寡爲標準，而不在是否獲得寶貴經驗，就變成物質主義了。發展有效能的人格，可能自然會帶來有形的商品。嚴格而論，這種結果只是教育的副產品：副產品雖然不可避免，而且很重要，但終究是副產品。把目標設在經驗過程以外還會有一個反作用，即是強化了另一個錯誤的概念——文化是純屬「內在」的東西。一個社會如果持有所謂培養完美「內在」人格的想法，十之八九是個分歧的社會。所謂內在，其實就是與他人沒有關聯的，就是不可能自由地、完整地傳遞給別人。所謂的精神文化，通常都是無甚益處的、不健全的。因爲，按構想，精神文化是可以自內在擁有的，所以能夠獨享。其實，某人是怎樣一個人，就看他與別人相處時、與人自由互動時是什麼樣子。這個意義的層次，超越了只按供應產品多寡衡量的效能，也超越了獨佔精緻優雅的文化目標。

不論農人、醫生、老師、學生，都應該知道，自己完成的那些對他人有價值的結果，只是附帶的東西，眞正有價值的主體是經驗的過程。如果不能領會這一點，就是沒有領會自己職業本分的要義。有人認爲個人必須選擇怎樣犧牲，可以選擇爲了要做對他人有用的事而犧牲小我，或選擇犧牲對他人有用的事而去追求自己一個人的目標——例如，拯救自己的靈魂，或建構內在的精神生活和人格。何必這樣想呢？其實不論選擇哪一種，都不可能永續不變，所以我們可以用折衷的交替方法，輪流嘗試兩種路線。非常糟糕的是，世界上許多公開宣告的靈修思想和宗教思想，並沒有反對這樣二分法的人生觀，反而強調自我犧牲和性靈的自我修養是兩種不同的理想。這種二分法太根深柢固，不是輕易就能推翻的，所以，如今的教育格外應該努力把社會效能與個人修養合而爲一，不應再讓兩者對立。

摘要

一般的或綜合性的目標，是用以勘查確切教育問題的觀點。要檢驗任何大目標的制定方式是否有理，要看它能不能輕易轉換到另一個目標安排的程序上而維持不變。我們如此檢驗了三種一般目標：遵循自然而發展、社會效能、文化或個人修養的充實。三次都發現，設想不夠全面的目標會彼此衝突。自然發展的論點，把所謂自然性發展的原始能力當作終極目標，按這樣看，把這些能力訓練成對他人有用乃是一種違反自然的強制，刻意改變這些原始能力的後天培育是有敗壞作用的。我們如果明白，自然的活動就是指天生的活動，天賦的器官活動能力唯有在後天環境中使用了才可能發展，其中的衝突便消失了。同樣的，社會效能如果是根據提供外在服務給他人而界定，就必然與充實經驗意義的目標相對。文化如果界定爲心智的內在修養，也與社會化的意向相對。所謂教育以社會效能爲目標，應該意指要培養學生自由而充分地參與共處活動的能力。這個目標對文化有助益，如果沒有文化，是不可能達到的。因爲，與他人分享交流中必然有所學習，必然得拓寬視角，從而理解觀點狹隘的人不知道的事。因此，文化的最佳定義也許是：有能力不斷擴大理解意義的廣度與精準度。

第十章

興趣與紀律

1 用詞的含意

前文已經說過，旁觀者的態度和參與者的態度有所不同。旁觀者對眼前的事漠不關心，結果怎樣都無所謂，反正他只是在旁觀。參與者與正在發生的事關係密切，事情的結果對他大有影響。他的命運多少會受結果左右，所以他要盡全力影響眼前發生的事的走向。前一種人就好比關在牢房裡看著窗外下雨的人，雨下不下對他而言沒什麼差別。後一種人就好像計畫好了明天要外出遊玩的人，雨若不停他的計畫就要告吹。他當然不可能憑現在的行動影響明天的天氣，但是他可以設法影響未來發生的事，甚至將遊玩野餐的計畫延後也是辦法之一。某人若是眼見有一輛迎面而來的馬車可能撞上自己，他如果不能阻止馬車前進，至少可以跑開，躲掉這可能降臨的災禍。許多情況下參與者甚至可以更直接地介入。因此，參與者在事件過程中所抱持的態度是雙面的：既對未來的結果既關切又焦慮，而且會以行動促成較佳的後果，避免較不好的後果。

參與者的態度可以用兩個詞表示：關切、興趣。意思是說，某人與事物固有的發展可能性有密切關係，所以會留意事情可能會如何影響他；並且根據他的期望和前瞻，急於用行動來導引事情往某個方向發展，不要往另外的方向走。興趣和目標，關切和目的，必定是連在一起的。目標、意圖、目的這些用詞，都是強調想要的、力求的結果，其中已經包含了掛心的態度和專注的渴望。興趣、意向、關切、動機，這些用詞強調的意義是，預期的結果對個人的影響，以及個人想以行動促成可能的結果的主動意念。這些用詞都包含了客觀改變。兩組用詞的差別在著重點不一樣；一組詞隱晦的意思在另一組中是闡明的。人所預期的事，例如，明天下雨，被馬車撞的可能，是客觀的，不受個人影響的。但如果是積極參與的人，不會袖手旁觀，而會影響其結果，這其中也會有個人的反應。憑想像預見的不同的未來，會使現在也不一樣，這不一樣表現在渴望和努力上。意向、關切、動機這些名詞雖然表示個人好惡的態度，卻也總是對於目標事物——對於預見的結果——所持的態度。我們可以說預見客觀事物的這個面向是知性的，個人關注的這個面向是感情的、意志的，但是，在整個情境的事實中這兩個面向是不能分開的。

除非個人的態度是在他們自己的另一個世界裡發展，否則不可能將兩者一分為二。可是，個人的態度一定是他在所處的情境之中，因狀況發生而產生的反應，反應的表現是成功或失敗，就得看它們與其他變化之間的互動如何了。生活行為因為和環境的改變相聯繫而會有起有落。我們的欲望、感情、意向，其實都只是我們自己與物和周遭他人互動作用的各種不同方式。這些不但不能劃分純粹客觀的非個人的範圍，反而顯示根本沒有兩種界域之分。各種不同的態度證明，事物發生的改變並不是與個人行為無關的，個人未來的發展與福禍，是與環境及他人密切相連的。興趣、關切都意指，在某個進展中的情況裡，個人自己和周遭世界是交織在一起的。

一般用到「興趣」所表達的意思是(*i*)主動涉入發展的整體狀況，(*ii*)預見的與想要的客觀結果，(*iii*)個人感情上的傾向。(*i*)從事的事務、花費精力去做的事、投入的行業、經營的事業，都常被說成是興趣。所以我們會說某人的興趣是政治，或新聞業、慈善事業、考古學、收集日本版畫、銀行業。(*ii*)興趣也可以指某事物使人感動或吸引人之處；某事物使某人受到影響之處。有些法律業務中，個人必須證明有「興趣」，才有權提出利益直接受損的訴訟。他必須證明某些將要實施的步驟是關係到他的。事業上的合夥人即便不涉入業務，仍是有「興趣」的，因爲營運成功與否影響他的獲利與債務。(*iii*)我們若說某人對某某事物有興趣，強調的是他的個人態度。對某事物有興趣，就是對該事物投注心力、沉浸於該事物、深受該事物吸引。產生了興趣就是留心著、關切著、注意著。我們形容一個人對某事有興趣，會說他被某事迷住了，或說他在某事之中找到他自己。兩種說法都表達個人自我投注到目標事物上。

談到教育而貶低興趣的地位時，會先將上述的第二種意思誇大，繼而將它孤立起來。所謂興趣，變成只指事物對於個人優劣條件與成敗的影響。因爲脫離了任何事物的客觀發展，興趣縮小成爲僅僅是個人的快感或痛苦的狀態。因此，就教育而論，重視興趣就等於往本來不感興趣的教材上添加引誘因素；拿快感當作賄賂來吸引注意。這種做法被指爲「軟性」教學法；是教育之中的「施捨」理論，這樣說也不無道理。

但是反對這種做法的論點所依據的事實（或假定）是，應該學會的技能和應該使用的教材本身沒有興趣可言。換言之，這些和學生的正常活動應該是不相干的。因應對策不是挑興趣理論的毛病，也不是尋找一些可人的誘餌套在與人格格不入的教材上。對策是要去發掘可以和學生目前能力銜接的目標事物和行爲模式。這樣的教材可以吸引學習，並且使學習連貫持續，這種功能就是它的興味。教材如果能這樣發生作用，也就沒有必要去尋找什麼特別的方法使教材引人興趣，也不必訴諸專斷的、半強迫的努力用功。

從詞源上看，英文的「興趣」（interest）有「介於中間」的意思，指將本來有距離相隔的兩者銜接起來。放在教育裡面來看，這距離應是時間上的。發展過程當然需要時間才能夠趨於成熟，這是不需說明也會明白的事。所以我們往往忽略，從過程的起始階段走到完成階段是在進展的，中間是有一段差距的。就學習而言，學生現有的能力是起始階段，老師的目標代表遠處的終點。介於兩者之間的即是各種手段與狀況：該採取的行動，必需克服的困難，可使用的器具。唯有確確實實走過中間這一段，起始期的努力才能夠達到令人滿意的結局。

這些中間的狀況值得注意，正是因爲，現有的努力是否發展成爲預見的想要的結果都得靠它們。它們是達成現在意向的手段，是居於行爲者與其目的的「中間」，是令人感興趣的，這些說法不同，意思是一樣的。教材如果必須做成使人感興趣的形態，就證明光憑教材本身不能與目的和現有的能力銜接，或是有銜接卻教人看不出來。導引學生看出銜接關係而使教材有趣，能這樣做只是有解決問題的務實頭腦。如果靠另外添加的誘餌來製造興趣，那就應該承受教育興趣論曾經遭遇的所有罵名。

興趣一詞的討論到此爲止。現在來看紀律這個用詞的意思。只要行爲需要花時間，只要從開始到完成之間得經過許多手段和障礙，那就必須要有審慎的考慮與堅持。顯然，平常所說的「決心；意志」的意思正是指：刻意要堅持不懈走在已經計畫好的行動路線上，不顧困難及誘惑的阻撓。一般所說的意志堅定的人，就是對於達成已選擇的目的不會三心二意或意興闌珊的人。這個人有實行的能力；也就是說，他會堅持而努力地去實現他的目標。意志薄弱的人會像水一般飄流不定。

意志顯然包含兩個因素。一個與對後果的前瞻相關，另一個與預見的後果對個人影響的大小有關。(*i*)頑固是一種堅持，但頑固不是意志的力量，可能只是惰性或遲鈍。某人會把一件事繼續做下去，可能只是因爲他已經開始做了，所以沒停下來，並不是因爲他懷有清楚考慮過的目的。事實上，頑固的人大都拒絕（雖然可能是不自覺地拒絕）搞清楚自己要達成的目的究意是什麼；他隱約覺得，如果自己弄明白了，可能就不值得再堅持下去了。頑固往往流露在不願意檢討己提出的目標，較少表現在要達致目標的堅持與努力上。眞正有實行能力的人會思索衡量自己的目的，對於自己怎樣設想目前行爲將有什麼結果，會盡量弄得一清二楚。我們所說的意志不堅的人或放縱自己的人，向來對其行的後果採取自我欺騙的態度。他們只看一些合自己意的特點，卻忽視所有隨之而來的條件。一旦開始行動，他們忽視的那些不合意的結果就開始浮現。這時候他們會灰心，或抱怨自己運氣不好，害自己的良好目的不能順利達成，便轉而去做其他的事。意志堅定或薄弱，基本上是運用智能的程度不同所致，差異在於能不能始終堅定而全面地仔細考慮行爲的後果。這一點是需要一再強調的。

(*ii*)當然也有人會憑臆測而擬出行爲的結果。目的雖是可以預見的，卻不會控制住這個人。目的是供觀看的，是讓好奇心把玩的東西，並不是要去達成的。智能的運用不會嫌多，只怕運用得太片面。有的人在思考假定行動路線時並不運用智能，本質上的某種優柔寡斷會阻止他思索的目標抓住他、吸引他採取行動。而多數人在遭遇不平常的、始料未及的障礙時，會偏離原定的行爲方向，或是因爲有更能令人滿意的引誘出現而偏離。

一個人如果是受過訓練調教，而能考慮自己的行爲方向，做事能愼重而爲，他就是基本上有紀律了。除此之外，還能夠在面對分神、困惑、難題的時候堅守運用智能選定的路而不偏離，就是擁有紀律的精髓。有紀律意指對於自己的能力收放自如，對於所從事的行動中可用的資源控制得當。知道自己該怎麼做，該做的就馬上去做，並且應當運用必要的手段工具去做，這就是有紀律。軍隊是如此，思維的運作也是。挫人志氣、壓抑意向、強迫服從、克制欲望、命令屬下去做違背意願的事，這些算不算是執行紀律，要看它們是否照顧到能力的發展，使人更能認清自己在做什麼，而且能貫徹到達成目標。

興趣和紀律是相結合的，不是相對的，這是無需強調的事實。(*i*)即使純屬心智層次的能力訓練——理解自己的行爲會有什麼後果——也必須有興趣相隨。如果欠缺興趣，思考斟酌也會做得馬虎而不夠深入。家長和老師時常抱怨小孩子「不愛聽，不想理解」，並非無中生有。小孩子的心不在課目上，正是因爲課目不能觸動他，不能引起他的關注。這種狀況是必須補救的，但補救方法不可以導致漠不關心的態度和反感。甚至對不用心聽講的孩子施以處罰，也是一個辦法，可以教他明白課業不是全然不必關注的事。這是激起「興趣」或促成聯繫的辦法之一。就長遠來看，這樣做是否有益，要看它帶來的是使孩子做出合乎大人期望的舉動，或是使孩子「思考」——也就是說，使孩子反省自己的行爲，給行爲注入目標。(*ii*)必須有興趣才可能有貫徹的行爲，這更是不爭的事實。僱主不會招募對工作沒興趣的員工。我們如果請了根本厭惡自己行業的律師或醫生，也不可能認爲他們會基於責任感而工作得更認眞。興趣可以衡量——應該說興趣就是——預見的目的對於個人行爲的影響力，人會爲實現目的而行動，是因爲有興趣。

2 興趣議題在教育中的重要性

一切有意圖的經驗之中，目標事物帶給人的動力即是興趣。動力可能是看得見的，可能是在想像中領會的。具體來說，認清興趣在教育性發展中的作用活力，有一定的重要意義，因爲可以因此考慮個別孩子的確切天資、需求、好惡。明白了興趣之重要，就不會假定同一個老師用同一本教科書教出來的孩子，心智運作就是一個樣子。同一份教材會對不同的孩子產生不同的感染力，教學與反應的態度與方式因感染力不同而各異，教材的感染力又因孩子天生性向、過去經驗、生活計畫等條件不同而各異。有關興趣各項事實，也提供教育哲學一些重要的論點參考。對於興趣有了正確的理解之後，可以避免重蹈覆轍。以前盛行過某些關於心智和教材的概念，對教學及訓導的實施構成嚴重妨礙。在那些概念裡，心智往往被放在要學習認識的事物世界之上，是另外孤立存在的，思想的狀態與運作都獨立於世界之外。知識則是純粹的思想存在對於要學習的事物所施予的外在應用，或可說是外在的教材給予心智的印象，或是兩者的融合。按這種觀點，教材本身是完成的，是等著人來學習、知道的，學習方式可以是思維自願運作，或是由教材來給思維留下印象。

興趣的事實證明，這些觀念都是迷思。心智在經驗中是反應的能力，它根據預期未來可能發生的結果而反應眼前的刺激，目的在於掌控將要發生的結果。事物，學習的教材，包含了與預期的進度相關的要素，對於預期中的進展可能是助力或阻力。以上的釋義太近似公式，爲便於了解，以下舉例說明。

假定你是在用打字機寫作。如果你早已熟練打字，雙手按鍵已是習慣動作，心神可以完全放在構思上。如果你並不熟於打字，或假定你本來是熟練的，但打字機本身有些不靈光，你就得多用一點頭腦。因爲你不想隨便按字母鍵而不管打出來的結果如何，因爲你要打出來的字母排組成有意思的字句，所以你會注意自己應如何按鍵，會打出什麼字來，打字機有沒有發生故障。你的注意力不會無所謂地分散到所有的細枝末節上，你注意的是對你從事的工作成敗會有影響的部分。你會向前看，既存的事實只要是與達到想到的結果相關的，你都會留意。例如，你必須知道自己有哪些資源，可支配的條件有哪些，困難和障礙有哪些。這種前瞻，以及就前瞻而做的這種勘測，就是心智的行爲。少了這種對後果的前瞻，以及對方法及障礙的這一番檢視，只能算是習慣動作或盲目的行爲。兩者都不是運用智能的行爲。對於打算做的事不明白不確定，又疏於觀察實現目標的相關條件，這是愚笨的行爲，是沒有善用智能。

回到打字的例子上，假定心思沒有放在操作打字機上，而是放在打算要寫的文章上，情形也是如此。打字寫作的行爲在進行；打字的人專注於文章主題的發展。只要這不是像留聲機播放般的寫作，就必然是運用智能的行爲。換言之，他隨時會注意既有的資料和敘述可能的走向，而且要不斷再觀察、再整理思路，以便掌握主題，牽制文章的結論。他的整體態度是關注文章會發展成什麼樣子，以及文章現在的敘述如何導向發展的結果。這是前瞻未來在導引現在的方向，如果只憑空想像未來可能會如何，卻完全不思考導致那個未來的種種必要條件，這就只是自我欺騙或無聊的白日夢——都是無疾而終的智能活動。

按這個典型的例子上來看，思維並不是指一種不必涉及其他事物就是完整體的東西，而是指一種在智能導引下進行的過程；也就是說，思維之中包含目標、目的，包含爲了達致目的而選擇進行的方式。智能不是某人擁有的什麼特別的東西；某人的行爲如果包含上述的特性，他就是個會用智能的人。個人從事的行爲（不論是否是智能的活動）也不是他的所有物，只是他「從事」、「參與」的事。其他的事與人產生的改變，即便非他所引起，也可能對他的行爲形成助力或阻力。個人的舉措也許是事情進展的起點，事情的後果卻受他與其他作用力互動的情形而左右，思維的活動乃是促使結果產生的力量之一，另外還有其他因素也在發生作用。我們如果不想理解思維的意義，它也就變成沒有意義的東西。

因此，教育該做的是，選擇適當的教材，使學生覺得學習活動是自己感興趣的或達成目標是對自己很要緊的；在活動中不把事物當作操練用的器具，而當作達致目標的條件。前文說過的正規教育附帶的害處，有辦法補救，但辦法不在改採專科式教育的理論，而在於改正一般對於心智與心智鍛練的觀念。找出能使人關注的活動模式——不論是遊戲或有用的事——投入活動的人知道其後果關係到自己的利害，在進行活動中必須有反省，必須用判斷力選擇要觀察與記憶的材料，這便是補救的辦法。簡言之，長久存在的錯誤教育觀念的根本問題是，忽略了這些與人有關事物的發展動向，也忽略了這些事物導引觀察、想像、記憶的動向。根本的錯誤就是成爲心智本身是一個完整體，隨時可以直接用到眼前的教材上。

以往的錯誤觀念實踐，有兩方面的弊端。這種觀念包庇傳統的課目與教學法，讓課程與教法既不理會明智的批評，也不採取必要的修改。只要用「爲了培養紀律」一句話就可以擋掉一切質疑。即便有人指出傳統課目與教法在生活中是無用的，或證明它們其實對自我修養無益，都不足以構成質疑的理由。「爲了培養紀律」可以阻止一切問題，可以壓制一切疑惑，可以把這個題目排除在理性討論之外。這種種斷言本質上就是不能核對檢驗的。甚至想當然爾的紀律沒有養成，學生甚至變得懶散了，明智地自我導引的能力喪失了，這個論點會說錯在學生自己，不在課目和教學法。學生的負面表現只不過證明他需要更加緊培養紀律，所以老的方法更應該保留。本來該是老師的責任，卻轉到學生身上，因爲教材不必符合確切的檢測標準，教材不必證明自己合乎什麼特定要求或能發揮什麼特定用途。教材本來是爲了一般性的紀律而設計，如果沒產生應有的效果，都是因爲受教育的人不願意紀律訓練。

另一方面，紀律的概念傾向從消極面著眼，並沒有把它看作是積極成就能力的成長。前文說過，意志是一種看待未來的態度，是看待後果如何形成的態度，這態度包含清楚詳盡地前瞻，行爲可能帶來什麼結果，以及主動確認某些預期的結果與自身有關。假如確立的意向只能把心力投注在眼前的教材上，意志（或努力的心）就只等於緊張與重擔了。在這種情況下，學生可能願意把心力投注在課業內容上，也可能不願意。課業內容愈無法引起學生的興趣，就愈與他的習慣及好惡無關，也就愈要用力把心思放在課業上——所以意志自然會受到更多的紀律調教。按這個論點，學生因爲教材切身相關所以專心學習，不算是有培養紀律的作用；甚至學習以後能使建設性能力增長，也不算。爲努力學習而努力學習，爲受訓練而努力學習，才叫作培養紀律。不投學生所好的教材內容，才比較可能具有培養紀律的作用，因爲學生根本沒有學習動機，有的只是承認有責任要學習，肯定紀律的價值。這該會有什麼結果，美國某位幽默作家說得很好：「只要是孩子不喜歡的東西，教他什麼都是一樣的」。

把心智孤立一旁，與學習以達致目的的行爲分開，這是不足爲取的。同樣不可取的是，把學習的教材孤立。按傳統的教育方針，教材就是該學的功課，各種不同的科門都是一套套獨立的功課，每一門自成一個有條理的完整體。歷史科是一套完整的事實，代數是一套，地理又是另一套。所有科目都有獨立的現成性，它們與心智的關係只限於提供學習的東西，學習完畢關係便結束。這種觀念和慣常的學校課業安排理念是一樣的，學校規定的每日、每月、每學年的課業，都是彼此區隔分明的「習作」，每個單元都是自成一個完整體——至少就教育目的而言是如此。

後文將有一章專論教材的重要性。在此我們只需指出，智能所學的任何事物，都具有牽引主動興趣發展的作用，這是與傳統理論截然不同的。某人要「研究」打字機，是因爲使用打字機是達成他想要的結果的整個作業的一部分。打字機會成爲要學會的東西，成爲探究與深思的目標物，是因爲它是成就事情進展的要素，而學用打字機的人正致力於事情的進展，也會受盡結果的影響。學生要學習數學，不是因爲數字已經組構成一個叫做數學的一套功課，而是因爲它們能表達我們生活的這個世界裡的特性與相對關係，因爲它們是我們達成目的的所仰賴的因素。這樣籠統地講，似乎有些抽象。說得明確一點，即是，愈是讓學生學習指定的功課，學習就愈不自然，愈沒效果。學生愈能明白眼前所學的東西與完成他關注的活動目的有關，學習的效果就愈好。學習的事物與課題怎樣才能和促進有目標的行爲產生關聯，乃是教育思想之中眞正的興趣論的根本所在。

3 一些社會面的問題

雖然上面所說的理論錯誤體現在學校的作爲上，其實卻是社會生活條件帶來的後果。如果只是教育信奉的理論改變，對於修改社會狀況雖然不無影響，卻不能把困難都除掉。人怎樣看這個世界，基本上是由他參與的活動的範圍與性質來定調的。我們可以用看待藝術的態度來闡釋興趣的理念。藝術並不是純粹內在的，也不純然是外在的；即不只是精神的，也不只是身體的。藝術的作爲和其他類行爲一樣，會帶來改變。有些作爲造成的改變（就比較而言可稱之爲機械性的改變）是外在的，會使事物挪動，但是沒有帶來理念上的收穫，也沒有使情感和思想上有所充實。另外的一些改變有益維持生活，可增添裝飾與陳列的用途。我們既有的社會活動，不分產業方面的或政治方面的，有許多是屬於這兩類。從事活動的人和直接受活動影響的人一樣，都不會對他們的工作有全面的、不受約束的興趣。人可能因爲自己的工作毫無目標，或因爲目標身有局限，所以沒有充分投入智能去做。類似的狀況迫使許多人躲到情緒和幻想的內在發洩之中。因爲他們的感情和想法是投注在自己身上的，並沒有化爲修正現狀的方法，所以他們是唯美的，卻不是藝術的。他們的精神生活是感情用事的，是沉醉於內在景致的。甚至有人以科學研究爲庇護所，藉此逃避生活的艱苦條件——並不是要暫時休養以便找出再面對外在世界的方法。藝術這個名詞令人聯想到的，不是使事物確切地改變而增添思維上的意義，而是古怪奇想的綻發與情緒的放縱。「務實」的人和好談理論的人或文化人壁壘分明且彼此鄙夷，工藝與美術分家，都是這種情況的指標。因此，興趣和思維的定義都被窄化，要不然就是被曲解。讀者可以比較一下前文談過的，效能與文化的定義都趨向片面。

只要社會結構仍有勞動階級與有閒階級之分，這種情形就必然存在。必須工作的人在不斷與困境對抗中把智能磨練得剛硬了；不需要受工作鍛鍊的人智能卻變得驕奢柔弱了。而且，現今世界上的多數人仍然沒有經濟自由。他們從事的職業，是由偶然機會或迫於環境而決定的，不是他們的才能與環境的需要及資源交互作用的正常表現。我們的經濟條件現在仍然將許多人置於受奴役的處境。結果，掌握實權的人也不是智能開明的，他們的智能並沒有自由發揮在征服自然爲人類造福上，而是全部用於操縱別人，以達到只對少數人有利的目的。

過往時代教育傳統的存在原因，多可用這種狀況來解釋。也是基於這個理由，學校教育體系的不同等級之間存有目標衝突；多數初級教育偏重狹隘的功利考量，多數高等教育偏重狹隘的品行與文化培養。同理，知性的事物走向孤立，以致知識變成學究的、學院的、專業技術的東西，而一般人普遍認爲自由開明的教育是另外一套東西，與就業應有的教育需求不符。

然而，這種狀況也有助於凸顯當前教育特有的問題。學校雖然不能立刻逃脫以往社會條件定下的理念，卻可以藉著它造就的智能與感情特質來改善社會條件。正是在這一點上，興趣與品行紀律的明確概念是極爲重要的。一個人若能在主動從事的、有目標的作業（不論是遊戲或工作）之中，藉由應對事物而拓廣了興趣、鍛練了智能，那麼就最有可能擺脫這種有限的選擇：一邊是學院的、無關痛癢的知識，一邊是僵硬的、狹隘的、只顧「實際」的實踐。該怎樣整頓教育而改善社會條件呢？首要之務是使學生的天資動向可以充分運用到學習上，而且學習必須包含主動的觀察、獲取資訊、發揮建設性的想像力。假如教育只在技能操練與知識累積之間擺盪，一方面不利用智能而只謀求外在行爲的效率，另一方面又假定知識本身即是終極目標，這種教育制度就是接納現有社會條件爲定局，從而擔起把這個局面永續下去的責任。重新整頓教育，使學習在運用智能的有目標的活動中進行，這不是一蹴可幾的。但是也不能因此就只在名義上認同一套教育思想，實際上卻在遷就另一套。勇敢地肩負起改革的任務，並且貫徹不懈，此乃莫大挑戰。

摘要

興趣與紀律是有目標的行爲的兩個相互關聯的面向。興趣意指行爲者對客觀事物的認同，這客觀事物界定他的行爲，提供他達成目標的方法，也在他達成目標的路上製造障礙。任何有目標的行爲必然包含在前的未完成階段，以及在後的完成階段，也必然包含居中的各個步驟。對事物產生興趣，就是把事物放進這樣連續發展的情況中看待，不是把它們放在孤立狀態中來接受。從某個未完成狀態到期盼的完成狀態之間的差距裡，行爲者必須自求改善，必須持續地專注不懈。這種態度其實就是「意志」的含意。紀律或持續專注力的養成，都是這種態度的成果。

這個觀點在教育理論上有雙重的重要性。一方面，可以防止我們誤以爲，思維和心智狀態本身都是完備的東西，只需拿來投注在現成的教材上，便可獲得知識。這個觀點證明，思維就是運用智能從事有客觀事物在其中的行爲過程。所以，提供了可以引發此種行爲的環境，就是在培養思維能力鍛練頭腦。另一方面，這個觀點可以防止我們誤以爲，教材是獨立在學習行爲以外的東西。這個觀點證明，一切事物、想法、道理能夠進入持續刻意從事的行爲過程，成爲其中的資源或阻力，就等於學習教材。一件具有可見目的與條件的行爲，其進展歷程乃是一股聯繫作用，使智能與學習的事物不再是分離的或各自獨立的兩件事。

第十一章

經驗與思考

1 經驗的本質

要想理解經驗的本質，必須先明白一點：經驗包含主動與被動兩種成分的奇特結合。從主動的方面看，經驗是嘗試，亦即試驗。從被動的方面看，經驗是經受，我們經驗某事物，先是用它來做什麼，然後就承受它帶來的後果。我們對該事有所行爲，之後它又反過來影響我們，這就是主動與被動的奇特結合。經驗的這兩個面向的關係，可以衡量經驗的收益或價値的多寡。單純的行爲是分散的、沒有中心的、消耗的，不能構成經驗。就主動的嘗試而言，經驗包含著轉變。但這轉變必須有意識地與後果的「回波」相連，否則只是無意義的變遷。我們的行爲一旦延續到承受後果，行爲造成的轉變一旦反射回來，在我們之中造成改變，原來單純的波動就充滿了意義，因爲我們從經驗學到了東西。一個小孩把手指伸進火焰的動作不是經驗；這個動作與他承受灼痛的後果相連了，才是經驗。手指伸進火焰裡會有灼燒，如果這灼燒不能被理解爲另一個動作帶來的後果，它就只是一種物理變化，和一根棍子燃燒一樣。

盲目的、任性的衝動會使我們漫不經心地匆匆做了這個又做那個。這種情況下的行爲都是過眼即逝，並沒有累積成長，而經驗的活力正是來自累積成長。此外，許多事物帶給我們痛苦或快感，我們卻不會把它們與自己先前的任何行爲相連。對我們而言，這些都只是偶然，這種經驗沒有以前以後，沒有回溯或展望，所以是沒有意義的。我們不會因爲有這種經驗而前瞻下一步可能如何發展，也不會因而得到自我調整面對下一步的能力，也就是控制力上沒有增長。說它是經驗，是很勉強的。所謂「從經驗中學習」，乃是在我們的行爲與行爲帶來的好壞後果之間，作前後的連貫。行爲是一種嘗試，是與周遭世界進行的試驗，藉此發現其究竟；經受則是一種教誨，發現事物的因果關聯。

按此可以推出兩個與教育有重要關係的結論。⑴經驗基本上是主動被動結合的事，基本上不屬於認知。但是⑵經驗是否有價值，要看行爲者能否認清經驗帶來的關係或連續性。經驗若能有累積作用，或產生意義，就是包含認知的。在學校裡，受教的學生一向被當成理論的旁觀者在學習知識，直接以心智能量攫取知識。「學生」這個名詞差不多就是指致力於直接吸收知識的人，不再是致力於獲取有益經驗的人。一種叫作心智或意識的東西已經與實際行爲的器官分隔開來，前者被認爲是純粹知性的、認知的；後者是無關緊要的、硬要求插一腳的物質因素。本來行爲與經受後果是密切相連的，透過這個連貫而能領會經驗的意義。學校教育把這連貫關係打斷，留下兩個殘片，一邊是身體的行爲，另一邊是憑「精神」活動直接理解的意義。

身心如此一分爲二的惡果是一言難盡的，在此只能列舉一些比較顯著的影響。ⓐ身體的活動不免成爲一種干擾。按這種觀點，身體的活動與心理的活動是無關的，它只是分散注意力的東西，是必須制服的惡。學生是有身體的，他上學時是身心一起帶來的。身體勢必是精力充沛的，它總得動。可是，能夠產生有意義結果的事情都用不著身體的精力，所以必須對身體的活動表示不以爲然。學生的「心」應該放在課業上，身體的活動卻會把學生拉走，是禍害的根源。學校裡的「紀律問題」的主因，即是老師經常得耗費大部分時間去壓制那些使學生從課業上分心的身體活動。學校獎勵舉止安靜、不說話、僵硬一致的姿態和動作、機械般故作好學的態度。老師的職責便是促使學生做到上述的各項要求，並且懲罰難免會發生的偏離行爲。

如此將身體活動與學習知識分隔是不正常的，當然會導致師生雙方既緊張又疲累。又因爲神經緊繃，引來麻木冷漠與暴躁的交替反應。被忽略的身體因爲缺乏有益的發洩管道，會莫名其妙爆發出無意義的粗魯喧鬧，或習慣於同樣沒有意義的無聊搗蛋，兩者都不是孩子的正常遊戲。在壓制之下，好動的孩子變得焦躁而不聽管束，比較文靜的（所謂乖巧的）孩子不把僅有的精力放在正面用途上，去做有建設性的計畫與執行，卻用在負面事務上：抑制自己的本能與主動行爲傾向。因此，學生沒有學會應該有意義而得體地運用身體能力，只是被強迫要謹守不隨意施展體能的本份。在此可以鄭重斷言，古希臘教育制度之所以成果斐然，主要原因就在不會被錯誤觀念誤導而試圖把身心一分爲二。

(b)即便是必須用「心」學習的課業，也必須用到身體。必須使用感官——尤其是眼與耳——才能夠理解課文、地圖、黑板上的字、老師說的話。這些聽進來看進來的東西，要用嘴唇和發聲器官說，用手寫，才能夠複製再現。所以感官被視爲某種神秘的通道，外在世界的資訊要經由它們才能進入心智；感官被說成是知識的大門和通路。眼睛注意書本，耳朵聽著老師講，乃是知性美德的神秘來源。此外，讀、寫、算這三門重要的學校藝能都必須用到肌肉運動訓練。所以，眼、手、發聲器官的肌肉，必須訓練到能夠把知識從頭腦輸送到外在動作上。因爲，按同一方式反覆使用肌肉，可以使肌肉養成自動重複的習慣。

其結果當然就是，把身體器官作機械化的運用（雖然身體器官對心智行爲都是有阻礙及干擾作用的，但仍有用得著它們的時候）。感官和肌肉本來都是學習經驗整體中不可分割的部分，在此卻被當作心智對外界的出入口。孩子未上學之前，會用手、眼、耳學習事物，因爲這些器官是行爲過程的一部分，而事物的意義就從行爲過程中產生。例如，放風箏的小男孩必須兩眼看著空中的風箏，同時要留意手中線繩的壓力變化。他的感官是知識的通路，不是因爲外在事實要藉感官「輸送」到大腦裡，而是因爲這個有目的的行爲在使用感官。他看見的、觸到的事物有什麼特性，都影響他正在做的行爲，對他的行爲都是有意義的，他隨時以感官領會著意義。然而，上了學的孩子必須用眼睛注意字的形狀——不管它的意義——爲的是要用拼寫的方式複製這個字，所以感官和肌肉的訓練是個別分離的。就是這樣把動作和目的分離，才使得行爲變成機械化。老師經常要求學生誦讀時要有表情，這樣才能把字句的含意出來。可是，假如學生一開始學的就是感官肌肉運動的誦讀方法——辨認字形與跟著老師唸出字音，根本不需要注意字義，他就已經養成機械化的習慣，很難改爲按意義誦讀。發聲器官已經被訓練成自動個別反應，再要憑意志把意義加進去是不可能的。繪畫、唱歌、書寫都可以用這種機械化的方式來教；我們要重申，凡是把身體活動壓縮以致身心分離（只有心能理解意義）的學習方法，都是機械化的。數學——包括高等數學——如果只著重計算的技巧，科學的實驗課如果是爲實驗而實驗，都會產生同樣的惡果。

(c)至於智能的活動，如果把「心智」和課業的直接習作分離，重點會落到作業上，其間的相關性卻被忽視。把感覺或想法與判斷分離，是十分常見的。分離的理由是，先有想法後有判斷，判斷乃是將想法做優劣比較。按這個論點，心智對於事物可以零碎地理解，不需要藉連貫事物間的關係，就能領會事物的含意，就能對沒有前後關聯的孤立事物產生某種概念或想法。之後，就輪到判斷力來把一項項單個的「知識」組合起來，讓其中的類似性或因果關聯一一凸顯。事實是，任何感覺、任何想法，都是對於事物的影響、用途、起因有所領會而來。我們要眞正知道一把椅子的意義，不能藉由清查列舉椅子的各項特性而獲得，必須使這些特性與另外的事物關聯起來，例如用途，椅子的用途就和桌子不同；或是這把椅子與我們慣見的其他椅子有什麼差別，或是這把椅子代表什麼時代背景，等等。一輛運貨馬車的所有組件加在一起，不能使人理解運貨馬車的意義，是它的組件之間特有的關聯使它具有運貨馬車的意義。這些關聯並不只是有形的相扣相連，而是包括拉車的馬匹、裝載的貨物，等等。知覺的行爲裡包含了判斷，否則就只是感官刺激罷了，或只是認出先前判斷過的結果——例如認出自己熟悉的東西。

字詞是模擬理念的替代品，卻很容易被當成觀念本身。頭腦的活動如果與人對事物的主動關注分離，與行爲分離，與行爲及後果的聯繫分離，那麼，字詞、符號就會取代觀念。這種取代比較隱晦，因爲從字詞符號可以看出一些意義。但是我們很容易被調教成看出最少量的意思便心滿意足，並且看不出自己對於相關性的感知多麼有限，而那相關性正是意義所在。我們已經太徹底習慣僞觀念、一知半解，以至於渾然不知自己的頭腦活動已經是半死不活，也不知道，在有活力的經驗的條件下，必須運用判斷來找出事物的關聯性，我們的觀察才會更敏銳，形成的觀念才會更全面。

這個問題的道理，各家的看法沒有分歧。大家都同意，洞察事物的關係確實是運用智能的，所以的確是教育性的。錯誤出在假定這個關係可以不用經驗（前面說過的嘗試與經受的結合）就能領會。按這種假說，「心智」只要專注就能了解這種關係，而且專注是可以憑意志發揮的，不受人所處的情況影響。因此，糊塗不明的觀察、表諸言詞的觀念、生呑活剝的「知識」，泛濫而成大災。經驗哪怕只有一兩，也勝過一噸的理論，實在是因爲任何理論都必須在經驗中才有生命，有可核實的意義。一個經驗，一個很卑微的經驗，可能產生並且承載無限量的理論（或智能要義）。一個理論若是離了經驗，甚至不確定仍可成立爲理論。它可能變成只是文字公式，只是一組口頭禪，有了它，思考——或眞正的理論說明——成爲不必要與不可能了。基於我們所受的教育，我們以爲字詞就是觀念，我們用字語來處理問題，這種處理其實只是在混淆覺察，使我們對困難視而不見。

2 經驗中的反思

思考或反思，乃是洞察我們嘗試做的行爲與後果之間的關聯，這一點在前面已經大致討論過了。不包含某種思考在內的經驗，是不可能有意義的。我們可以根據思考所佔的比例多寡，比較一下經驗的兩種類型。我們的一切經驗都有「一再試驗」的階段，也就是心理學家所說的嘗試錯誤方法。即是，我們做了一件事，沒成功，我們改做另一件事，如此試著做，直到碰上一件做成功的，以後就按這成功的方法的經驗法則做下去。有些經驗之中除了這種時而成功時而失敗的過程之外，沒什麼別的意義。我們從這種經驗知道，某種行爲方式和某種後果是有關聯的，可是我們看不出這關聯是怎麼來的。我們看不見關聯的細節，找不到連貫前後的環節。這種洞察是很粗略的。有些經驗之中的觀察就比這樣的入微了。我們會分析行爲和後果中間的這一段，把因與果連貫起來。這樣延伸洞察力，可以使前瞻更準確更廣泛。只憑嘗試錯誤的方法進行的行爲，是受環境條件左右的；環境條件改變可能使行爲達不到預期的結果。如果我們確知什麼條件會影響行爲的結果，就會注意必要的條件是否已經有了。這種行爲方法可以擴增我們對全局的掌控。只要我們知道某個結果必需哪些條件促成，一旦發現欠缺了某些條件，就可以著手補上；或是發現某些條件會帶來不想要的後果，也可以把多餘的因排除，從而節省力氣。

從逐漸發現行爲與後果的詳細關係可以看出，試驗性的經驗包含了思考。思考的量在增多，價值也呈同樣比例改變。因此，經驗的性質變了；由於改變太大，我們可以說這一類型的經驗是反思的，是反思經驗的表率。刻意培養這個思考的部分，可以使思考成為一個特別的經驗。換言之，思考是一份刻意的努力，為了要發現行為與後果之間的明確關聯，使兩者連貫。兩者的分離孤立消失了，所以兩者的相伴發生不再是純粹任意的，而是在一致的進展情況裡。如此一來，發生的事情可以理解了，有來龍去脈，有道理可循。也就是說，經驗告訴我們，事情本來就該這樣發生。

按這樣看，思考等於把經驗中的智能成分凸顯出來。因為有思考，才可能有放眼目標而做的行為。有了思考，我們才有定目標的條件。一個小嬰兒一旦開始有期望，他就是在根據正發生的事，推測下一步會發生的事，他就是在做判斷，雖然是很簡陋的判斷。因為他能憑甲來預測乙，認出了兩者之間有關聯。他的判斷力以後再怎麼發展，都只是從這個簡單的推理行為延伸改進。最最聰明的判斷行為也不過是更周全更細微地觀察正在發生的事，更小心地從看出來的端倪之中，選出凸顯後果的因素。與運用思考的行為相反的，乃是一成不變的常例與突發奇想的任性。按常例行事就是以習慣為準來衡量可能性，不考量個別行為之中的因果關聯。任性則是憑一時的行為衡量價值，罔顧個人行為與環境影響之間的關聯。它等於是在說：「事情應該就是我這一刻想要的那樣。」兩者都不肯為現在行為產生的未來後果負責。反思的行為就是接受這種責任。

任何思考過程的起點，都是一件正在進展的事。此事既有的狀態是未結束的，或未完成的。它的道理，它的含意，得視它未來會如何，會變成什麼樣子而定。我寫這本書的時候，世界上到處是兩軍敵對的衝突。對於積極參與戰爭的人而言，重要的顯然是戰爭未來的結果。他——至少在戰爭進行期間——是與戰爭的結局融爲一體的，他的命運是由戰爭的發展方向決定的。即便是在中立國家的旁觀者看來，每一個動向、每一次前進及撤退有什麼意義，也要看它預示什麼後果而定。我們聽到消息時的思索，其實就是試圖找出後果可能的跡象。把腦袋當剪貼簿似地裝滿一個個已經結束、已經了結的東西，不能算是思考，只是把自己變成一件登錄儀器。能夠想到正發生的事與可能產生卻尚未產生的後果之間的關聯，才是思考。我們如果把時間上的差距換成空間上的分隔，反思經驗的性質並不會變。假定目前的戰爭已經結束，未來的一位歷史家在記述這件事。對他而言戰爭已經是過去的事了，然而，他若要作成一篇有思想內容的撰述，就必須維持原來的時間順序；他敘述的每一樁事件的意義都在於它走向什麼未來——雖然寫歷史的人知道這未來已經過去了。如果把事件看成已經結束的個體，就是沒有運用思考。

反思也包含關注後果的意思，這乃是以同理心把自己的命運與事情進展的結果視爲同一件事，這種認同也許有些戲劇性，但畢竟是在關注。對於參戰國的將軍、士兵、國民而言，思考的刺激是直接而迫切的。至於中立國的人，思考刺激就是間接的，是憑想像的。但是，人類既然改不了黨派偏見的劣根性，就會有強烈的傾向要認同某一種可能發生的進展，而排斥另一種。我們即便不能在顯然的行動中選邊站，並且貢獻自己這一份力量去影響最終的結果，仍然會在感情上想像中偏袒某一邊。我們會想要有某種後果而不要另一種。對後果完全無動於衷的人，根本不會去注意或思索事情有什麼進展。由於思考行爲是從對事情進展有參與感而來，因而產生了思考的一大弔詭。思考本來是因爲有所偏袒才發生，若是要成就其應有的功能，卻又得做到跳脫一己的偏私。例如，一位將軍如果在觀察並解讀局勢的時候任由自己的願望擺布，一定會作出錯誤估計。至於中立國的旁觀者，也許是出於希望或恐懼才來觀察思索這場戰爭，但如果他讓自己的好惡影響觀察推理的內容，他的思考也發揮不了效用。反思的原由在於個人對於發生的事有參與感，反思的價值卻在於個人能夠置身思考的事物之外，這雖然弔詭，但非互不相容。做到如此置身事外，簡直難如登天，但這也證明，思考行爲不但是進展中的事情的一部分，而且本來就是要影響進展結果的。思考必須逐步發展，並且藉著社會同理心增長而漸漸拓寬視野，才可能包納切身利益以外的事：這項事實在教育上是有重大意義的。

我們說思考是針對正在進行的、尚未結束的事情而產生，也就是說，思考是在事情尚不確定的時候，或有疑惑有困難的時候發生的。只有已經結束的、完成的事情是完全篤定的。反思會發生，一定是因爲有事情懸宕未定。思考的目的是要促成一個理論，要根據已知的部分來推斷可能出現的結局。這個特點又凸顯了另外一些事實：既然有疑惑的時候才會發生思考行爲，可見思考是一種提出疑問、探求答案的過程。獲得答案在思考中是次要的，卻有助於「探求」。思考是一種探查，是要追求尚未成爲事實的東西。我們說到「原創性的研究」，往往以爲那是科學家或起碼研究生以上程度的人才有資格做的。其實一切思考行爲都是在做研究，都是思考者原創的，哪怕全世界除他以外每個人都已經確知他在探求的答案，他的探求仍是他獨有的。

另一個事實是，一切思考都包含某種冒險。結果未出現之前不可能擔保一定會如何。探求未知就是有冒險性質的，事前不可能有完全的把握。思考的結論未獲得事實證明之前，多少都是試探的或假設的。沒有進展到結果這一步之前，思考的推斷再怎麼確定，都是不保險的。古希臘人提出過這麼一個尖銳的問題：我們怎麼可能學習？我們若不是已知所求，就是不知。兩種情況下都不可能學習：前者是我們已經知道，求不求都一樣；後者是我們不知道要去求什麼，即便找到了，也不知道那是不是我們所求的。這個邏輯上的兩難式沒有給學習——從不知變成知——預留空間；它假定只有兩種可能，一個是完全知道，一個是完全無知。儘管如此，兩者之間仍有探索思考的晦暗地帶存在。希臘的這個兩難式漏掉了一種可能性：假設的結論、試探得來的結果。有困惑就表示可能有出路。我們於是嘗試這些出路，可能就走出了困境，結果就是，我們知道自己找到我們所求的答案。也可能愈嘗試愈糊塗，結果就是，我們仍然陷在無知之中。「試探」意指嘗試探求，暫時摸索出路。古希臘人的這個論點本身雖然是挺不錯的形式邏輯，但是，如果照這樣把知識與無知區隔得黑白分明，科學的進步是快不起來的，而且進步都是偶然的。當人類明白自己已從疑惑著手探求答案，可以先憑臆測來引導試探的行爲，可以讓行爲的進展來證實、駁斥、修改臆測，之後，發明與發現才會開始持續不斷地進步。古希臘人把知識看得比求知重要，現代科學卻認爲，已經得到的知識只是求知學習的工具。

再看前面講過的例子。一位統率軍隊的將軍不可能在絕對確定時才有所行動，也不可能在絕對無知的情況下行動。他會掌握到一定數量的情報（應該都是相當可靠的情報），然後推斷大概會有哪些調度行動，因而使已知狀況中的單純事實都有了含意。他做的推斷多少都是不確定的，是屬於假設性的，但是他就憑推斷採取行動了。他做了一個步驟計畫，一套應對戰況的方法。他採取行動的直接後果，可以檢驗並證明他的一番思考是否有價值。從不知到知的學習之中，他已知道的事實是有重要作用的。如果換成是一個中立國的人在運用思考努力密切注意形勢的進展，這個說法也適用嗎？內容上當然不適用，但形式上是適用的。顯而易見，中立國的人只能按目前的事實猜測未來會如何，他憑猜測來解釋一大堆不相關的資料的含意，這些不可能當作設計作戰策略的依據，畢竟作戰也輪不到他。然而，因爲他是在主動地思考，不只是被動地旁觀，所以，他試探的推斷可以用到他的處境可行的方法上。他會預期未來會有哪些行動，並且注意這些行動發生了沒有。只要他在運用智能關注，在思考，他就會主動留意進展狀況；他會採取的步驟雖然不會影響戰事，卻會或多或少改變他以後的行動。否則，他事後說的「我早就知道會是這樣」就完全沒有知性意義了；這句話顯示不出檢驗或證明先前思考的用意，只有誤打誤撞帶來的情緒上的滿足——以及很大成分的自欺欺人。

類似的例子又如，一位天文學家根據已知的數據預知（推斷）將有日蝕發生。數學的或然率不論有多大，他的推斷都只是假設的——只是可能發生的事。[1] 這日蝕發生的假設時間地點，變成規劃未來的行爲的依據。他要準備好觀測儀器，甚至可能大老遠跑到觀看日蝕的地點去。總之，他採取的一些積極步驟，會造成有形環境條件上確實產生改變。在這些步驟與後來的情況改變之外，思考仍未結束，仍在懸而未定之中。是已經取得的知識在控制思考行爲，使思考有收穫。

反思經驗的一般特徵大致交代完畢。計有(*i*)因爲涉入一樁未結束的、性質尚未完全確定的事情而產生困惑、混淆、疑問；(*ii*)臆測的預期——試探地解讀已知的部分，認爲這些部分可能帶來某些後果；(*iii*)仔細勘測（檢視、查看、探究、分析）所有可以界定闡明眼前問題的可行思路；(*iv*)繼而做成試探性的詳盡假設，使思路更明確而連貫，因爲詳盡假設能符合更廣範圍的事實(*v*)根據預做的假設擬出行動計畫，將計畫應用到既有的情況上：以行動導致預期的結果發生，從而檢驗先前的假設。第三及第四步驟能做到什麼程度、做得多麼準確，乃是反思經驗與嘗試錯誤式經驗有別的關鍵。這兩個步驟使思考行爲本身成爲一種經驗。不過，我們絕不可能完全脫離嘗試錯誤的層次。思想不論多麼周密，多麼連貫合理，終究必須實地試過，必須經過檢驗。既然思考不可能面面俱到，也就不可能把所有後果都料得分毫不差。但是，因爲反思的經驗之中有非常仔細的情勢勘測，猜測結果做得非常有節制，我們確實可以說它和比較粗糙的嘗試錯誤方式是不同的。

摘要

在確定思考在經驗中的地位之前，我們要指出，經驗包括將嘗試行爲與經受後果連貫起來。把主動行爲與被動經受這兩個階段分隔，就等於消滅了經驗的主要意義。思考就是在所做的行爲與行爲的後果之間，刻意而正確地建立起關聯。思考不但看出兩者是相關的，而且看出相關的細節。思考能凸顯連貫因果的環節。只要我們有心要弄清楚某個已發生或未發生的行爲的意思，就有了思考的動機。我們在思考中推測後果。這意味著，既有的事態是尚未結束而未成定局的，或者是我們認爲它尚未結束、未成定局。推斷後果也就是預先假設結果。爲使假設做得周延，必須仔細審視既有的各個條件，推演假設的狀況，這便是推理的行爲。之後，假定的結果——也就是觀念或理論——必須用實際行爲來檢驗。如果眞的能導致某些後果，某些確定的改變，這個觀念便是有理的。否則就得修正假設，再測試一次。思考應包含以下各步驟：覺察疑難，觀察條件狀況，合理而周密地假設結果，積極地進行檢驗。雖然一切思考的結果都是得到某種知識，更重要的卻是，知識可以促成思考。因爲，我們生活的這個世界不是固定不變的，不是已經完成的定局，這個世界

1 對於科學實踐最爲重要的一點是，人在許多情況下可以估計或然率及其誤差，這的確會改變上述情境的樣貌，把它們變得更精確。

是在持續進展的，我們在這個世界裡的主要任務是展望未來，而回顧——一切知識與思考之不同即在於是回顧——同樣是重要的，因爲它能使我們在處理未來的狀況時，能更踏實、更牢靠、更有成效。

第十二章

教育中的思考行為

1 教學方法的要旨

理論上，沒有人會問學校該不該培養學生思考的好習慣。但是，即便理論上肯定它，實際上做到的卻不夠。此外，連理論上也沒有充分肯定的是，就學生的心智發展而言（不談某些特定肌肉能力訓練），學校能夠或需要爲學生做到的，不過是培養思考能力罷了。學校教育卻定出多個不同的目標，包括學會技能（閱讀、拼字、書寫，繪畫、背誦的技能），學到知識（如歷史與地理），培養思考，以至於三個目標都不能有效地達成。思考如果不能影響行爲的效能，如果不能提增我們對自己與周遭世界的認識，這種思考就是出了問題的。未經思考學來的技能，也不能使人眞正明白技能的用途。擁有這種技能的人不過是照習慣行事，聽從他人權威的控制，而控制者雖然知道自己要什麼，卻不會特別顧慮是用什麼手段去達到想要的。知識脫離了有思考的行動就變成死的知識，變成壓垮思維的重擔。因爲這種死知識在模擬眞知識，養成有害的自鳴得意，是心智成長之路上的最大障礙。要想達到使教與學的方法持續改進的目標，唯一的正路就是提供需要思考、促進思考、檢驗思考的環境條件。思考就是活用智能的學習方法，是運用心智也犒賞心智的學習方法。我們講到思考的方法，這樣的措辭雖然可以成立，但我們應該切記，思考就是方法，是運用智能領會經驗過程的方法。

I. 思考是一種逐步進展的經驗，思考的起始階段即是「經驗」。這句話聽來好像無聊的濫調。這應該是公認的事實吧，可惜並不是。相反的，哲學理論和教育實踐都常常把思考當作與經驗不相干的事，以爲可以不要經驗而單獨培養思考能力。甚至把經驗固有的局限性，當作應當重視思考的理由。經驗則只限於感官與欲望的層次；是物質領域的東西，思考是從比較高等的官能（例如理智）產生，專注於精神領域的事，起碼也是在文學的層次上。因此，純數學和應用數學往往是界限分明的，純數學（既然和物質存在無關）是特別適合思想鍛練的教材，應用數學只有實用性而沒有思想上的價值。

一般而言，教學方法的根本謬誤在於，認爲學生的經驗是可以假定的。我們要強調的是，思考開端的階段必須有實在經驗的情境。經驗（如前文說明過的）是嘗試做一件事而後感覺自己在經受這件事的後果。教學方法的謬誤，是認爲個人可以不必對於情境有直接的經驗，就可以開始學習算術、地理或其他科目的現成教材。甚至幼兒園和蒙特梭利教學法都急著要避免「浪費時間」，要著手造就智能優越，往往漠視——或減少——學童在經驗教材中從生到熟的親自接觸階段，就立刻導引他們學習那些表現成年人智能成就的教材。事實上，不論學習者是什麼年齡，接觸任何新教材的第一個階段，必然都是嘗試錯誤經驗。不論遊戲或工作，必須實地用材料嘗試進行個人自己想做的活動，繼而注意到自己使的力與所用的材料有什麼交互作用。幼兒第一次玩積木時是如此，學科學的人在實驗室裡開始試驗不熟悉的事物時也是如此。

因此，如果要激發學生思考而不只求學生學會字詞，任何科目的學習開端都應該盡量避免學究教條式的做法。我們若要明白經驗或實驗情境指的是什麼意思，就必須想到學校以外所見的那種情境，那些在日常生活中引發興趣使人投入的活動。仔細看看正規教育中那些歷久不衰的教學方法，不論是算術、閱讀、地理、物理、外語哪個科目，我們會發現，凡是有效的方法，都可以溯源到校外日常生活中引起思考的那種情境。這些教法交給學生的是一些可做之事，不是一些應學的功課；學生做的時候必須思考，必須刻意找出關聯性，結果自然就達到學習的目的。

所謂學習的情境必須能激發思考，意思當然是說，這種情境提示可做的行爲既不是陳規老套，也不是心血來潮。換言之，這個情境呈現的刺激是新的（所以是不確定的或有疑難的），但是又與現在的習慣有充分的關係，可以引發有效能的反應。有效能的反應是可以達成明顯結果的反應，這與純粹隨便任意的行爲方式是不同的，後者帶來的後果不可能與所做的行爲有思考的連貫性。因此，說到該用何種情境或經驗誘導學習，最重要的一個問題就是：這個情境或經驗包含的疑難是什麼性質的。

乍看之下，學校常用的教學方法似乎可以符合我們定的標準。安排疑難、提出問題、指定作業、把難題放大，是學校的主要工作。然而，什麼是眞正的疑問，什麼是模擬的或假的疑問，必須分辨清楚。以下的問題可以幫忙做這樣的區分。(a)除了疑問之外，有沒有別的東西？是某個情境或個人經驗使學生自然而然想到這個疑問嗎？抑或是另外掛上的，只是爲了傳達學校要講授的課題而安排的？這個嘗試是不是在學校以外能引發觀察實驗的那一種？(b)這是學生自己的疑問嗎？抑或是老師提的、教科書上列的疑問？它之所以成爲疑問，是不是因爲不答這種疑問就打不成分數，就不能升級，就得不到老師誇獎？這兩組問題當然有重疊的地方。這是針對同一個問題提出的兩種發問法：這個疑問是不是個人的經驗，本質上就能引起學生去觀察其中的關聯性，去做推斷和檢驗？抑或是外力施加的，僅僅爲了配合外在要求而成爲學生的疑問？

有了這些問題，我們斷定現行教學法有多麼適於培養反思習慣時，可能要猶豫了。一般教室裡的設備和安排，都不容許眞實的經驗情境存在。教室裡有什麼地方是和日常生活中引起疑難的那些條件相似的？幾乎每個地方都證明，聽講、讀書、複製聽來的讀來的才是最重要的。相較於家庭裡、遊戲場上、履行生活一般責任中積極接觸人事物的情境，教室裡的條件實在相去太遠了。甚至男女學童在校外與別人交談或閱讀時心中產生的疑問，也和教室裡的情況完全是兩回事。從來沒有人解釋過，孩子到了學校外面爲什麼有那麼多疑問（只要稍稍鼓勵一下，他們就纏著大人問個沒完），爲什麼對於課業內容那麼明顯地缺乏好奇心。省思了這個鮮明的對比，便可看出，一般學校提供的環境，究竟能不能做到讓學生的疑問自然浮現。老師個人的教學法再怎麼改進，都不可能把這方面的缺失完全彌補過來。一定得有更實際的教材、更豐富的內容、更多設備、更多讓學生有事可做的機會，才能夠淡化校內校外的這種差距。只要學生有事可做，在討論做作業的過程中產生的枝節，就算教學方式不怎麼積極，學生還是會自動發出許多疑問，所提出的答案也能深入、多樣，而且有巧思。

問題出在教材和作業不能啓發眞正的疑問，以至於學生面對的疑問不是他自己的疑問；說得更確切一點，這些疑問只是他當學生的疑問，不是過人的生活產生的疑問。結果，練就了解答這種疑問的本領，出了校門卻沒有用武之地，實在是莫大的浪費。學生在學校裡的疑問是，如何達到老師定下的標準。他要找的答案是，老師要的是什麼，在背誦、考試、操行各方面怎樣做到令老師滿意。學生和教材不再直接互動了。他思考的動機和內容不是算術或歷史、地理等科目，而是怎樣技巧地用教材達成老師的要求。學生雖然在學習，所學的東西卻不是在課程表上掛名的「學科」，而是學校教育體系和校方權威遵循的常規和標準。在這種情況下引發的思考，做得再好也只是人爲片面的。至於最糟糕的情況，是學生的疑問不在如何做到學校生活的要求，而是如何做到看起來好像做到了，也就是說，如何做得夠接近，在沒發生不必要摩擦的情況下打混過去。這樣培養起來的判斷能力，對個人品行是無益的。以上描述的一般學校教育方法如果著色太過濃烈，至少可以使要點更凸顯：學生必須有主動投入的興趣，作業中包括利用教材達成目的，才可能形成使學生發生疑問探求答案的情境。

II. 疑問出現時，解決疑問的辦法可能用到的資料必須備妥。採用「開發式」教學方法的老師常常要學生自己去想答案，好像學生憑空就能想出答案似的。思考的題材內容不是思想，而是行爲、事實、事件，以及事情之間的關聯。換言之，一個人必曾經有過或正在承受能找到解決疑難之道的經驗，他的思考才會有效。疑難是思考不可或缺的刺激，但並不是任何疑難都能激發思考。有時候疑難能把人壓垮淹沒，使人氣餒。使學生有困惑的情境，必須與他曾經應對過的情境有些相似，學生多少已能掌握處理它的意義。教學的藝術有很大一部分在於如何使新疑問的難度大小適中，要夠大才能挑戰思考，也要夠小，除了新事物必然引起的困惑之外，還應摻雜著一些熟悉的部分幫忙提示解答。

思考的材料該用那一種心理學的方式來提供，可以說是無關緊要的。記憶、觀察、閱讀、交流傳遞，都是供應資料的途徑。哪一種途徑運用的比例該佔多少，視學生遭遇的疑問而定。假如學生對某一事物的相關事實已經熟悉到可以倒背如流，卻還規定他要觀察這件事物，就太愚蠢了。這樣做導致的過度依憑感官知覺，可能會妨礙思考。任何人都不可能隨身帶著一大堆有各式各樣屬性的東西幫助他思考。訓練有素的思維能力可以說是有最大量資源為後盾的，而且習慣從過去的經驗汲取意義。從另一方面看，即便是已經熟悉的東西，仍可能有某些特性或關聯是先前未看出來的，而且正好有助於處理眼前的疑難。這時候，觀察當然是必要的。直接觀察有時候需要和閱讀及「講授」並行，也是同樣的道理。自己直接觀察當然是比較清楚而有力，但是觀察畢竟有其局限，況且，受教育本來就包括學會利用他人的經驗補自己的不足。過度倚賴他人提供的經驗（不論讀到的或聽來的）卻是不對的。最不好的是現成的解答可能由他人——教科書或老師——來提供，不讓學生自己把教材吸收消化了再應用到解答疑問上。

我們說學校裡的由他人提供的知識通常都是既太多又太少，此話並沒有自相矛盾。學校要求學生爲了背誦與考試而吸收並累積資訊，就是太多。「知識」如果是指資訊而言，應該就是學生的營運資本與不可或缺的資源，是進一步探求答案、發現或學習更多事物需要用的。知識本身被當作學生該追求的東西，上學的目標就變成努力累積知識，以便必要時展示出來。這樣把知識靜止、冷藏的想法，對教育是有害的。它不但把思考的原由擱置不用，而且使思考無從施展。誰也不可能在一塊堆滿亂七八糟雜物的地上蓋起房子。學生的「頭腦」裡如果積存了從來不作智能運用的五花八門資料，一旦嘗試思考必然被這些東西拖累。他沒練習過怎樣挑選適用的資料，也沒有一個可依據的準則；所有資料都停頓在同一個靜止的水平上。另一方面我們也要問，假如學生確實能自己應用資訊，體驗資訊的功用，學校是不是該在書本、圖片、講課中供給更多樣的資源。

III.在思考活動中，與已知的事實、資料、知識相互關聯的是聯想、推論、猜測的意義、假定、試作的解釋：簡而言之，就是想法。仔細觀察與記憶可查明已知的是什麼，已經在那兒的、確定的東西有哪些。觀察與記憶卻不能提供還不在那兒的東西。觀察與記憶可以界定、說清楚、找出問題，卻不能供給答案。供給答案得靠設想、發明、智謀、策劃。資料可以激發聯想，但必須參照確切資料才可能判定聯想是否適切。可是，聯想包含的意義超出了經驗中實際已知的。聯想預示可能發生的結果，暗示可以怎麼做，事實（已經或眞的事）卻沒有這種作用。推論必然是向未知滲入，是從已知向前躍進。

就這一層意義看，思想（事物引動的念頭，不是事物已呈現的狀態）是有創造性的，是涉入新的事物。思想包含發明的意思。引動的聯想當然一定在某些脈絡關係上是熟悉的；創新發明的安排卻必須放在新的背景裡看，與新的應用連在一起。牛頓創立萬有引力學說，他的創新思想並不在素材上。他的素材都是一般熟知的，許多是平淡無奇的——太陽、月亮、行星、重量、距離、質量、數字的平方。這些都不是原創的想法，都是確立的事實。牛頓的原創性在於應用這些熟知事物的方法，把它們放進不熟知的架構裡。每次不凡的科學發現、每項偉大的發明、每件了不起的藝術創作，也都是如此。只有沒常識的傻瓜會認為奇怪的、幻想的東西才是有原創性的；一般人都知道，能把平常的事物作別人想不到的應用就是創造。新穎的是操作方式，不是操作使用的素材。

按此自然產生的教育功能上的結論是，一切思考都是原創的，因為其中有先前不曾領會的設想。三歲的幼兒發現能用積木做些什麼，六歲的孩子發現把五分錢和另五分錢加在一起會有什麼結果，都是眞正的新發現，雖然所有其他人都知道這些事了。這些發現行為包含眞正的經驗增長，並不只是量的方面添上一個新項目，而是質的方面內容更豐富了。懷有同理心的觀察者對於小孩子的這種自發表現是百看不厭的，因為這都是智能發揮的原創力。孩子們自己感受的喜悅是憑智能推斷屬實的喜悅，是創造帶來的喜悅，這正是不折不扣的「創造」。

我想根據以上歸納的道理，要點不是在說，學校環境如果贊成發現式的學習，不贊成學生一味儲存灌輸的資訊，老師會覺得教書工作比較不辛苦，也不是在強調，讓小孩子和青少年體驗個人智能的創造力帶來的喜悅是可能的（雖然做到這樣的確是可能的，而且十分重要）。眞正的要點是，思想和觀念根本不可能由一個人傳給另一個人。假如觀念是由一個人講給別人聽的，對於聽的人而言，這只不過是另一件已知的事實，不是一個觀念。這樣傳遞的觀念也許會刺激聽者看見自己的疑問，並且想通了與說者相同的觀念，但是也可能扼殺聽者活用智能的興趣，抑制他的思考萌芽。他直接從別人那兒得來的不可能成爲觀念，必須他親自努力突破疑難，自己去尋覓、找到出路，他才是眞正思考了。父母親或老師只要能提供可激發思考的環境條件，而且能以同理心看待孩子的學習經驗，就是盡到慫恿學習的次要當事人的全部責任了，剩下的就看學習者自己怎麼做了。假如他想不出自己的解決之道（當然不是他獨自一人去想，而是與老師及同學呼應配合的），假如他找不到自己的答案，就算他能一字不漏背誦正確答案，他也沒有眞正學習。我們可以把現成的「觀念」成千上萬供給學生，而且確實在這麼做，但是我們通常不甚注意學生是否能處於有意義的情境，讓他在其中自己從活動中產生、證實、掌握觀念，讓他在情境中領會意義與事物的關聯。提供情境的意思並不是說老師只需作壁上觀；老師雖不該只管供應現成教材與聽取學生重述正確答案，但是也不該完全不理不睬，而是應該參與、分享學生的活動。在這種分享的活動中，老師是一個學習者，而學習者（雖然不自知）成了老師，教學雙方愈不自覺是在教或受教愈好。

IV.前面說過，想法與觀念不論是粗淺的猜測，或是高深的理論，都是在預期可能的解決辦法，是在預先考慮一個行爲與尚未出現的後果之間的連續性或關係。觀念要藉實際行爲來檢驗，之後應該引導並組織進一步的觀察、記憶、實驗。觀念是學習的中間過渡階段，不是學習的終點。前文大致提過，所有的教育改革者都愛抨擊傳統式教育的消極性。他們都反對外力灌輸資訊給學生，也反對學生像海綿似地吸收；他們批評強行灌輸教材是往堅硬的頑石裡鑽孔。然而，營造環境條件，使每一次觀念形成都是與環境更寬廣更確切接觸的經驗，卻不是件容易的事。一般都習慣把觀念形成當作只是心理活動，是關在腦袋裡的，或只是用發聲器官表達的。

比較有成效的教學法雖然都承認，從課程學到的觀念必須實際應用，然而，實用練習有時候似乎只爲了把已經學會的記牢，或是爲了操作技巧更純熟。這樣的練習確實有效果，而且是不容小覷的效果。可是，應用練習基本上應當具備智能活動的特質。前文曾說過，思想如果只是思想，是未完的；充其量只是試探性的，是暗示、跡象。思想只是應對經驗情境的觀點和方法，在應用到經驗的情境上以前，是欠缺完整要旨與眞實性的。只有實際應用可檢驗思想，只有檢驗可以賦予思想的完整意義與實在感。如果思想放著不能用，可能會陷入與外隔絕的一個世界裡。我們眞的應該問一問，那些把思維孤立在人世以外的哲學（第十章第二章談過）當初之所以產生，是不是因爲思想階級或理論階級的人談的一大堆觀念，都是社會條件不允許他們實行並檢驗的。所以那些人都不得不退回以自己的思想爲最終目的的境地。

不論那些哲學是怎麼產生的，學校學來的許多東西的確帶有奇怪的人工化味道。我們雖不能說許多學生有意識地認爲教材欠眞實，但是，教材必定沒有他們的活生生的經驗的題材具有的那種眞實。他們學會不期望教材有那種眞實，他們漸漸習慣把教材當作具有應付背誦、上課、考試的眞實性。這樣造成的不良影響是雙重的。一方面，日常經驗得不到應有的加料，學校得來的知識沒有使日常經驗的內容更豐富。另一方面，因爲習慣接受一知半解生呑活剝的教材而養成的心態，會削弱思考的活力和效率。

我們特別挑負面現象來討論，是因爲要表明適於思考有效發展的正面辦法。學校只要備有實驗室、作坊、園圃，只要能自由運用戲劇表演、遊戲、運動比賽，就可以有機會使眞實生活的情境再現，學生也有機會獲得知識和觀念，並且把知識和觀念應用在提升經驗上。觀念不是與人世隔絕的孤島；觀念可以使日常生活更有活力更充實。知識能發揮功用，能導引行爲，才是有生命力的。

上面說的「有機會」是刻意的措辭。機會在那兒，但也許沒有被好好利用；用手操作的、建設性的活動可能用於培養身體技能；也有可能專門用於「功利主義」的目的，也就是說，只以賺錢爲考慮。主張首重智育的人士會認爲這類活動不過是體能訓練或技職訓練，這種態度本身就是孤立思維的那種哲學的產物，思維隔絕在經驗過程之外，所以與實際的行爲無關。一旦「心理的」活動被劃成一個獨立自足的領域，對應的「身體的」活動也就落入同樣的命運，再好也不過是思維的外在附件，或許是滿足身體需求與獲取外在生活必需條件所必要的，在心智中卻不是必要的，也不是完成思考不可或缺的。因此，身體的活動在文科教育——只重智育的教育——裡是沒有立足之地的，就算被納入其中，也是爲了顧及一般大眾的物質需求而已。如果容許它入侵精英階級的教育，就太豈有此理了。把心智孤立的概念一定會得出這樣的結論。然而，按這個邏輯，我們只要看清了心智的眞貌——即經驗發展中成就目的與導引方向的作用力——這種結論就會消失。

雖然所有教育機構都該有一定的設備，使學生有機會在呈現重要社會情境的活動中，學會並檢驗觀念與知識，但是，可想而知，所有學校都達到這個要求將是很久以後的事。老師們卻也不可以因此就不著手改革，繼續分隔身心教育的方法。每一個科目的每一堂課都是一次機會，可以讓老師建立課本教材與日常生活更廣更直接的經驗之間的關聯。課堂教學可以分爲三種。最不好的一種是把每一課當作一個獨立的完整體，不要求學生找出這一課與同一科目的其他課文的相關之處，與別的科目是否有相通之處。比較明智的老師會做到讓學生按部就班，利用已經學過的功課輔助理解正在學的這一課，並且藉現在學的增加對先前功課的領會。這樣的教法效果比第一種好，但是學校的教材仍是與生活脫節的。除非有意外，校外的經驗會停留在簡陋而比較欠思考的狀態，不受校內教學比較精確而廣泛的教材的提煉擴展的影響。最上乘的教學會謹記教材與生活應是互相關聯的，會使學生養成習慣性的學習態度，去發現兩者的互通之處與相互影響。

摘要

教學過程愈能注意養成思考的好習慣，就愈能連貫統一。我們也許能把思考的方法說得頭頭是道，但眞正的要點是：思考是領會有教育功用的經驗的方法。所以思考的基本要領與反思是一模一樣的。第一，學生能有經驗的眞正情境——有持續的活動可做——而且學生對活動本身就有興趣；第二，眞正的疑問會在這情境中產生，疑問能刺激思考；第三，學生能有應對疑問必要的知識，進行解決疑問必要的觀察；第四，他想出可行的辦法，自己能將辦法有條有理地推展；第五，他有理由與機會藉應用來檢驗他想出來的觀念，使觀念的意義更明朗，並且自行發現觀念正確與否。

第十三章

教學法的本質

1 教材與教學法之統一

學校工作的三合一主題是：教材、教學法、行政或管理。前幾章已經討論過教材和教學法，現在要將兩者抽離前文談到的背景，分別說明其本質。我們從教學法談起，因爲這樣最能銜接上一章的內容。開始討論之前，最好能注意一下我們的論點包含的一個要點：教材與教學法的彼此關聯。有一種觀念認爲，心智思維與人事物的世界是分隔的兩種領域，即哲學理論上的二元論，按此推得的結論就是：教學法和教材是不相關聯的兩回事。所以，教材就是把大自然與人的世界之中的各種事實和原理分門別類地呈現。而教學法的宗旨則是：如何把這些教材有效地灌輸給學生；也就是，如何用外力使學生的頭腦專注在教材上以便學會並記牢這些內容。理論上，我們可以從研究心理的這門科學推論，學習方法這套完整的學說是獨立存在的，根本不涉及要應用這些方法的科目。由於許多各科老師雖然對於教材的確非常精熟，卻完全不懂這些教學法，所以可以基於這個理由駁斥教學法，說它做爲研究心智學習方法的科學而言是無益的——不過是爲了隱藏老師應當深入精確地熟知本科的事實。

由於思考是一種把教材導引到完成結局的動向，由於心智是思考過程的一個面向，凡是把心智和教材分割的觀念都是徹底錯誤的。一門學科的教材內容必是條理分明的，這就證明它已經被心智處理過；也就是說，它已經有了方法脈絡。什麼是動物學？就是我們平常所知有關動物的粗略零散的事實，經過詳細檢視、縝密增補、整理安排，從而凸顯其中可輔助觀察、記憶、再探索的關聯，構成一門有系統的學問。經過這樣整理的事實是學習完成的結果，不是在提供學習的起點。教學法指的是，教材經過整理安排而能作最有效的運用。教學法絕對不可能脫離教材而存在。

如果站在和教材打交道的人的立場看，教學法指的又是什麼?當然也不是指教材以外的什麼東西，而是將教材作有效處理的方法。有效的意思是指，能使材料最省時省力地發揮用途。我們可以把一種行爲的方法挑出來單獨討論，但是，方法畢竟是「做某件事的方式」，不是和這件事對立的，而是把這件事順利完成的手段。與方法對立的是隨意而欠考慮的行爲——欠考慮也就是不適當。

教學法意指把教材朝目標導引的動向，這是一句形式的陳述。我舉個例子來作實在的說明。每位藝術家都有自己的方法和技巧。演奏鋼琴不是胡亂按一陣琴鍵便了事，而是遵照嚴謹的次序按琴鍵。這個次序並不是鋼琴家沒碰過鋼琴以前，就現成存在他的腦中手上。次序存在於使用鋼琴、雙手、大腦去達成所要結果的這個行爲意向之中。鋼琴的作爲是要實現鋼琴這項樂器的用途。教學法的道理也一樣，唯一不同的是，鋼琴是爲單一目的而建造的裝置；課程材料卻可能有無限多的用途。其實用途的道理還是一樣的，因爲一架鋼琴可以製造出無限多樣的樂曲，彈奏技巧也是千變萬化的。教學與演奏的方法同樣都是用材料成就某種目的的有效方式。

我們如果回到經驗的概念上，可以歸納出一般適用的原則。經驗是一種洞察過程，是覺察自己嘗試的事物與所承受的後果之間有關聯的過程。除了爲控制這個過程進展而付出的努力之外，事物和方法是不能區分開來的，有的只是同時包含個人行爲與環境作用的一個活動。一位技藝完美的鋼琴家，沒有必要區分自己與鋼琴誰的功勞大。凡是熟練的、進行平順的活動，不論是溜冰、談話、聽音樂、欣賞風景，都不可能有意識地區分題材與使用者的方法。在全神貫注的遊戲與工作中，情形亦然。

假如我們是在思考某個經驗，不是正在承受它，難免會區分自己的心態是什麼，使我們懷有這個心態的事物是什麼。一個正在吃東西的人做的是吃東西的行爲，他不會把自己的行爲分成吃與東西兩個部分。假如他在針對吃東西進行科學研究，第一件要做的事就是區分這兩個部分。他一方面要研究食物的營養成份，另一方面要研究生物體的攝食與消化過程。這樣思考經驗，會導致經驗內容（被經驗的事物）與經驗方式的區分。這種區分我們就稱之爲題材與方法之分，一個是看見、聽見、喜愛、厭惡、想像的事物，一個是看見、聽見、喜愛、厭惡、想像的行爲。

在某些方面做這種區分是非常自然也非常重要的，所以我們很容易以爲兩者本來就是各自分別存在的，不認爲那是思考做的區分。我們繼而把自我與環境分隔，這種分隔即是方法與題材的二分法的根源。換言之，我們假定，了解、感覺、願意等等都屬於孤立在環境之外的自我，這些能力又都可以放在獨立存在的題材上。我們以爲，那些屬於自我或心智的行爲有它們自己的運作法則，與事物的作用力無關，作用方法應該由這些法則來提供。同樣荒謬的是，假定人可以什麼東西都不吃地吃，以爲上下顎和喉部肌肉的構造及動作、胃的消化功能等等的既有狀態不是因爲要攝食東西。正如人體器官是食物存在的那個世界的延續部分，人的看、聽、愛、恨、想像的能力，也是和它們活動時的題材相連的。它們其實是環境進入經驗的方式，也是環境在經驗中作用的方式，並不是獨立存在環境事物以外、可以搬到事物上來活動的。簡言之，經驗並不是心智和物質世界結合，不是主體與客體結合，不是方法與題材結合，而是許許多多（根本數不清的）作用力的一次有延續性的交互作用。

爲了便於控制經驗整體進展的路徑或方向，我們可以在腦中設想how（怎樣；即方法）與what（什麼；即題材）有區分。雖然並沒有凌駕在實際的走、吃、學習等行爲之上的一套走、吃、學習的方法，行爲中卻有某些成分是有效控制經驗的關鍵。對這些成分特別注意，可以使它們更易領會（暫時讓其他因素模糊不易看清）。曉得經驗「怎樣」進行，便可看出哪些是必備的或需要修改的，才能夠使經驗進行得更順利。說得簡易些是：假如某人仔細觀察著幾株植物生長，其中有些長得很好，有些卻長得很慢或根本沒長，他會看出長得好的那些是憑什麼特殊條件才長得好。這些條件依先後順序列出，可以算是生長的方法或方式。植物生長與經驗順利發展是一樣的，兩者的最有利因素也同樣難以掌握。研究成功與失敗的案例，加上仔細而大量地進行比較，可以幫我們掌握原因。我們再把這些原因依序排列好，就有了一套程序方法或一套技術。

教育上把方法和題材分隔導致哪些惡果，詳述一下可使我們的論點更肯定。第一，忽略了經驗的具體情境（這一點前文已提過）。如果沒有實例可研究，不可能發展方法。觀察了實際發生的情形，想到下次再發生時可以改進，才產生了方法。學校的教導卻難得給孩子充分機會去直接體會正常的經驗，以便老師能藉這些經驗形成教學法的觀念或最適用的發展次序。一般學生的經驗都太受條件的限制，對於掌握經驗成功因素的幫助很小，甚至沒有幫助。所以「教學法」不但不是老師自己觀察獲得的結果，反而得由他人憑權威來建議。在這種情況下，教學法有了機械式的統一性，假定人人適用同一套方法。提供的環境可以促使學生投入有進展目標的工作或遊戲，並增進個人經驗的彈性，這樣歸納出來的教學法就可以因人而異，因爲這種方法認定每個人做事有他自己的方式。

第二，前文講過的有關紀律與興趣的錯誤概念，也是方法與題材分隔造成的。處理教材的有效方法一旦被當作與教材不相干的現成東西，可能欠缺的關係也許只能靠三種手段來建立了。一種是利用興奮和快感來刺激學生，用甜頭引誘學生。另一種是讓學生知道不用功的後果是痛苦的，使避免痛苦成爲學習無趣教材的動機。第三種是不表明任何理由，直接要求學生用功，這可以藉直接強迫學生的「意志」而達成，但最能立竿見影的辦法還是使學生恐懼受罰。

第三，把學習的行爲本身當作直接的有意識的目的。一般情況下的學習，應該是使用題材做一件事而產生的結果。幼兒學走路或說話，並不是打開始就有意識地想學會走路說話，他一開始是因爲有與人溝通及做更完整交流的衝動，才給自己一試的機會。結果因爲親自做了這些動作而學會了走路說話。教小孩子讀書也該按同樣的步驟。比較好的教學法不會讓孩子特別注意他必須學會什麼，以免他覺得受強迫而不自在。好的教學法能吸引他投入活動，在活動的過程中學習，教算術或任何科目都以能做到這樣的方法爲上乘。假如教材不能用於帶領衝動及習慣走向有意義的結果，教材就只是一堆必須學會的東西。學生眼中的教材也只是非學不可的東西。最不能激發活潑專注反應的條件，莫過於此。作戰時採取正面攻擊是最費力的，教學法用這一招更吃力不討好。但是這並不表示必須引誘學生不知不覺投入課業，而是表示，學生會做的是有眞實理由或眞實目標的事，不是一些學會便了事的東西，只要學生能覺察教材有助於完成某個經驗，就是找到了眞實的理由和目的。

第四，在心智與教材分家的觀念影響下，教學法往往簡化成爲一套呆板的常規，變成凡事只按規定步驟做。只憑一個有教學法認可的理由，有多少教室裡的學生上算數或文法課時被迫接受那些一字不改的規定公式，是難以估計的。學生不但不會受到鼓勵去一頭栽進課業裡，自己實驗有效的方法，藉累積的結果學會判別，反之，必須遵循固定的那一套教學法學習。甚至認爲，只要學生按一定的「分析」形式陳述說明，遲早會形成這樣的思考習慣。最使教學理論名譽掃地的，莫過於認爲，教學方法就是把全套配方樣板發給老師去照章行事。教學法乃是駕馭教材逐步推展出結論的方法，凡是根據這個原則概念的教學法，都會強調彈性主動處理疑難的學習方式。任何把心智與以目的為動機的行為分隔的理論，必然落入呆板僵化的下場。

2 一般的方法與個人的方法

簡而言之，教學法是一種藝術的方法，是運用智能而導向目標的行為。藝術的實踐絕對不是即興靈感的行為。研究以往曾經大為成功的人是怎麼做的，做的結果如何，是非常重要的。藉研究必定可以找出某個明確的傳統或藝術流派，足以使初學者深受感染，甚至一見鍾情。每一門藝術的藝術家都必須精通自己的材料和工具，例如畫家，必須熟知畫布、顏料、畫筆，以及應用這些東西的技巧。要想達到這個程度，必須堅持不懈專注在自己完成目標的材料上，畫家會研究自己作畫的進展，以便判定怎麼做會成功，怎麼做會失敗。至於有人認為，若不遵照現成的規則，就把一切交托給天賦——一時的靈感與沒有導引方向的「努力」——而沒有第三條路，這種論點是違背各科各門藝術實踐程序的。

知道過去經驗，知道現行的技藝，知道材料，知道確保最佳效果的做法，都是所謂的

「一般」方法的依據。過去的經驗和運用智能的分析，可以累積成有益達成結果的相當可靠的方法，漠視這些方法的人就是大大對不起自己了。第四章討論習慣形成（第二節）就曾指出，這類方法一向有流於死板僵化的可能，不但不是個人達成目標可用的助力，反而是在掌握手段。但是，凡是能有某種不朽成就的創新者，只要他的工作成果不是大紅一陣便消逝，必然是利用了經典的方法成功，其中的經典性連他自己和評論者也看不出來。他能把方法放在新的用途上，從而使方法煥然一新。

教育也有自己的一些一般性方法。這句話如果從老師的角度看，比從學生的角度看明顯，其實對學生而言是同樣適用的。學生求學很重要的一個部分即是：要學會別人已經以經驗證明的在類似求知行爲中較有效的方法。[1]這些一般的方法不會反對個人的主動原創精神，意即，不會反對個人自己嘗試成功的方法。反之，一般的方法可以補強個人獨創的方法，因爲最一般的方法也絕對不同於指定的規則。後者直接指示行爲；前者則是藉著啓示目的與方法而間接發生作用。換言之，一般的方法是透過智能而作用，不是憑服從外力施加的命令而作用。能夠熟練運用已確立的技巧，並不擔保會有藝術成果，因爲藝術作品必少不了有生命力的想法。

1 這個要點的評論見第十七章第一節的心理與邏輯方法的討論。

假如別人用過的方法並不直接告訴我們該怎麼做，不提供現成的樣板，知道了這些方法又有什麼用？所謂運用智能方法是指什麼而言？以醫生爲例吧，任何行爲方式都不像醫生的診斷與治療，這麼迫切需要知道已經確立的模式。然而，病例只是相似，不會一模一樣。既有的醫療方法不論多麼廣受認可，如果要用得有智慧，必須能適應眼前特定病例的需要。所以，醫生從已經確立的方法看出自己該從哪裡著手，該嘗試哪些辦法。那些方法是他進行探究的根據點；它們建議他該特別注意什麼地方，可以節省他全面勘查病例的時間與力氣。醫生自己的個人觀點，他應對所處情境的方式（他個人的方法），並不居於一般醫療程序原則以下的次要地位，而是得到後者的輔助與指導。這個例子可以證明，知道心理學方法與過去憑經驗確知有用的方法，對老師是否有益。假如這些方法妨礙老師的常識判斷，假如它們阻隔在他與行動的情境中間，那就全是無用之物了。可是，假如這些方法可以成爲他智能上的助力，幫助他估量所處獨特經驗中的各種需求、資源、困難，它們就是有建設性價値的。總之，正因爲一切都要看他採用什麼反應方式，所以，他作出反應時能不能充分利用別人經驗累積的知識，仍是關鍵。

前面提示過，這段敘述的每句話也適用於學生的學習方法。如果假定，不分大學生小學生均可遵照別人提供一套套方法，學會並評述某個學科，那就是墮入後果堪虞的自欺欺人了。學生無論如何都必須自己做出反應。別人（尤其是已經成爲高手專家的人）在類似情況中用過的標準化的或一般的方法可以供學生參考，至於對他是有益或是有害，要看他是否因此做出比較明智的反應，或是因此而懶得練習自己做判斷。

前文（第十二章第一節III）談到思考原創性，如果顯得要求過高，好像必須受過相當教育的人才做得到，超出一般人本來的能力，問題其實出在我們擺脫不了迷信的壓制。我們對於心智總有一種籠統的想法，認定運用智能的方法是人人一樣的。然後我們又認爲，每個人生來心智的「量」是不同的，所以，平常的人應該表現得平平常常，只有不平常的人可以有獨創性。比較一般學生與高智商學生差異的尺度，就是測量一般學生如何欠缺原創力的尺度。這種心智概念大體上是一種憑空想像。兩名學生的能力的「量」如何比較，根本不關老師的事。這不是老師的本務。老師該做的是，每名學生都有機會在有意思的活動中運用自己的能力。心智、個人用的方法、原創（三個用語是可互換的同義詞）指的是有目標的或定向的行爲的「質」。我們如果根據這個想法行事，即便是按傳統標準也能拓展比現在更多的原創力。如果將所謂的統一方法強加於所有人，會把所有人培育成庸材，只有智能特別高的人能躲過。用異於大眾來衡量原創性，會使有原創力的人變成古怪的一群。統一的方法既會扼殺一般人的個別特色，又會使少見的天才感染不健康的心性，大概只有達爾文之類的人可以倖免。

3 個人方法的特性

前面討論思考的一章已經說過求知方法最基本的特徵，即反思情境的特徵：疑問，收集並分析資料，提出想法並加以闡釋，試著做應用並加以檢驗，結論或判斷。個人處理疑問的方法包含哪些部分，要追溯到個人天生的個性傾向，以及個人後天養成的習慣與興趣，因爲天生資質不同、過去經驗不同、好惡不同，個人用的方法會與別人不同（本來也該不同）。已經研究過這類問題的人掌握的知識，可以幫老師們了解不同學生的反應方式，也可以幫老師們導引學生的反應，以便發揮更大效用。兒童研究、心理學、社會環境方面的知識，都可以幫助老師更進一步了解學生。但方法乃是個人自己怎樣去關注、探討、解決問題，再仔細的分類也不可能包羅所有的多樣性。

有些態度是有效運用智能處理教材所必需的，倒是可以列舉出來。最重要的包括：直接、虛心、專注、負責。

I. 要說明直接的意思，從反方向著手比較容易。扭捏、難爲情、拘束感都是態度直接的大敵。這些態度顯示學生對於教材並沒有立即的關切，有旁騖使他的關注偏離了。一個扭捏的人只會把部分心理放在解決疑問上，另一部分想著別人對他的表現會怎麼想。注意力分散會削弱力量，也會使觀念混亂。抱持某種態度並不等於意識到自己有某種態度。前者是自發的、無心的、單純的，顯示此人全心全意在應對他處理的事物。意識到自己的態度不一定是不正常的，有些情況下，這是最容易改正錯誤方法的，也最便於增進所用方法的效率。例如高爾夫球手、鋼琴家、演說家等等，偶爾需要特別注意自己的姿態和動作。但這種需要是偶爾的、短暫的。按正常情況，這種心態的效用應該是使人想到該怎樣改進，成爲他達到目標的方法之一，例如打網球的人有意識地要抓住揮拍的「竅門」。在不正常的情況下，意識到自己有態度的人不覺得自己是執行的力量，不覺得自己與行爲是一體的。例如，打網球的人做出一個姿勢時只想到旁觀的人見了會有何感想，或擔心自己的動作給人不好的印象。

用自信來表達「直接」的意思十分有力。但是自信不可以和自恃混淆，因爲自恃也是一種不自在的態度——可能是「妄自尊大」的厚顏。自信指的不是個人對自己態度的感覺，自信不是慣性反應。自信指的是個人對於該做的事肯定坦然去做的態度，不是有意識地信任自己能力的功效，而是對於情境的發展可能性有不自覺的信心。自信是見到情境中有困難便迎上前去。前面已經說過，我們反對隨時提醒學生注意他們是在從事學習。環境條件愈令學生意識到自己是在學在讀，他們愈不能眞正學習，他們的心態也變得分歧而複雜了。只要老師用的方法把學生的注意力從該做事情上移開，轉到學生自己對課業所持的態度上，就是破壞了學生在關注與行爲上的直接性。如果老師持續這種方法不改，學生就會變得喜歡瞎摸、東張西望、往教材以外去找可做的事。這樣教出來的學生面對生活的情境時，不會再有兒童（以及未被「教育」磨掉天眞的成年人）的那種自信，取而代之的是仰賴不相干的建議與指引，思路含糊不清。

II.虛心。前面說過，偏好是與興趣共存的。因爲有興趣就有要分享、要參加、要支持某一邊的意思。所以學生格外需要有主動歡迎各邊來的建議與相關資訊。前面談目標的一章中曾說明，預見的結局是情境變化發展中的要素，是控制行爲動向的工具。所以，預見的結局是附屬於情境的，不是情境附屬於預見的結局。預見的結局是目的，但並不意指一切都得順從它、爲它而犧牲。這預見的目的是引導情境推展的「手段」。射擊的靶子不是未來要達成的目標，而是爲現在的射擊行爲定位的。虛心的意思是，心智能夠廣納一切有助解開疑問的意見，以及可能幫忙確定行爲後果的意見。要達成的目的如果是已確不可改的，態度不夠虛心仍有可能做得很有效率。但是，如果目的在增長智能，就必須不斷拓寬視野，形成新的目標與新的反應。假如不能積極歡迎以前未接觸過的觀點，不能主動接納改變既有目標的新意見，智能是不可能增長的。能夠虛心接受新的意見，就能保有增長的能力。思想頑固與心存偏見的最大壞處就是扼止發展，閉鎖心智而不接受新的刺激。虛心的態度可以保持童心未泯；閉塞的頭腦必然導致智能早衰。

沒有偏見的虛心在學校裡遭遇的大敵是：過度要求步驟統一與立即看得出來的結果。老師如果不允許不鼓勵學生以多樣方法解決疑問，就如同給學生的智能套上馬的障眼罩，使他們的視線局限在老師自己同意的這一條路上。老師會熱烈支持教學法的僵化，主要原因也許是，這樣做似乎保證會有快速的、可精準計量的、正確的結果。往往是因爲老師急於教給學生標準答案，所以贊成用僵化呆板的教法。強迫與高壓的方法也是出於這個原因，結果一樣是扼止智能興趣的靈活多樣發展。

虛心與頭腦空虛是不同的。在家門口掛上「空屋可入」的牌子，並不等於歡迎來客。虛心含有一種被動狀態，願意讓經驗累積、滲透、成熟，這是促成發展的一個基本要件。學習的結果（看得見的解答）可以加速取得，過程卻不能強行推動，這是需要一定時間逐步成熟的。教育成長與否要按學生心智變化過程的「質」來衡量，不是看製造標準答案的量，老師們如果都能明白這一點，無異於完成了教學上的一次革命。

III.專注。就這個名詞的意義而言，前面談到「直接」的解釋大致都適用。但是專注在此要表達的是興趣的「完整」，目標的穩定；不會把表明的目標當作幌子而另有壓抑的或別有用心的目標。專注就是全心融入。因爲對教材有興趣而全神貫注，可以培養專注。興趣分散、找藉口逃避，會破壞專注。

全心融入、直率、誠懇，基本上不是有意識的目標引起的，而是積極反應時流露的特質。這些態度當然可以憑有意識的企圖來培養，但是很容易落入自欺。個人對自己的想望是急於實現的，如果別人的要求和期望不允許這些想望直接表露，它們很容易被趕入隱晦角落。完全屈服於別人的意願，全心全意採取別人要求的行爲方向，幾乎是不可能的。結果可能是故意叛逆，或蓄意欺騙。但更常見的後果是興趣變得模糊分歧，個人搞不清楚自己眞正的意圖，想要聽從自己的意思，卻又不得不聽從別人。社會本能（想要討他人歡喜與贊同的強烈願望）、社會訓練（責任感與服從權威等一般概念）、擔心受罰，都導致他不怎麼熱切地聽從別人指示去「專心讀書」，以及去達成任何其他要求。討人喜歡的人會甘願去做別人期望他做的事。學生自覺是在做這種人的行爲，但是他自己的想望並沒有完全消失，只是在壓抑下不再表露出來。被迫去專注在自己沒興趣的事情上令他煩惱，即便他有意識地想做，潛伏的想望卻在決定他的思考路線和深層的情緒反應。他的心思游離到名義上該專注的題目之外，投向本來就是他更想做的事情上。結果便是一心兩用，注意力始終是分歧的。

讀者只需回想自己做學生時的經驗，或目前自己實際在做卻並不想做的，沒有目標可言的事，就會發現這種注意力分歧——意願搖擺不定——的態度有多麼普遍。我們對這種事太熟悉了，以至於認爲其中很大一部分應該是必需的。也許是必需的；若果眞如此，我們更有必要正視這對智能的不良影響。某人如果有意識地努力（或做得好像在努力）專心做一件事，卻不知不覺在想像中跑去做更投合志趣的事，因而浪費多少可用的能量是顯而易見的。比較不明顯卻對智能活動效率妨害更大的，是形成自欺欺人的習慣，以及伴隨自欺而來的對事實分辨不清。雙重的事實標準，一個是自己私人的、或多或少隱匿的興趣的事實，另一個是大眾公認的重要事實，這對我們大多數人的智能活動的專注與完整性都是不利的。同樣嚴重有害的是，有意識的思考及專注變成與發自衝動的盲目喜好壁壘分明。學生對課業專注是被迫的、不很甘願的，所以注意力會飄走，跑到未公開宣布的——所以是不正當的——題目上，而只能偷偷關注。學校本來要藉有目標的刻意探索來約束反應而養成紀律，這個紀律卻沒發揮作用；更糟的是，學生最在乎的、最投合他的想像活動的（因為想像的重心都是他最愛好的）事物變成隨隨便便做的、隱瞞起來的。這些事物循不被認可的方式納入學生的行為，即便有問題也不會受到糾正，所以對品行可能有不良影響。

學生一方面從事承認的、公開的、對社會負責的心智活動，另一方面又有私下的、不受管束的、隱匿的思考放縱，贊同這樣心智分歧的學校環境相當常見。有人稱之為「嚴厲訓導」的表面強制施壓，就有助長這種分歧的傾向。用與本題不相干的獎勵為動機，也有類似的效果。任何措施，只要是把就學當成是為另外的目標作準備，都是在往這個方向走（見第五章第一節）。因為目標在學生現在能掌握的範圍之外，所以必須另找別的作用力使學生把注意力放在指定的課業上。學生會有一些反應，但是，那些未被納入的興趣和喜好就得另尋出口。過度重視為培養技巧而設計的反覆操練，為害也一樣嚴重，那種完全不涉思考的操練，除了製造機械化的技能，沒有別的用途。所謂空虛違反自然，心智的活動亦然。學生的思考和情感不能在眼前的課業上發揮，老師認為這些思考和情感是怎麼處置的？如果只是暫時擱置了，甚或麻木得僵硬了，也就無甚大礙。然而，這些思考和情感既沒有完全消滅，也沒有暫停使用，也沒有抑制不發（只對課業抑制不發），它們會步向紊亂而缺乏紀律的發洩出口。學生心智反應中天生的、自發的、充滿生氣的部分不能發揮、不受檢驗，學生因而養成的習慣也使這些特質愈來愈不能運用到公開承認的目標上。

IV.負責。負責的態度意指，願意事先考慮任何行事步驟可能帶來的後果，並且願意接受這些後果：不是口頭上的同意而已，是行爲時納入考慮、予以承認。前面說過，觀念本質上乃是針對疑難情境找出解答的觀點和方法，是爲了影響反應而刻意做的預測。可想而知的是，有人會不假思索就接受某些說法，或相信某些別人說的道理是眞的，至於接受之後可能要承擔什麼，只有粗略的表面的概念。所謂觀察與認識、相信與贊同，不過是對於他人提供的事實潦草地表示默從。

學校如果能安排一些可以憑眞實經驗啓發信念的情境，使學生認同情境中必要的舉措與預見的結果，那麼，教材內容不妨少一些事實與道理——少一些假定學生得接受的東西。科目方面不必要的複雜化，加上作業過分密集，所造成的最歷久不衰的壞影響不是學生因此必然有的憂慮、緊張、只得到知識的皮毛（雖然這些惡果已經夠嚴重了），而是學生不能明白究竟怎樣去眞正了解並相信一件事物。智能上的負責態度，就是指在這方面定下嚴格要求的標準。而學生唯有藉著貫徹實踐學到的東西，才能夠建立這樣一套標準。

我們所談的態度也可以說是腦力的行動上做到徹底。把某個題目的所有枝節作鉅細靡遺一成不變的操練，這也是徹底，但是近似純粹有形的徹底。智能活動的徹底是「把一件事了解得透徹到底」。這種徹底來自目標統一，枝節都附屬在目標之下，不是來自提供一大堆不相干的枝節。這種徹底表面在逐步認清目標完整意義的堅定態度上，並不是指對於別人指定的步驟是否專注，無論學生表現得多麼「勤奮」。

摘要

教學法所陳述的，就是如何使學生領會教材的經驗能進展得有效率又有成果。教學法從觀察學生的學習經驗而來。學習經驗進展中，不應該有意識地區分學習者的態度與學習的教材。如果假定方法是獨立在教材以外的一套東西，這種想法與孤立心智於實物世界之外的觀念是相關聯的。這樣的教法會使教與學都變得形式化、呆板、勉強。學習法應當因人而異，然而，由於經驗累積智慧，學習教材又有普遍的相似之處，我們可以從完成經驗的正常過程看出一些特徵。就個人態度的表現而言，良好的學習法包括直接、彈性的智能興趣或虛心、對目標的專注，以及對於自己包括思考在內的行爲後果能夠負責。

第十四章

教材的性質

1 老師與學生的教材

就原則而論，教材的性質已在前文中交代清楚（第十章第二節）。教材指的是：一個有目標的情境的發展過程中，所觀察、記憶、閱讀、討論的事實，以及這個過程中聯想到的概念。這個陳述要和學校用的教材、學生課程的內容連在一起，才更爲確切。把這個定義應用到閱讀、書寫、數學、歷史、自然、圖畫、歌唱、物理、化學、現代語文與外語等科目上，又有什麼意義？

我們先回頭看一下前文討論過的兩個要點。老師在教育事業中的職分是：提供環境，讓環境激發學生的反應，導引學生的經驗進展。歸根究柢，老師能做的不過是修改環境中的刺激，盡量使學生的反應可以導致養成思考與情緒方面的良好意向。顯而易見，課程內容和學習環境的營造有很密切的關係。第二個要點是：社會環境必須使學生養成的習慣有意義。我們曾說過的非正規教育，其中的教材就直接含在社會互動的基體之內。教材就是個人與共處的別人一起做一起談的事。從這個事實，不難找到理解正規教育教材的線索。連接這兩種教育教材的那個環扣，可追溯到原始社會團體中的故事、口傳歷史、歌謠、禮拜儀式。這些都是從往昔經驗沉澱下來的意義主題，受到團體的極大重視，等於團體對自我集體生命的概念。雖然與進食、狩獵、作戰、謀和、製作織物器皿等日常事物表現的技能不是顯然相關的，卻是這個團體刻意教導下一代銘記的；通常是在成年禮中教導，而且帶著深重的情感。原始社會對於傳承神話、傳說、神聖的吟誦之刻意用心，甚過教導實用的習俗，因爲實用的行事規則可以在日常共處中隨看隨學，神話傳說等卻不能。

社會團體漸趨複雜以後，需要學會的技能更多，這些技能在事實上或在人們的信念裡，都得以過往經驗留下的標準觀念爲依據，因此，社會生活內容的規範也愈趨向以傳授知識爲目的。前文曾經指出，人們有意識地強調群體生活，找出其中最受他們重視的意義加以整理編組，也許正是出於必須教下一代延續群體生活的動機。一旦走上這條選擇教材、規劃闡述、編組內容的路，就沒有止境了。書寫與印刷發明以後，這項作業更有了莫大的動力。末了，學校教材與社會群體的習慣及理想之間的關聯被遮掩得不見了。兩者的聯繫太過鬆散，時常似乎是根本互不相干的樣子；就好像教材只是爲了知識而存在的一套東西，學習好像只是爲了學會教材內容，與任何社會價值都無關。基於實際的理由，我們有必要抵制這種趨勢（見第一章第三節），所以我們的理論探討的主要目的是，凸顯這極易被忽視的關聯，並且詳細說明學校課程主要成分的社會意義和社會功能。

要點必須從老師和學生的立場來討論。對老師而言，知道了教材內容（這遠超出學生所知），意味可從教材取得確定的標準，並且看出未成熟的學生的簡陋活動能夠作怎樣的發揮。(*i*)學校課程的材料把值得傳遞的當前社會生活的意義，轉化成爲具體而詳盡的用語，把要傳承的文化要義清楚有條理地告訴老師，以免老師因爲要義未標準化而隨意表述。(*ii*)老師知道前人的觀念是依據行爲的後果而形成，所以能洞悉學生看似衝動無聊的反應之中的含意，並且提供必需的刺激，以便將這些反應導引到有益的結果上。老師愈懂音樂，就愈能看出學生剛萌發的音樂衝動是否有前途。安排有序的教材乃是類似這樣師生經驗的成熟果實，是包含同一個世界的、有與他們類似能力與需求的經驗。教材並不代表不可能犯錯的智慧的完美典範，只是可供使用的最佳選擇，藉它可以求取更多新的經驗，而新的經驗可以（至少在某些方面）超越現有知識與藝術的成就。

換言之，站在老師的立場看，多種不同的學科乃是多種工作資源，是可用的資本。然而，學校課程距離學生的經驗太遙遠；這不是看似如此，而是事實。因此，學生的教材不可能和成年人那種用公式表述的、定型的、有系統的教材一模一樣，不是書本上、藝術作品之中的那種教材。成人的教材是學生教材的「發展潛能」，不是學生教材的現有狀態；成人教材能直接納入專家和老師的行為，對剛起步的學生卻不可能如此。使用教材不當，表達現成知識的方式錯誤，主要都是因為未能謹記從師生不同立場所見的之差異。

正是因為老師看待教材的態度與學生完全不同，我們有必要具體理解人性的本質與作用方式。老師提供的既存事實，在學生的立場仍處於組裝之中。換言之，老師已經知道的，學生尚在學習之中。所以雙方要處理的問題是根本不同的。老師從事直接教學的時候，必須對教材熟悉得能夠運用自如；他的注意力應該放在學生的態度和反應上。了解學生受教材影響的狀況，是老師的要務。學生的心思當然不該放在自己身上，而應放在學習的課目上。換個說法，老師不該一心只顧教材本身，應該注意的倒是教材與學生目前的需求及能力如何互動。所以老師只有學問是不夠的。如果只看老師的學問或他已精通的教材，甚至有可能妨礙教學效率的地方，除非老師一向習慣關注教材與學生自己的經驗如何相互作用。因為，老師的知識本來就遠遠超出學生所知的範圍，其中包括未成熟的學生根本不可能理解也不感興趣的道理。這種知識的形態及內容與學生親身經驗的世界差異之大，不亞於天文學家的火星知識之迴異於小嬰兒對自己房間之認識。再者，有學問的人的教材組織方法和初學者的教材組織方法是不一樣的。有人說小孩子的經驗是雜亂無章的，內容都是單獨的片斷，這樣說是不對的。小孩子的經驗是繞著他的實際興趣中心組成的。例如，他的家便是他的地理知識的組織中心。他自己在這個地方的活動，他到外地的旅行，他的朋友述說的故事，這些聯繫把他知道的各種事串連在一起。地理學家的地理知識不會是這樣組織的，他已經把這些較小型的經驗的含意擴大，他的地理知識是根據各種不同事實之間的關係而組織，不是根據這些事實與他的家、他的活動範圍、他的朋友的關聯而組織。對於已有學識的人而言，教材內容是包羅廣的、定義精確的、邏輯上相互關聯的。對於正在學習的人而言，教材是不固定的，部分的，是藉著從事的活動而產生關聯的。[1]教學的問題是：如何使學生的經驗持續朝著專家和老師已經知道的方向走。因此，老

1 有學識的人應當是仍然在學習的，所以讀者可知這些對照都是相對的，不是絕對的。但是在學習的早期階段，這些對比狀況是絕對必要的。

師有必要既熟悉教材又知道學生典型的需求與能力。

2 學生教材的發展

我們無需歪曲事實，便可以劃分出學習經驗中教材成長的三個相當具代表性的階段。第一階段裡，知識體現在智能中，即做事的能力。這種教材——或已知的材料——流露在對事物的熟悉或認識上。之後，藉著別人傳授的知識或資訊，這種材料漸漸變得充實加強。終於擴充整理而成爲合理或合乎邏輯的有系統的材料，也就是這個科目中相對而言的專家使用的材料。

I. 人最先學會也銘記最深的知識，是有關「怎麼做」的知識；怎麼走、怎麼說話、怎樣寫、怎樣溜冰、怎樣騎腳踏車、怎麼操作機器、怎麼計算、怎麼馳馬、怎麼賣東西、怎麼管理人，等等。本能的動作若能適應到某種用途上，常常被視爲了不起的聰明。這種看法雖然欠缺充足理由，卻可證明有許多人認爲懂得控制行爲手段就等於有知識。教育受了學院式知識概念影響，只重視科學方法陳述的事實和道理，不明白最根本初步的教材從來都是要主動去做的事，做的時候要運用身體，要處理材料。在這樣的教育理念下，教材就是變成孤立在學生的需求與目的以外的東西，變成只是一堆必須背下來，考試時再依樣複製的東西。相形之下，肯定發展有其自然過程的理念，便會從包含邊做邊學的情境著手。課程表的初階應該包括技能與實地作業，因爲這才與知道怎麼做能達成目的有關。

一般人說的「知識」，一向保有與行動能力相關的意思，這一層意思卻被排除在學院哲學所指的知識之外。英文之中的ken（知）與can（能）是同源的字。attention意指注意、專心，也指在乎、慇懃的行爲表現。mind意指心智、悟性，也指留心、照顧的舉動。thoughtful和considerate指思慮上的細心、也指行爲上的周到、體貼。apprehension指理解力，也指對不良後果的恐懼。good sense或good judgment意指正確的見識或判斷力，也指知道針對情境採取行動。discernment意指識別、洞察力，不是指吹毛求疵，卻含有洞燭行動先機的意思。wisdom所指的智慧、睿智，從來都包含明智行爲的意思。在農人、水手、商人、醫生、實驗室研究者的生活裡，知識的意思都離不開行爲能力。只有在教育中，知識變成與行動無關的一大堆資訊。

必須運用智能做的行爲，會導致人對事物的通曉或熟悉。我們最熟知的事物是我們最常用到的事物，例如椅子、桌子、筆、紙、衣服、食物、刀叉，這些是一般人都最常用的，另外還有些特別的事物，因個人職業不同而各異。我們以「熟悉」表示對事物知曉，其中隱含的貼近感與情緒，是從親自使用過而沉澱的。我們因爲經常運用某物而能預知它會如何作用或反應，這就是「熟悉」的意思。對於熟悉的事物我們是隨時有備的；它不會出乎我們預料，或惡作劇整我們。我們的態度裡含有相投或友善的意思，有從容、明白的意思。對於不熟悉的事物我們卻會感覺陌生、不適宜、不親切、冷漠、「抽象」而不眞實。

II.進一步詳述知識的這個初始階段，可能會引起誤解。這個階段幾乎包括所有非刻意專門研讀得來的知識。我們的有目的的行爲，大多數包含應對事物和人。想要與人溝通的衝動、習慣用的與人交流的方式，都必須有所調適，以便維持與他人的關係；大量的社會知識便這樣累積。在這種彼此溝通的行爲中，人們會相互了解。各人會講出自己的經驗，也會轉述別人講過的經驗。聽的人如果對這些事有興趣或關切，這些事也會成爲他的經驗的一部分。主動與他人產生關聯既然是我們自己本來就在乎的，根本不可能劃分彼此經驗的界線說：「我的經驗到此爲止，再過去就是你的經驗了。」由於我們與別人共同參與行爲，別人一旦告訴我們他的那一部分行爲有什麼後果，立刻就融入我們自己參與這個行爲的經驗之中。耳朵和眼睛、手都是經驗的器官；眼睛可以閱讀遠方事件的報導。時空上距離遙遠的事對我們的影響，不會亞於我們能嗅到觸到的事物。這些事會與我們有關，所以，凡是因爲想到這些事而有助我們處理正在做的事，都算是我們的親身經驗。

一般常稱這種知識材料爲資訊。在學校的環境裡，這種資訊教材的價值高低，要看溝通行爲是在什麼經驗情況中發生。是否從學生關注的某些問題中自然產生？是否符合他比較切身的認知經驗，所以能增強其效果、加深其意義？如果達到這兩個要求，就是有教育功能的。聽老師講的、閱讀的量並不重要——能夠多一點當然好，但必須是學生需要的，而且必須是學生可以在他的某個經驗情境中用到的。

實際做到這兩個要求，不像理論說來那麼容易。現代相互通訊的範圍擴大，獲取天文及考古知識的設備創新，印刷、記錄、傳播資訊（不分眞假）的成本降低，都製造了大量可傳遞的教材。用這些教材把學生淹沒，比把它們化入個人經驗容易得多。這些教材往往另成一個學生陌生的世界，壓在他們個人經驗的世界上面。學生的唯一要務就是，爲了學校定的目標，爲了上課、考試、升級，把這陌生世界裡的東西學的。對現今多數人而言，「知識」的主要定義也許是指別人已經確認的全部事實與道理，是指圖書館裡一層層架子上一排排的地圖集、百科全書、歷史書、傳記、遊記、科學論文裡面記載的內容。

這令人肅然起敬的大量材料，不知不覺影響人們對於知識的性質的認定。知識原是主動關注疑難而產生的結果，陳述知識的那些論點、意見卻被當作知識本身了。知識的記錄被當作了知識。人的心智被自己以往勝績的戰利品困住了；知識、事實、道理的意義不再是由向未知宣戰的武器決定，而是由戰利品來決定。

這種觀念——表述知識的意見就等於知識——如果把邏輯學家和哲學家都套住了，教育理念唯它是從也就不足爲奇。學校的「課程」大致都是分布在各種不同科門裡的資訊組成，每一科又再分爲許多課，是依序從整批資訊切下來的片斷。十七世紀的資訊存量還不甚多，所以人們曾經以通曉百科全書爲求知的理想。如今的資訊累積得太多了，顯而易見，任何人都不可能一一通曉。然而，教育的理念卻未因此受多大影響。學校的課程規劃，從小學到大學，仍然遵照每一科門（或學校選的一組科目）學一點的原則；比較容易的先學，比較難的後學。

老師抱怨課堂裡學的沒有影響學生的個性與言行，反對背誦作業、反對塡鴨式授課、反對一切以「事實」爲上、反對鑽牛角尖的析義與理解不清的規則定理等種種抗議，都是從這種教育現狀衍生的。以二手的、別人的知識爲主的知識，容易變成僅僅是言語上的知識。這不是反對用言語裝裹資訊；傳遞訊息本來非靠言語不可。但是，如果言語傳遞的東西不能安排到學生既有的經驗裡，這種知識就變成空話，純粹是視聽覺的刺激，沒有了意義。它的作用是引出機械反應，訓練用發聲器官回答或用手寫答案的能力。

得到別人告知資訊的人是訊息靈通的人；他掌握的資料，可以供他在解決疑難有需要的時候用，可以爲他尋找解答的行爲和找到的解答增添意義。別人告知的知識是在面臨有疑問的情境中可供參考的已知的、固定的、確立的、可信的資料。這種知識是心智從疑惑通往發現的橋樑，具有智能經紀人的功用。它把前人經驗的結果濃縮記錄成爲方便取用的形式，使新經驗因而有更多意義。某人若被告知布魯特斯是行刺凱撒的人，或一年有三百六十五又四分之一天，或直徑與圓周比率是3.1415……，他得知的資訊確實曾是別人的知識，對他而言卻只是求知的刺激。他能不能得到「知識」，要看他對聽來的資訊如何反應。

3 科學或合理化的知識

科學這個名稱指的是知識最能表現其特性的形態。就程度而論，科學是求知的圓滿結果，是學習的完成。已經知道的事是確定的、無疑的、已經定奪的、無需多問的，是我們思考時用的，不是我們思考的目標。按崇高的定義，知識的意義與意見、臆測、推想、無稽傳說都不同。知識裡面的一切都是確定無誤，是「這樣」而不會說不定是別的樣子。然而，我們憑經驗知道，教材的確定性和我們自己的確定與否是不同的。我們可以說，人天生就愛相信；相信別人是很自然的。沒受過訓練的頭腦不喜歡懸疑未定與思慮猶豫，而比較偏好確說。沒受過訓練的頭腦喜歡事情沒有波動、一切確定，而且會在沒有充足理由的情況下把事情當作已經確定不變，很容易用熟悉與否、一般口碑好壞、是否投合自己好惡來判斷事情的眞僞。於是，無知接受了固執的意見與通行的錯誤——對於學習而言，這比無知更糟。所以蘇格拉底會說，自覺無知是有效的愛智之始。笛卡兒（René Descartes）會說，疑惑是科學之母。

前文說過，教材（或資料）與觀念的價值必須經過實驗檢定，因爲教材與觀念本來都是試探性的、暫時的。由於我們容易過早相信與倉促斷言，由於我們厭惡懸而不決，所以我們自然容易把檢驗的過程縮短。有了表面而立即的短視用途，我們就很滿意了。如果應用的效果尚可，我們便欣然認爲自己原來的假設已經證實無誤。即便應用失敗，我們也比較不會歸咎於自己的資料不足、想法錯誤，反而會歸咎於運氣不佳或條件不夠配合。遭遇失敗時，我們抱怨走了霉運，卻不認爲是自己的方法不對，不責怪自己對條件了解得不夠徹底（若能了解徹底，就可從而修正方法），甚至以自己明知失敗卻固守舊觀念不改爲榮。

科學可以遏阻人類本性的這種傾向以及隨之而來的不良後果。科學的內容是人類慢慢設計成功的特定用具和方法，人類用這些用具和方法進行思考，並且在需要運用思考的環境條件中檢驗這些方法的步驟與結果。科學是人爲的（是後天培養的技藝），不是人類自發的；是學習而知的，不是生來就會的。基於這個事實，科學在教育中佔有獨一無二的重要地位，也因此故，科學有可能被不當使用。沒有接受科學精神洗禮的人，就不懂得使用人類爲有效進行有目標的思考而設計的最佳工具。沒有科學精神的人，不但少了探索求知的最上乘工具，也不能透徹理解知識的意義。因爲他還分不清什麼是意見與贊同，什麼才是證實無誤的道理。然而，由於科學是在高度專精技術條件下完成的求知行爲，使科學的成果——只看成果本身——與日常經驗距離遙遠，一般人說科學太抽象，指的就是這種疏離。這種疏離一旦在學校教育中出現，科學知識會比其他資訊更容易產生仰賴現成教材帶來的惡果。

我們從探討方法與檢驗的角度界定了科學的意義。乍看之下，這似乎與現行的概念——科學是有組織的或系統化的知識——相反。其實這只是表面看來相反，只要把一般的定義說完全了，相反的意思就消失了。科學與其他知識的不同處不在有組織，而在能夠檢驗新發現之眞僞的方法所促成的這種組織。一位農人的知識是按他能勝任的工作而組織起來的，根據的是手段與目的之間的關係，是合乎實用的組織。這樣組織的一套知識（即經過充分檢驗與證實的），是隨附在以作物、牲畜等多寡爲依據的結構之下的。科學教材的組織則不然，特別要參照從前成功的發現，是根據專門以知曉爲目的行爲而組織的。

略談一下科學給人的信服，可以說明上面這句話的意思。這是理性的信服，合乎邏輯的擔保。因此，科學化組織的理想是，每個概念每個陳述都可以從其他概念及陳述而來，又可導入其他概念及陳述。這種互爲前因後果的「導入與確證」的雙重關係，就是「合邏輯」與「合理性」所指的意思。一般所知的水的概念，就比化學家的概念更適合於飲用、洗濯、溉灌等日常用途所指。化學家把水說成H_2O，從探討知識的立足點與用途的觀點看，都要勝上一籌。這個說法將水的性質申明，使它與其他事物的知識相連，讓理解水的性質的人看出這個知識是怎麼得來的，也看出它和其他關於物質結構的知識有什麼牽連。嚴格來說，化學概念沒有說明水的客觀關係，這與說水是無色無臭的透明液體、可解渴等等差不多。水由兩個氫分子與一個氧分子組成，水有客觀的關係，兩者都是不爭的事實。但是，對於爲了要證明事實而進行探索的特定目標而言，二氫一氧的關係是根本必要的。我們愈強調有組織是科學的特徵，就愈得承認界定科學要從界定方法開始。因爲，使科學成爲科學的那種組織，是方法界定的。

4 教材的社會性

以後的章節要討論學校的活動與課程，並且按我們才講過的知識演化的連續階段來討論。現在只要補論一下教材的社會性，因爲前面談的主要都是智能的方面。最重要的知識也有廣度和深度上的差異；即使是與眞實疑難相關的、有目標爲動機的資料和想法，也有廣度和深度上的差異。因爲目的牽涉的社會範圍、疑難中的社會意義，都會有所不同。既然可以選來當作教材的東西非常多樣，教育（尤其是尚未進入最專精層次以前的各個階段的教育）應當有一個評斷社會價值的準則。

一切資訊和系統化的科學性教材，都是在社會生活的環境條件之中產生的，也都是藉社會的途徑傳遞的。但這並不表示，對於目前社會成員的心性養成與配備供應而言，一切都是同等重要的。課程安排必須顧及各學科是否能適應當前社會生活的需要；選擇時必須以改善吾人共同生活爲目的，使未來能夠比過去更好。此外，課程規劃必須以基本必要的優先，專精的居次。凡是具有根本社會重要性的事物，也就是有關最廣大群體共同經驗的事物，都是基本必要的。屬於專門的團體與技術性事物需求的，就是次要的。有人說，教育應該先是人的教育，之後才是專業教育。這是實話。但說此話的人認定的「人」往往是指一個高度專精的階級而言，即指保存往昔古典傳統的學者而言。說此話的人忘了，教材是否有人性，要看它能不能與人之爲人的共同利害有關聯。

民主社會的延續，尤其倚重一套廣泛關切人的課程標準的功用。如果主導教材制定的人狹隘地爲一般大眾設定功利的目標，爲少數人享有的高等教育規劃的是專精學養階級的傳統，民主是興盛不起來的。有人誤以爲初級教育的「基本要素」就是機械化地操練讀、寫、算，這是因爲他們不知道實現民主理念有哪些要素。這種觀念不自覺地假定民主理想是不能實現的；假定未來和過去一樣，對大多數男女而言，「謀生」就是指去做沒有多大意義的、不能自由選擇的、不會使做它的人高貴的事，他們並不知道自己爲什麼目的而做，只爲了賺取工資才聽從別人指揮去做。是爲了幫大量人口準備將來過這種生活，而且只爲預作準備這一個目的，操練讀、寫、算的效率，以及鍛練相當程度的肌肉靈活性，才會成爲教育的「基本要素」。這種情形也感染到所謂的通才教育，結果是狹隘不通。放棄了從關切人類共同的最深層問題而來的啓迪與修養，換來的就是這近似培養寄生蟲的教育。凡是承認教育有社會責任的課程，應當提供情境，讓學生在其中遭遇與共同生活的難題相關的疑問，學生在其中的觀察與體會，也都是特意爲開發社會見識與興趣而安排。

摘要

教材的主要內容意義，應能幫助學生理解當前的社會生活。社會生活的延續，意指這些意義有許多是往昔的共同經驗教給現在行爲的。社會生活漸趨複雜的同時，這些因子也在增多，而且愈來愈重要。必須仔細加以選擇、說明、組織，才能恰如其分地傳給新的一代。然而，這個過程往往把教材安排成具有獨立價值的東西，忘記它本來是爲了幫忙實現學生現有經驗隱含的意義。老師們特別容易誤以爲，自己的任務是教學生記憶並一字不改地複製教材，不顧教材是否納入正在變成社會一員的學生的活動之中。按教材的積極原則，學生應當從主動投入有社會起源和社會功用的作業起步，吸收經驗更豐富的人傳授的觀念和事實，納入他們自己更直接的經驗，終至從教材的內容培養有科學精神的見識。

第十五章

課程中的遊戲與工作

1 主動從事作業之重要

近幾十年的學校課程有大幅度修改。修改的動力部分來自教育改革者的努力，部分來自兒童心理學日愈受到重視，部分來自課堂之中的親身體驗。三者同樣強調的一個教訓是，教學應當從學生的經驗與能力著手，所以類似孩子們在校外從事的活動形態納入了學校內的遊戲與工作。近代心理學推翻了舊理論裡人人備有現成學習官能的說法，取而代之的是本能與衝動行爲傾向的繁複組合。經驗證明，小孩子只要能在身體活動中施展天生就有的衝動，上學也可以成爲一件樂事，師長管教的負擔可以減輕，學習可以變得比較容易。

學校會訴諸遊戲、競賽、建構性的作業，有時候也許只是基於這些原因，重點都是要抒解「正規」課業的枯燥與壓力。其實這些不該只當作解悶的娛樂。心理生活的研究已經證明，探索、操作工具和材料、建構、表達愉悅情緒等天生的傾向，都有其根本的重要意義。學校正規課程如果包括這些本能帶動的練習，學生會全心投入，校內外生活的人爲差距會縮小，學生對於各種不同教材與學習過程有了專注的動機，在社會環境中供給知識的合作互動也有了。簡言之，課程包括一定的遊戲與主動參與的作業，是有智能發展和社會行爲方面的根據，不是暫時的權宜，也不是爲了一時解悶。如果沒有這一類的安排，就不可能達到效果好的學習狀態。效果好的學習狀態是：獲取知識不是學校交代的作業，而是其他各有目的活動的副產物。說得更明確些，遊戲和工作完全切合認知的初步階段的特徵，而認知的初步階段（前章說過）就是學習該怎麼做事情，邊做邊認識事物，邊理解做的過程。古希臘尚未興起有意識的哲學之前，希臘字τέχνη既指藝術也指科學，這是頗有意思的。柏拉圖的知識論述，也以分析鞋匠、木匠、樂師等的知識爲依據，指出他們的藝術（只要不是固定重複一套動作）包含目的，對材料性能的熟知、用具操作方法、次序分明的步驟，這些都是取得聰穎技能或技術之前必須知道的。

小孩子出了學校通常都是在遊戲或工作，許多教育家必定是基於這個理由認爲小孩子在學校裡應該做些完全不一樣的。上學的時間這麼寶貴。何必用來做他們反正一定會做的事？在某些社會狀況下，這個理由可以站得住腳。例如在拓荒時代，孩子在校外做的事對於智能和品行都有明確而寶貴的訓練，至於書本上的知識，是他們難得見到的，也是他們在偏僻簡陋的環境裡唯一通往外界的出口。只要這樣的環境條件存在，主張校內活動專注在書本上的論點就可以理直氣壯。可是如今大多數社會的情形已經不是那樣了。現在的小孩子可以做的工作大都是反教育的，都市裡尤其是如此，禁止童工乃是社會責任就是證明。此外，印刷品的成本非常低，流通又廣，培養智能的機會途徑大爲增加，舊式的鑽研書本也遠不如昔日那麼有益了。

但是我們應該謹記，在多數的校外環境條件中，教育的成果都是遊戲與工作的副產品。教育成果是附帶的，不是主要的，所以這樣帶來的教育成長多少都是偶然的。工作的分量太重，會有目前工業社會的缺點，這種缺點對於正常的發展幾乎是致命傷。遊戲雖然模仿周遭成人環境之中的粗陋部分，也肯定了其中的精華。學校該做的是安排環境，使學生在其中進行遊戲與工作時能增進智能與道德成長。只在課程中加入遊戲、競賽、手工藝、勞動練習是不夠的，要點在於用什麼方式進行這些部分。

2 可運用的作業

只要把已經列入學校課表的活動作成一覽表，就可以看出這個隨手可用的領域有多麼豐富。例如美勞部分包括利用紙、硬紙板、木頭、皮革、布、毛線、黏土與沙、金屬做的手工，有的用工具，有的不同。操作方法包括折疊、剪割、鑽孔、量測、塑模、造型、製圖、加熱與冷卻，以及使用鎚、鋸、銼等工具的特定操作法。除了多不勝數的遊戲及運動競賽之外，具有社會目標的（不僅僅是爲未來實用操練技能的）主動性作業還包括戶外遠足、園藝、烹飪、縫紉、印刷、裝訂書本、編織、繪畫、歌唱、演劇、說故事、閱讀、作文等。

老師面對的問題是，如何使學生從事這些作業後，學到手工技能和效率，又能從工作中得到立即的滿足，並且達到為未來實用做好準備的目的。這些成果都應該是附屬在教育目標之下的，而教育目標就是達到智育成果，養成社會化的意向。這個原則的內涵是什麼？

首先，這個原則排除了某些做法。完全按照規定與指示而做的活動，一成不改地複製現成的模型，也許可以鍛練肌肉靈活度，卻不要求做的人理解目的或針對目的做詳細計畫。換言之，學生不能運用自己的判斷力，來選擇並調整進行的步驟。犯這種錯的不只是所謂的手工訓練作業，許多傳統的幼稚園也在此列。再者，這類作業應該給學生做錯的機會。這不是因為做錯是好的，而是因為專挑嚴禁錯誤發生的材料和方法，會限制學生的主動創見、把學生的判斷行為降至最少，而且迫使學生採用距離眞實生活情境非常遙遠的方法，以至於學到了技能也無甚大用。小孩子眼高手低，由他們自己去選，他們往往會挑中根本做不到的事來做，這乃是事實。但是，小孩子本該學會量力而為，明白自己能力的極限在哪兒，這也是需要藉經驗學習的。他們如果選了太複雜的事，很可能會弄得一團糟，不但做不好（這不是多麼要緊的），而且學會敷衍了事（這就茲事體大了）。然而，學生如果不能及早發現自己能力不足，並且被鼓勵去做他有把握做好的事，就是老師的錯了。而且，為了取得看得見的完美技能，而教學生去做太無足輕重、太謹守規則的工作，是不值得的；維持學生好創造、好建構的心性活絡才是更重要的。如果工作本身複雜，可以視學生的能力而要求只在某些部分做到精準即可。

從老師的指示、教材的內容都可以看出，成人對孩子天生的經驗存疑，因此施加過多外在的控制。學校的實驗室、手工訓練的作坊、福祿培爾式的幼兒園、蒙特梭利學園，都對未加工的材料懷著恐懼。他們要求的教材是已經花費心思處理好的：教科書的內容證明有這種要求存在，也同時體現在由學生主動從事的作業材料中。這樣的教材可以控制學生的作業，以避免出錯，這是事實。如果認爲用了這種教材的學生能夠掌握其中的智慧，就是謬誤了。唯有從粗淺的材料起步，讓學生按自己的目的處理它，學生才可能領會它到完成階段體現的智慧。就實地應用而言，太過重視定形的材料會導致誇大數學性的特質——例如尺寸、形狀、比例、這三者產生的關係——因爲這些有形的特質正對腦力的胃口。但是，要眞正理解這些特質，必須是作業的目的要求學生去注意它們，終至一一領會。目的愈合乎人性，愈接近日常經驗中吸引學生去達成的目標，學生得到的知識就愈眞實。如果作業的目的僅限於查明這些特質，學生得到的只是技術性的知識。

學生的主動作業基本上應該重視整體，這是同一個道理換個方式來說。教育目的要求的整體不是指有形的實物。就智能而言，有關注或有興趣，才可能有整體；整體指的是一種性質，是學習情境製造的完整吸引力。如果只偏重培養有效率的技能，無暇顧及眼前的學習目的，必然會設計出與目的脫節的習作。例如實驗室的習作，就是設計成只包含一些把測量做到精準的步驟，目的只在學到物理學的基本單位知識，也不去問這些單位爲什麼重要；不會去考慮使操作實驗儀器更便利的方法。技術的意義本來在於要達成發現與檢驗的目的，學生學習技術卻反而與這些目的完全不相干了。幼稚園的活動都是精心計畫好要教孩子認識立方體、球體等等，要養成某些使用材料的習慣（因爲一切都要「按恰當的方式來」），至於欠缺的目的意義，據說可以藉材料用到的象徵手法來彌補。學校的手工課簡化爲一連串規定作業，全部都是爲了逐一學會使用每一件工具、學會建構的各種技能（例如材料的接合）而精心設計。按理論，學生實地著手建構任何東西之前，必須知道使用工具的「方法」。當初裴斯塔洛齊用心良苦，堅決主張主動運用感官，以取代舊有的死記背誦，結果卻留下「實物教學課」的做法——用意只在教學生認識選作教材的實物的所有特性。這些方法犯的錯誤都一樣：假定學生必須先明瞭實物的特性，才能運用智能來使用它們。其實，學生通常是在用心（有目的地）使用實物的過程中一邊運用感官，爲了達成目的，自然會把他所感知各種實物特性列入考慮。不妨比較一下這兩者的態度：一個男孩在做一隻風箏，他必須注意木條的紋理等特性，以及各個部分的大小、角度、比例。一名在上實物教學課的學生，他面前這條木頭的各種特性只是這一堂課的教材。

學生領會的「整體」全然來自於學習情境的發展。因爲教育者不明白這點，才會盛行有關簡單與複雜的錯誤教學觀念。對於要處理探討一個題目的人而言，簡單的事就是他的目的——他想怎樣使用材料、工具、技術步驟——不論做起來會是多麼複雜。因爲目的單一，必須注意的枝節都是目的引起的，所以即便複雜仍有簡單的特性。目的的單一性使每一個枝節憑它在作業過程中的功用而有單一的意義。學生經歷了作業過程之後，各成份的特性與關係都是整體之中的「元素」，每個都因而有其確定的意義。我們所指的錯誤觀念，也就是專家的立場：各元素獨立存在於有目標的行爲之外，初學者應該從元素這樣「簡單」的事學起。

不談負面的了，現在要從正面來說。學生主動從事的作業應是可做的事，不是功課，除了這個事實之外，這種作業的教育意涵在於能表現典型的社會情境。人類基本的共同關切主要就是食、衣、住、居家陳設，以及與生產、交易、消費相關的用具。這些代表的是生活必要的東西，以及包裝必需品的裝飾，都觸及本能的深處，充滿具有社會性的事實和道理。

學校裡的園藝、編織、木工、金屬操作、烹飪等，是把人類的這些基本關切包括到教材裡，但絕不是只有訓練謀生能力的意義。如果一般大眾會覺得，自己從事的產業職務不過是爲了維生而必須忍受之惡，問題不在職業本身，而在進行工作的環境條件。當代生活既然愈來愈重視經濟，學校教育就更有必要展露經濟因素的科學意義與社會價值。因爲學校安排這些作業不是爲了日後能賺錢，而是爲了作業本身的意義。這些作業與賺工資的壓力無關，所提供的經驗本身就有寶貴價值，是眞正具有自由開放特性的。

例如，園藝作業不必當作培養未來園丁的功課來教，也不必當作一種愉快的消遣，而是藉此打開一條知識通路，使學生理解農業和園藝在人類歷史上的地位，以及兩者在當前社會組織中居於什麼地位。在符合教育功能的環境之中進行的園藝作業，可以教導學生認識植物生長的事實，土壤的化學成分，光、空氣、水分的重要性，什麼動物是有益或有害的，等等。小學生的植物課程裡，無一不可用活潑的方式合併照顧種子生長來教。教材不必隸屬一個叫作植物學的特殊科目，可以是屬於生活的，而且可以和土壤實況、動物生命、人類的關係產生自然的聯繫。等學生再大一點，會發現有趣的問題，並且爲探求答案而鑽研。這些問題不一定與當初對園藝的興趣相關，可能是有關植物之形成、營養或育果方面的，這樣便踏入蓄意研究的層次。

這個例子當然可以應用到學校的其他作業上，木工、烹飪等等都一樣。我們從人類歷史也可以看出，科學是從實用的社會性工作逐步產生的。物理學是慢慢從使用工具和機械中發展的，其中重要的分支叫作機械學，由這個名稱便可看出它的起源。槓桿、輪子、斜面等，是人類最早的智能探索成果，並不因爲當初是爲了達成實用目，在尋找辦法的過程中產生，而減損其知識性。近幾十年電的科學突飛猛進，與通訊、運輸、城市與住宅照明、節省生產成本等使用電力有密切的因果關係。這些都是社會目的的用途，而且，如果這些與私人獲利的觀念牽扯太密，不是因爲這些用途不當，而是因爲轉移到私人的掌控中。此一事實也提醒學校，有責任在這一代孩子的思想中，恢復科學應用與公眾的科學及社會利益的關係。同樣的，化學這門科學是從染色、漂白、金工等實務過程產生的，在工業中也有數不清的新用途。

數學現在是一門高度抽象的科學了。但是，幾何學（geometry）這個名稱原來字面上的意思就是「土地測量」：數字的實用法最初是為了計算東西、測量東西而發明，如今這些實用更加重要。這些例子（任何一門科學的歷史裡都有）並不是要強調應該重演人類歷史，或倒退回古早的經驗法則時代。我們是要指出，將學生主動從事的作業當作學習科學的良機，這種可能性如今比過去更大。至於社會科學方面，不論就以往或未來的人類集體生活而論，同樣的有這種機會。小學生若要獲取公民科與經濟學的知識，最直接的辦法就是教他們認識工業實務在群體生活中的地位與功用。即便是教中學生，多使用可以在他們所處的社會群體的日常生活中看見的事物為教材，少把社會科學當成科學（少當作一套公式化的知識）來講，學生也會覺得社會科學不那麼抽象那麼形式化。

作業與科學教學法之密切相關，不亞於作業與科學教材之相關。以往科學進步緩慢的時代，都是有學問的人瞧不起日常生活材料與過程的時代，尤其鄙夷手工操勞的事務。所以，他們努力要藉邏輯道理從事物的通則——幾近憑空想像——來發展知識。在他們看來，擺弄有形的事物絕不可能得到知識，想藉由往石頭上滴酸性液而觀其後果來得到知識，就如同鞋匠用尖錐把沾蠟的線縫進皮革裡能得到知識一樣荒謬。實驗方法的興起卻證明，只要把條件控制好，實驗是比獨立的邏輯推理更正確的求知方法。實驗在十七世紀以及隨後的幾百年中發展進步，在人類一心一意探討如何控制自然為人類效力的時候，成為普遍認可的求知方式。主動從事的作業中，學生用器具應對實物，以促成有用的改變為目的，正是最重要的實驗方法初步。

主動從事的作業包括遊戲與工作。有人把遊戲看成與「勤奮」完全對立，其實這兩個詞本來的含意並不截然相對，會有這種情形是社會條件不良造成的。遊戲和工作都包含有意識的目的，以及針對實現目標而選擇並調整材料與行爲過程。兩者的區別主要在於佔用時間的長短上，這也影響了手段與目的直接相關的程度。遊戲之中的興趣是比較直接的，所以常有人說遊戲的目的就是遊戲，沒有進一步的後果了。這樣的說法沒有錯，但是，如果認爲這句話的意思是說，遊戲是短暫的行爲，沒有前瞻，也沒有繼續推展的方向可循，這就是誤解了。以打獵爲例，這是最常見的成人遊戲之一，其中包含前瞻；打獵者現在的行爲受著他等待下一步狀況的導引，這是顯而易見的。如果說，行爲本身就是目的，是指行爲「當下」做過便已完全結束，這種行爲是純粹身體動作的行爲，是沒有含意的（見第六章第三節）。做這種行爲的人可能只是未經思索地做出動作，也許純粹是模仿的動作，也可能是因爲行爲時處於激動狀態，心神精力都耗盡了。這兩種情形都可能在幼稚園的某些遊戲中發生，這類遊戲的用意是高度象徵性的，所以只有成年人體會。幼兒如果不能按自己的意思另做一番解釋，做遊戲的時候就和受了催眠差不多，或僅僅是受了直接刺激而作出反應罷了。

上面這些闡述是要指出，遊戲有目的、有一個導引動向的概念，使相繼的動作有了意義。從事遊戲的人並不僅僅做著有形的動作，而是在「嘗試」做一件事，或要做成一件事，這種態度包含前瞻，而當下的行爲是前瞻引發的。不過，遊戲中前瞻的是隨後要做什麼動作，不是要造成什麼明確的改變。所以遊戲是自由的，是有彈性的。假如行爲者想要確定的、可見的後果，對目的就要有相當的堅持；預計的結果如果是複雜的，過程中又需要連續做出調適的，堅持程度也會增高。假如遊戲中要做的是另一個活動，就不必前瞻很遠，也可能輕易地隨時改換內容。例如，一個小孩如果在做一隻玩具船，就必須固守單一的目的，將行爲朝這個目的方向調整。如果他只是在「玩駕駛船」，他用來當作船的材料幾乎可以隨意改換。憑他的想像力，只要椅子、木塊、樹葉、屑片可以使遊戲玩下去，這些東西都可以拿來當作船。

從幼兒期起，就沒有專門遊戲活動期與專門工作活動期的區分，有的只是偏重哪一方面的區分。甚至幼兒也有試圖達到確定結果的時候，他們急於參加別人在做的事，往往就能達到這個目的。幼兒喜歡「幫忙」；大人做的那些可以帶來看得見的改變的事情，他們也想做，例如，安排餐桌上用餐的碗盤、洗碗盤、幫忙照顧動物等等。幼兒遊戲時喜歡自己組裝玩具和用具。稍大一些以後，不能帶來實際可見成果的遊戲就引不起他們的興趣了，遊戲會變成瞎鬧搗蛋，如果這種鬼混變成習慣，對於品行會有不良影響。必須要有可以看得見的結果，才能夠使他們意識到自己有能力，能衡量自己的能力。小孩子一旦明白假裝的遊戲只是假裝的，憑想像當作實物的替代品就不足以激起熱烈反應了。只要旁觀過小孩子眞正在遊戲時流露的表情，就知道那是認眞的全神貫注；刺激如果不夠強，這種全神貫注不可能持續。

孩子若能預先看見距離雖遠卻很明確的結果，又能爲了達到結果而堅持下去，遊戲就變成工作了。工作和遊戲一樣，是有目的的行爲，行爲本身都不是爲了外在的結果才做的；不同於遊戲的是，爲取得結果而做的行爲過程比較長，專注必須更持續，選擇與調整方法時必須更用心。這方面的詳述見前文以目標、興趣、思考爲標題的討論，在此不作重複了。但是有一點值得細究：爲什麼有那麼多人認爲工作是爲了獲得物質成果才做的行爲？

如此把工作附屬在物質成果之下的觀念，從它的極端形態——也就是苦役工作——可以看出端倪。在有外力施壓或強制的情況下進行的活動，不會是因爲從事這個活動本身具有意義而做的。如此進行的工作不會帶來滿足感，做它只是爲了避免受罰，或是爲了做完以後有報酬可領。工作者忍受本來就是可憎的事，爲的是迴避更可憎的事，或爲了得到別人附加在可憎工作上的利益，這種情形在不自由的經濟環境中是一定會存在的。工作與勤勞對於人的情感與想像沒有多大吸引力，大概都只是一連串習慣性的緊繃，工作者只因爲一心想把它做完，才會一直做下去。但是，目的本應該包含在行爲之中；目的應該是行爲的終點——是行爲過程的一部分。在這樣的目的刺激下的工作態度，與想到與行爲不相干的結果而產生的工作態度是大不相同的。前文說過，正因爲在學校裡上課沒有經濟壓力，可以仿效成年人的工作情境設計作業，讓學生爲做作業而做。如果某些行爲的結果也包含金錢獎勵（雖然不是行爲的主要動機），也可以增加作業的意義。

當一件工作做起來近似苦役，或是有外力施加而非做不可的重務，工作者必然會有遊戲的需求，只是這種需求往往被濫用。由於日常的行爲模式不能帶給情感與想像力充分的刺激，到了閒暇時候就用盡一切手段製造刺激，於是會訴諸賭博、酗酒等等。比較不這麼極端的是訴諸懶散的娛樂，訴諸任何能立即產生愉悅的消遣。英文字recreation（休閒、遊戲）的原義是「恢復元氣」，這也是人性最迫切最不可規避的需求。如果以爲這種需求是可以抑制的，就大錯特錯了。清教徒傳統曾經因爲禁止休閒遊戲的需求而嚐到嚴重的惡果。學校教育若不能提供學生健康的休閒遊戲機會，不訓練學生追求並發現健康的遊戲，被壓抑的本能會自己去找不正當的出口，這些出口可能是明顯可見的，也可能是縱情想像的世界。教育的重大責任莫過於爲學生準備足夠的休閒；這樣做不僅對健康立即有益，而且可能對心智習慣有永久的影響。這又是可以從藝術著手的問題。

摘要

上一章講過，認知的原始教材，包含在學習怎麼做比較直接的事物之中。這個道理搬到教育上來講，就是一貫運用可投合學生能力的、能代表普遍社會活動模式的簡單作業。學生在做他有興趣做的作業的過程中學到技能，也學到關於材料、工具、能量規則的知識。由於作業體現了社會活動模式，從中得到的技能知識都可以轉換到校外的情境中。

遊戲與工作在心理學中的區別，不可以和兩者在經濟意義上的區別混淆。就心理學而言，遊戲的首要特性不是作樂，也不是漫無目標。遊戲的目標是將正在做的事繼續下去，但繼續做不是爲了最後產生的結果。遊戲進展趨於複雜時，需要更注意進展中產生的各個後果，因而增添了行爲的意義。遊戲便這樣漸漸變成工作。遊戲和工作都是自由的，從事者的動機來自行爲本身，不應受制於人爲的經濟條件。這樣的考量往往把遊戲當作富裕者的悠閒作樂，把工作視爲貧窮者不得不做的勞役。從心理學的角度看，工作不過是有意識地考慮著後果而做的行爲，因爲後果就是行爲的一部分。後果如果是行爲以外的東西，行爲不過是爲了達到後果的一個手段，工作就變成被迫做的勞役。能使人一直帶著遊戲的態度去做的工作乃是藝術，即便慣常並不稱它是藝術，它已具備藝術的特徵。

第十六章

地理與歷史之重要

1 擴充基本行為的意涵

一個行為看來只是一個動作，卻可能具有極豐富的含意，這會是天壤之別的差異。天文學家盯著望遠鏡看的行為，外表看來和一個小孩子盯著同一座望遠鏡看是一樣的，兩個人的行為中都有玻璃與金屬製的望遠鏡、眼睛、遙距之外的一點光亮。然而，天文學家的行為在關鍵時刻可能意味一個宇宙的誕生，一切已知的星辰太空知識都是它的內含意義。就物質的外觀看，人類從原始時代進步至今，對於地球的影響只在表層上，離得遠一點就看不見了，在浩瀚的太陽系裡更是微不足道。然而，這薄薄的一層在意義上卻代表人類從原始到文明的成就。人類從事的活動從外表看是有了一些改變，如果與內含的意義上的改變相比，卻太微小了。一個動作能包含多少意義，是難以限定的。一切得看我們把這個動作放在什麼因果關係的架構裡解釋，而想像力在解釋關聯上的發揮是無窮盡的。

由於人類的活動擅長吸納意義與發現意義，人類的教育因而與製造工具、訓練牲畜有所不同。製造工具和訓練牲畜可以做到的是提高效率，但不能產生意義。上一章討論的遊戲與工作的最終教育功用，即是提供最直接的工具來延展意義。遊戲與工作若能在適切的環境條件下進行，會像磁鐵一般吸納無限多樣的想法與解讀。如果供應給學生的資訊只是一大堆他們必須記住的東西，這種知識會變成凌空存在活生生經驗之上的東西。如果它們能夠成為學生投入的活動之中的一個因子（也許是手段之一，也許擴大目標的內涵），這才是在傳授知識。學生的親身體會可與老師教的訊息融合，個人的經驗因而能吸收他所屬的群體的經驗結晶，把這些經驗保存下去——群體經驗包括長久以來經歷苦難與試煉的結果。這樣的融合吸收是沒有飽和點的，吸收得愈多，再吸收的能力愈強。得到知識會引發更大的求知欲，更大的求知欲又帶來更寬闊的容納量。

人從事的活動帶有的含意，都是與自然和人類有關的。這是不言自明的道理，搬到教育的背景裡來講，又多了一層意義。意思是說：本來可能是狹隘的個人行爲或某種技術能耐，藉著地理和歷史提供的教材，點出了相關的背景、觀點、思考角度。我們把自己的行爲納入時空脈絡的能力每有增加，我們的行爲包含的意義就跟著增加。我們發現自己置身之空間的美景，發現自己在時間的長河中，繼承且傳承了前人努力不懈的成果，才知道自己並不是寒酸角色。我們平凡的日常經驗因此不再是過眼即逝的，而有了更持久的實質內容。

當然，地理和歷史如果是當作現成功課來教，學生只因爲被送進學校而不得不學，結果很可能是學了一大堆距離日常經驗遙遠又格格不入的字句。學生的活動被分割，形成兩個不同的世界分據學生的活動。蛻變不會發生；日常經驗沒有藉由與課業銜接而擴展其意義；課堂上學的東西沒有藉著融入親身經驗而增添生氣與眞實感。日常經驗甚至不能保持原狀，不再是雖狹隘卻有活力，反而喪失了某些機動性，折損了接受暗示的敏感度。它被吸收不良的資訊重負壓倒，被推到角落裡。原來柔韌的反應沒了，也不再敏捷積極地攫取更多意義。只顧積累與生活直接利害無關的資訊使頭腦變呆，原來的靈活消失不見。

正常情況下，凡是爲了想做而做的學習行爲，會超越它既有的範圍。它不會被動地等資訊降臨來充實它的意義，它會主動去找資訊。求知欲不是偶然憑空發生的情緒，而是因爲經驗本身在推進在改變的，其中包含與其他事物的各種關聯，求知欲是經驗推展的必然後果。求知欲不過是想要把這些狀況弄明白的意向。老師應該做的是提供適當的環境，使經驗推展能有豐碩的結果，能持續活躍。有的環境條件會抑制行爲發展，帶來的意義只限於最直接可見的後果。烹飪、搥打、行走等行爲做了之後，結果也許不會把心思帶到烹飪、槌打、行走的表面或有形範圍以外。但這些行爲的結果其實涉及很廣的範圍。例如行走涉及地面的位移與反應，地面有阻力，我們每踏下一步都會感到它抵抗的震顫。行走也涉及四肢的結構與神經系統，是機械學的作用原理。烹飪是利用熱與水改變食材的化學成分，會影響到食物被吸收的過程和人體的生長。最有學問的科學家對於物理學、化學、生理學所知再多，也不足以把這些後果與關聯全部交代清楚。教育該做到的是，盡量使學習行爲進行的方式與環境條件能夠凸顯這些關聯。「學習地理」就是學會理解一個尋常的動作有什麼空間的、自然的關聯；「學習歷史」基本上就是學會理解尋常行爲有什麼與人的關聯。所謂的地理這個學科，不過是別人的經驗中發現的有關吾人生存的自然環境的一批事實和原理，我們自己生活中的個別行爲依據這些事實原理而能得到解釋。同理，歷史這個學科記述的已知事實，是關於過往社會群體的興衰苦樂，我們的生活與他們的經驗有連續性，我們的習俗制度也可以從歷史中找到原由。

2 歷史與地理的互補性

歷史和地理（地理包括自然課，理由見後文）是學校教育中資訊學科的典型。檢視一下這兩個學科的教材和教法更可看出，這些知識是否能融入生活的經驗，或只是堆在一旁的資訊，都在於這兩門課是否忠實地呈現人與自然的相互依賴，這種關係正是歷史與地理之所以成爲學科的理由。最糟糕的態度就是，因爲教材是大家都用慣了的，所以相信它是適當的，至於其中的哲學性理由——教材的功能在於使經驗變得更有價值——只是好高騖遠的幻想，不過是想給前人做過的事找一套聽來很了不起的措辭，「歷史」與「地理」這兩個名詞指的不過是學校一向認可的東西。這東西的量之大、內容之繁雜，教人沒勇氣探究其中有什麼意義，該怎麼教才能達成它們在學生經驗中的使命。然而，歷史和地理既佔據課程那麼大一部分，必定對於眞正社會化、智能化之經驗的發展具有普遍的影響，否則，教育有統一的社會性方向的說法就只是荒謬的托詞。能否發揮這種功能，必須是考驗、篩檢教材與教法的一個準則。

前面說過，歷史與地理教材的功能是提供脈絡、背景、思考觀點，使比較直接而個人的生活接觸的意義變得更豐富而寬廣。雖然地理偏重人類生活的物質面，歷史偏重人類生活的社會面，兩者的題目重心是一樣的，都是人類的共處生活。這共處的生活——包括生活的實驗、方式及手段、成績與敗績——不是在半空中或眞空界發生的，是在地球上發生的。這個大自然的場景與社會活動的關係，不像劇院的布景與表演的關係；它是種種社會事件的結構的一部分，而這些社會事件形成了歷史。自然是社會事端發生的背景環境，刺激從它而來，障礙與資源也從它來。人類文明就是對自然界各種能量的掌握漸趨精熟後誕生的。如果忽視歷史科（著重人）與地理科（著重自然）的相互依賴關係，歷史便降格成爲一份「大」事年代表，或變成一篇奇情文學——因爲純粹文學體的歷史中，自然環境確實只是舞台布景。

地理從另一邊聯繫自然事實與社會事件的功能，當然同樣有教育上的影響。按古典的定義，地理記述人類生活的家——地球；這個定義表達了地理在教育上的實質意義。然而，下這樣的定義容易，把地理教材放在與人的關係架構裡來講就困難多了。人的居住、探求、成功、失敗，是地理數據納入教材的原因。但是，把這些與地理資料聯繫在一起，沒有見多識廣的想像力是做不到的。聯繫一旦斷掉，地理課就出現我們常見的那種零碎不相干資料的大雜燴之狀，成了十足的知識雜物袋：東一片某某山的高度，西一塊某某河的流經路線，左一塊某市鎭的木瓦生產量，右一堆某城市的船舶總噸數，忽而說疆界，忽而講國都。

把地球看作人類的家，是人性化而整體的；如果只把地球看成許多事實集結成的雜錄，是散亂而沒有想像活力的。地理本來就是訴諸想像的一門課，甚至可以激發浪漫精神的想像。讀地理可以分享冒險、旅行、探索帶來的驚歎與壯麗。多樣的民族與環境，他們與熟悉場景的對照，都不斷刺激想像，使讀者的思維跳脫慣常造成的單調。本國或地方地理是重建自然環境的當然起點，不僅止於此，還是進一步走向未知地域的起點。本國地理如果不能成為發現外面開闊天地的立足點，本國地理課就變成和實物教學一樣死板，不過是把已經熟知的東西作一番概述。原因仍在想像力無用武之地，只局限於將已知的事實作提要、分類、精簡而已。村莊人家圍起自己土地的籬笆，是人人熟悉的，這種籬笆如果能成為理解大國疆界的標記，也會增添新的意義。陽光、空氣、流水、地形起伏，不同的產業、公務人員和他們的職責，全是地方環境裡存在的。如果認為這些人事物的意義只在地方環境裡產生，也走不出地方環境，對讀地理的人而言就只是必須辛苦熟記的瑣碎事實。如果把這些都當作延伸有限經驗的工具，把原本陌生的人事物帶進這個環境範圍，它們就不再是瑣碎的事實。從遙遠地方來的陽光、風、河川、商業、政治關係，也把思考帶向遙遠之地。這樣走出去，重新解讀以前視為理所當然的意義，便能擴充心智，這是往腦袋塞再多資訊也做不到的。

同樣的道理也可以協調地理學科的許多分支（面向）。數學地理或天文地理、自然地理、地形地理、政治地理、商業地理都傾向各立門戶，也都要在地理科中佔一席之地。該怎麼辦？用外力妥協，把每一個分支都擠一點進去？唯一的辦法是，時時謹記，教育的重心是這個學科的文化或人文層面。從這個重心著眼，凡是幫助學生了解人類行為及關係之意義的，就是切題的教材。要理解寒冷地區與熱帶地方文化的差異，溫帶地區人們在工業上和政治上的特殊發明，不能不講到地球在太陽系裡的關係。經濟活動對於社會互動和政治組織會造成很大影響，也會反映出自然條件。這些題目的專精研究是專家的事，它們的交互作用卻關係到在社會中經驗生活的人們。

把自然科納入地理科無疑顯得勉強，但這是字面意思上的勉強。在教育觀念上其實是同一回事，可惜在實踐上卻有了兩個名稱，名稱一多，意義的單一性就不見了。自然和地球應該是意思相等的名詞，地球科學課應該就等於自然課。大家都知道，學校裡的自然課教的是一大堆互不相連的要點，所以教材零散不堪。例如，花的構造不和花這個器官的功能放在一起講，花不和植株放在一起講；講植物的時候不講植物賴以生存的土壤、空氣、光。結果就是講了一堆學生非注意不可的死板要點，這些要點彼此不能銜接，不能讓想像力活絡起來。因為教材太欠缺趣味，教學者曾經很認真地主張再起用萬物有靈論，用神話來包裝自然的事實與事件，希望藉此引起並抓住學生的興趣。例如傻里傻氣的擬人化表達法就是多不勝數的。方法雖然傻里傻氣，卻顯示確實需要有人的氣氛。事實從背景抽離，變得支離破碎，既與地球失去關聯，又沒有別的安頓處。為了彌補這個缺失，教學法不得不借助於不自然的、感情用事的聯想。眞正的補救辦法是，自然課就講「自然」，不要只講片斷事實，這些事實一旦與它們發生並作用的情境完全切斷，就喪失了意義。能夠把自然視爲一個整體來探討，像研究地球那樣放在關係裡看，種種現象就與自然及人類生活產生同理與聯想的關係，不需要另外編造替代物。

3 歷史與現在的社會生活

把歷史與當前社會生活的常模與要務分離，就是扼殺歷史的生命力。歷史既爲已經過去的事，就不再與我們相干。若眞是完全過去又結束了的事，就只有一種合理的對待它的方式：讓它和死去的人一起埋葬。然而，通曉過往是理解現在之鑰。歷史講的是過去，過去卻是現在的由來。要研究現今的美國——我們現在生活的這個國家——應該從美洲被發現起，仔細研究當初的探險殖民過程、向西拓荒運動、移民遷入等等。從起源與發展著手，可以使許多無法立即理解的複雜事態變得豁然開朗。溯源研究（genetic method）堪稱是十九世紀後半期的主要科學成就。其原理是，凡是要理解一件複雜的結果，必須回溯其形成的原由——檢視其逐步發展的過程。這個方法應用到歷史上，如果只證明現在的社會狀況與它的過去脫不了關係，那就是片面的見識，因為，過去發生的事如果與現在隔斷，也將失去其意義。歷史的眞正起點，永遠是現在的情勢和其中的疑難。

我們可以依據這個通則約略討論它與幾個觀點的關係。傳記法是一般認為自然的探討歷史的方式。偉人、英雄、領導人物的生平事蹟，可以把本來抽象而不易懂的事變成一樁樁具體而有生氣的重要軼事。跨越遼闊時空的複雜糾結的歷史事件，本來只有歷史家看得懂解得開，傳記可以把它們濃縮成鮮活的畫面。就心理學的觀點來看，這個方法當然有理。但是，如果傳記只顧凸顯少數個人的作為，不提他們所處的社會情勢，就是錯用了這個方法。假如傳記只是個人作為的記述，脫離引起他這些作為的環境條件，也不談環境如何引起他這些反應，這就不算是歷史探討，因為其中沒有探討社會生活，而社會生活即是關於人與人的相互連繫。這樣的傳記不過是一層糖衣，使片斷的資訊容易下嚥罷了。

近來有許多人主張學歷史應從原始生活開始。這個論點也有正誤兩種構想方式。現今生活狀況一切似乎都是現成的、複雜的、顯然牢不可破的，這是幾乎無法超越的障礙，要洞悉社會生活狀況的本質太難了。從原始生活著手，可以用極簡化的形態呈現現在生活的基本元素。這就好像要拆一片編結物，編結太複雜，又靠眼睛太近，根本看不出它的布局，必須拆到比較粗的輪廓浮現才看得清。我們用仔細的實驗是不可能簡化現有情勢的，但求諸原始生活可以看見我們想從實驗得到的結果，看見社會關係與集體的行為最粗略的樣貌。然而，研究原始生活如果忽略了這個社會研究目的，就會淪於看熱鬧尋刺激之舉了。

從原始生活史中可以找到工業歷史的蛛絲馬跡。根據比較原始的生活模式，把現在狀況分解成比較易懂的因子，這麼做的主要目的是想知道食、衣、住、安全等基本問題曾是如何解決的；從原始生活我們看出早期人類使用的法子，從而對於文明的漫長過程，以及促成人類不斷進步的種種發明，能有大致的概念。我們無需再談用經濟論點解讀歷史的爭議，便可認清人類工業史能幫我們洞悉社會生活的兩個重要層面，這是歷史的其他分支研究做不到的。工業史記述從古到今的發明，這些都是人類爲了社會生活之安全繁榮，把理論科學應用於控制自然界。這樣的歷史可以透露促成社會持續進步的起因。工業史的另一貢獻是，教我們看見所有人的共同基本關注——謀生的方式與價值觀。經濟史中探討一般人的行爲、生涯、發展起落，比歷史的其他分支都詳盡深入。每一個人都得做的一件事就是生活；每個社會必須做的一件事則是，要求每一個人爲社會整體福祉盡應盡的力量，並且讓每一個人享有他應享有的。

經濟史比政治史有人性、更民主，所以也比政治史更自由開通。經濟史不探討國家與權勢的興衰，而是探討一般人如何藉著主宰自然而能擴展實質的自由。

要探究人類的奮鬥、成功、失敗與個然環境的密切關係，從工業史著手比從政治事著手更便捷，軍事史就更遜一籌了——而政治史爲了配合學生的理解力水平很容易簡化成軍事史。工業史基本上是記述人類如何學會利用天然能量，上起人類只知剝削他人體力的時代，直到自然界的資源完全受人主宰（即便尚未成眞也在期望之中），大家一同支配自然的時代。歷史如果不提自古以來的勞動，不提利用土壤、森林、礦藏的狀況，種植穀類與馴養動物的狀況，製造與銷售產品的狀況，這種歷史會變成只是文學的敘述，只是一套傳奇故事，描寫的不是依賴地球生存的人類，是一群自活的神話式人類。

普通教育中最受忽視的一支歷史研究即是知識發展史。我們才剛開始明白，將人類命運向前推進的大英雄不是那些政治人物、將軍、權謀之士，而是科學發現者與發明家、藝術家和詩人。科學發現者與發明家給了人類工具，人類才能夠擴充經驗、控制經驗。藝術家和詩人用圖畫、雕塑、文學傳頌人類的奮鬥、勝利、失敗、使人人能理解其中的意義。工業史記述人類逐步將自然力轉往社會用途，這種記述的優點之一是，使人思考知識的方法和後果的進步。如今人們習慣籠統地稱頌智能與理性，力陳智能與理性的根本重要性。學生從傳統式歷史課得到的感想往往卻是：人類智能的多寡是不會變的，人類智能沒有因更優良的方法問世而進步，或者，智能除了顯露個人伶俐別無他用，是不必納入歷史考量的因子。學生要想眞正見識智能在生活中的重要性，最好的辦法莫過於讀一部好歷史。這種歷史應該說明，人類從野蠻到文明的整個進步如何仰賴智能的發現與發明，也應說明，在歷史著述之中佔據最重要地位的，通常都是主題以外的事，甚至是得花腦筋排除的障礙。

這樣探討的歷史自然會有教學上的道德價值。道德不只是一張無瑕的白紙，要養成道德觀必須對當前社會生活有明白的洞察。歷史知識有益培養這個洞察力。歷史是分析現今社會結構經緯的工具，藉歷史也可以找出織成這個紋理的各種力量。歷史具有教化社會知能的用途，因而有道德上的價值。歷史彷彿是軼事的貯藏庫，可以在針對某個美德或惡行灌輸道德教訓的時候引用。但是，這樣的教導未必是發揮歷史的道德效用，更像是在利用相當可靠的資料來製造道德概念。如果做得好，可以引動一時的熱情；做得糟了，只會招致學生對說教的冷漠反應。身爲社會的一份子，可能藉著讀歷史而更能智慧地體諒所遭遇的種種現狀，這乃是永久而有益的道德資產。

摘要

經驗的本質即是，其所包含的遠遠超出起初覺察的意義。領會這些意義或關聯，可以增進經驗的價值。任何經驗，不論乍看之下多麼無關緊要，都可能因爲可見的關係範圍擴大，而增添無限豐富的含意。正常的人際溝通就是促成這種發展的最便利途徑，因爲這樣可以使群體經驗——甚或人類的經驗——的結晶與個人經驗銜接。所謂正常的人際溝通，是指溝通行爲之中有共同的利益、共同的興趣，因此給的一方渴望給予，受的一方也欣然接受。如果傳授或講述事情只是爲了使人記住，以便用考試評定他記得多少、能複製出多少，就與正常的人際溝通相反了。

地理與歷史，是學校課程中有益擴大個人親身經驗含意的兩大資源。這兩個可供學生主動作業的科目，延展了自然與人的時空。只要不是爲了外在的不相干因素或只爲訓練記憶而教，這兩門課便可發揮其首要功能，也就是，打開最直接且有趣的路徑，通往歷史與地理所記述的更廣闊世界。歷史講的是人，地理講的是自然環境，但兩個學科其實是呈現同一個整體的兩個面相。人類是在自然環境中共同生活的，這環境不是非必要的隨附背景，而是人類發展的資源與媒介。

第十七章

科學課程

1 邏輯與心理學

爲了要取得固定的、確認的材料而謹愼觀察、思考、檢驗，藉由這樣的方法所獲得的知識，就是科學。科學要做的是明智而努力不懈地修正一般通行的想法，以便剔除錯誤的部分，增加這些觀念的正確度，更重要的是，整理正確的觀念而盡量使人看出各種不同事實彼此相依的關係。科學和一切知識一樣是行爲的後果，並且會促使環境產生某些改變。這個後果成就的知識，其特性是支配行爲的因子，不是行爲的附帶枝節。從邏輯上和教育上看，科學是認知的完成，是認知的最終階段。

簡言之，科學指的是將一種知識的「合乎邏輯」的含意付諸實行。邏輯的次序不是一種施加於已知事物的形式，而是完成的知識應有的形態。因爲，有了邏輯次序，題材的表述方式應該使理解的人看得出，表述是從什麼前提而來，會指向什麼結論（見十四章第三節）。稱職的動物學家能憑幾根骨頭使完整的動物再現；專精於數學或物理學的人亦然，可以只憑幾句陳述就明白整個原理系統是怎麼形成的。

然而，對於不專精的人而言，這精簡的完成狀態卻是學習上的絆腳石。正因爲題材的陳述方式是針對推展知識的目的而來，它與日常生活接觸的東西應有的關聯就不見了。在外行人眼中，動物骨頭只是稀罕的玩意，在他沒弄通動物學之前，拿這幾根骨頭做出什麼結果都是誤打誤撞的。從學生的立場看，科學的形式是有待達成的理想，不是探討的起點。可是學校常用的方法就是從精簡化了的科學基礎原理講起，其結果必然是把科學與學生覺得有意思的經驗分離。學生學會了符號，卻沒學會解讀這些符號的答案。他學到了一整套專業資訊，卻沒有能力找出它與他熟知的事物和作用的相關之處。學生學到的往往只是一堆奇怪的詞彙。

很多人以爲，把教材用最精簡完善的形式呈現，是提供學習的捷徑。讓學生一開始就接觸科學家探討完成的結果，可以節省學生的時間和精力，又可避免犯不必要的錯誤，這樣的假設似乎再理所當然不過。結果如何，在教育史上是顯而易見的。學生的科學課程起步，就是按照專精者熟知的次序編排的教科書內容，一開始就講專門知識的概念和定義。種種定律都是放在前面講，至於這些定律是如何做成的，頂多只略提一點。學生在學「科學」，不是在學習用科學的方法看待尋常經驗中已熟悉的事物。大學裡盛行高等研究式的教學法，大學式的教學法又傳到中學，一路傳下來，都刪掉了與日常經驗的銜接，以爲這樣才比較便利學習。

實齡教學法是從學生的經驗著手，再擴展到相應的科學討論，一般稱之爲「心理學」的教學法，以別於專家的那種邏輯的方法。這樣做看來比較浪費時間，但學生能理解的較多，也較易產生興趣，功遠遠多於過。學生這樣學的東西起碼都是他能理解的。他既聽懂了科學家探討知識的方法，又能把方法與他平常熟悉事物中產生的疑問連貫起來，他便能夠獨力處理能力範圍內的問題，而且避免了只學習空洞符號必然導致的糊塗與厭煩。既然絕大多數的中小學生根本不會成爲科學專家，與其讓他們遙遙抄錄科學家已經達到的結果，不如教他們領會科學方法的意義。這樣學習能「包羅」的內容也許會少一些，但學生學了多少就能確實理解多少。而且我們敢說，這樣教出來的學生之中少數眞能成爲科學家的，可以打下比較扎實的基礎，勝過硬背下一大堆純粹專門的、用符號陳述的資訊。事實是，眞正成爲傑出科學家的人，都是自己能夠避免墮入傳統式科學入門圈套的人。

一、兩個世代以前的人曾經在極不利的條件下提倡科學教育，結果卻遠不如他們的預期。按斯賓塞（Herbert Spencer）研究何種知識最重要的結論，科學知識是從所有觀點看來最有價値的。他的論點卻不自覺地假定，科學知識可以照現成的來教。這樣的教法，把我們日常活動的題材之所以變成科學形態的「方法」跳過不提，把科學能成爲科學的唯一途徑置之不理。學校科學課程大致是按類似的方法進行。然而，把教材按標準正確的科學形式講述，不會有魔法般的神效，學生結果仍只學到一套不能活用的資訊。而且，這樣的講述模式只會使科學知識無從與日常經驗銜接，效果比用文學形式還不如。即便如此，並沒有人認爲這樣的教法不合適，因爲，不這麼教，學生就不知道這是「科學」了。

相較於按演繹推理法編排的教科書，接觸實物與實驗室習作雖然是很大的改進，但只靠這樣還是不夠的。兩者都是科學方法不可少的部分，但是並不理所當然等於科學方法。即便用科學儀器操作有形實物，這些實物仍可能因爲學生在校外並不採用實驗室的方法過程，而無法連貫。實驗習作中面對的疑問，可能只是科學的疑問：也就是已經開始接觸科學課程的人才會有的疑問。注意焦點可能放在儀器操作技能上，忽略了實驗習作與教材之中產生的疑問之間的關聯。實驗室上課往往只是行禮如儀，就像沒有宗教信仰的人在參與禮拜儀式。[1]

前文約略提過，科學知識的陳述，或邏輯的條理，會使用記號或象徵符號。這兒所說的符號，包括所有的語文。然而，如果使用的是日常語彙，在腦中可以立即從符號轉為指涉的事物，與熟悉教材的聯想非常快，根本不會在符號上停頓。這樣使用的符號只是為了指涉事物和行為，科學的語彙卻有額外的用途。前文也曾說過，科學語彙不是用於直接指涉實際經驗中的事物，而是指涉放在認知架構裡面的事物。科學用語最終所指的當然是我們常識熟知的事物，但並不把這些事物直接放在常識的架構裡談，而是把它們翻譯成科學的疑問。原子、分子、化學方程式、物理課中的數學命題，這些的意涵根本上都是知識性的，其經驗價值只是間接的。這些都是科學使用的工具；科學的工具也像其他工具一樣，必須用了它，才曉得它的用途。要想知道一件東西的意義，必須看它當作求知工具用能起的作用。

幾何學的圓形、方形等等，也與慣常所知的圓形方形不同。進入越高深的數學，距離

1 從積極面來看，實驗課可以處理學生在園圃、作坊等作業中遇到的疑問（見十五章第二節）。實驗室可成為額外的資源，提供解決疑問的條件與設備。

日常經驗的事物越遙遠。與空間關係無關的屬性都被略過；凡是研究空間關係方面重要的都加以強調。研究更高深數學的人會發覺，空間研究上重要的屬性甚至會退居次要，讓位給別的題目——也許是有關數的一般關係，其概念性定義中看不出任何空間的形式、大小、方向之類的含意。這並不表示那些屬性都是憑空想像的，而是顯示了直接的物理屬性已經蛻變，成爲達成特定目的——使知識有條有理——的工具了。不論何種機器，組成用料因爲要遷就用途而改變了原始的狀態。重要的不是物料原來的樣子，而是它能不能適應目的的需要。能把整架機器之中所有物料一一說出來的人，未必懂得這個機器；知道所有用料有什麼用途的人，能說出每種用料爲什麼這樣用的人，才會懂得整個機器。同理，一個人要能看見數學概念在其中起作用的那些疑問，看見各種概念在解決這些疑問時有哪些確切功用，才會懂得這些數學概念。「懂得」定義、法則、公式等等，就如同知道機器組件的名稱而不知它們的功用。機器和數學概念一樣，意義——或知識內涵——在於各個成分在系統之中有什麼作用。

2 科學與社會進步

假定，從事社會利益相關活動所得到的直接知識，進展至邏輯上的完美形態，這與經驗有什麼關係？一般的回答是，科學代表思維的解放，不再只專注於慣常的目的，可以有系統地實行新的目標。科學是實現進步的作用力。有人認爲，進步就更靠近已經在追求的目的。但這只是進步的次要形態，因爲只要行爲的手段有改良就算進步，指的是技術的進步。更重要獨進步乃是使原有的目的強化豐富，並且形成新的目的。人的欲望不是定量的，進步並不只意味得到更多滿足。文明增長、掌握自然條件的技術革新，會引起新的欲望，要求的滿足也不一樣，因爲智能已經發現新的施展空間。也由於看見新的機會，人會去尋找新的辦法，進步於是產生；發現未曾使用過的事物，導致人們想到新的目的，這就是進步。

科學是改良行爲手段的主要方法，人類逐漸駕馭自然之後的大量新發明便是證明。生產與銷售方式的驚人改變（亦即世人所知的工業革命）乃是實驗科學的成果。鐵路、輪船、電馬達、電話、電報、汽車、飛機、飛船，都是科學應用到生活上的重要證據。然而，如果沒有其他數以千計的、不這麼奪目的發明，使自然科學造福我們的日常生活，這些重大發明也不會顯得那麼重要。

我們必須承認，這樣得來的進步往往只限於技術面：提供了更有效率的方法來滿足原有的欲望，並沒有改變目的的性質。比較起來，沒有一種現代文明是處處可以與古希臘文化並駕齊驅的。科學的歷史還太短，尚未融入人的想像與情感意向。人類現在可以更快更有把握地實現自己的目標，但這些目標仍與接受科學啓蒙以前的目標差不多。基於這個事實，教育必須做到藉科學修正想像與情感的慣性，不要讓科學只是我們有形的手與腳的延伸。

科學進步已經多少改變了人們對於生活目的與益處所抱持的想法，所以人們也會想到科學教育的任務與達成此任務方法。科學在我們的活動中發生的效用，已經掃除了以往存在的有形阻隔，大大擴展了交流的範圍，也大大增加了利用的相互依存性。人們因此深信可以支配自然界爲人類效力，也因而習慣向未來看，不再回顧過去。進步的理念與科學進步並行，並不是一種巧合。未有科學進步之前，人們認爲黃金時代是遙遠的古代。如今人們展望未來的同時也堅定地相信，善用智能可以把從前認爲的無法避免之惡袪除。除治重大疾病不再是夢想，消滅貧窮也不是無謂空想了。科學使人們熟悉了發展的觀念，也在逐漸改善一般人的處境中發生了實際的影響。

科學教育應當做到的是，創造有信心的頭腦，相信智能可以導引人類發展。藉教育將科學方法培養成習慣，可以使學生擺脫經驗法則的箝制與經驗法則造成的重複老套。「以經驗爲依據」通常沒有實驗精神的含意，而是指粗糙的、欠缺理性的意思。在實驗科學未問世以前，各家重要的哲學思想都認爲，經驗與理智、眞正合於理性的是相對的。所謂依據經驗的知識，就是指許多過去實例累積而成的知識，對於其中有無道理並沒有深入了解。所謂經驗主義醫療，依據的是觀察病情累積的經驗，以及大致是誤打誤撞的用藥經驗。這樣的醫療法必然是靠碰運氣的，而且容易被騙子和江湖術士濫用。經驗主義主導的工業不容許智能做創造性發揮，一切都是盲目遵從過去定下的模式行事。實驗科學意味著使過去經驗爲心智所用——不是支配心智——的可能性，也意指在經驗的範圍之內——不是超出經驗範圍之外——推理，使經驗能夠有合乎智能或理性的屬性。經驗合於理性便成科學。因此，科學的作用是改變人們對自然界的想法，以及對於經驗固有潛能的想法。此外，也改變人們對於理性以及理性判斷的概念。理性不是超越經驗的東西，不是遙遠的、冷漠的、只關注與生活體驗的事實無關的崇高領域的。理性是經驗中固有的因子，這個因子會把過往經驗提煉成爲工具，輔助發現與進步。

「抽象」一詞在通俗言談中的名聲不大好，不但被用來指深奧難懂的，也指距離生活遙遠的。然而，若要以思考導引行爲，抽象過程是不可或缺的。某個情況再次發生時不會是一成不變的重複。習慣會把新的情況當作和舊的完全一樣處理；假如與舊的不同的新成分並不值得眼前的目的注意，當作和舊的一樣也無妨。假如新成分是需要特別注意的，就必須用到抽象化過程，否則只能靠隨機反應了。抽象思考會刻意從先前經驗的題材中選出可能幫忙處理新情況的部分。抽象化作用意指，有意識地將過去經驗隱含的意義搬到新的經驗上用。抽象過程是智能的動脈，是有目的地用一個經驗來導引另一個經驗。

科學進行這種抽象過程是大規模的，目的在於把經驗從純粹個人與絕對直接的成分中解放，把一個經驗中所有能與其他經驗有共通之處的資料抽出來，以備「進一步」使用。因此，科學是社會進步不可或缺的因素。任何經驗的原貌之中都有許多地方——即便對承受經驗的人有重大意義——是獨特而不可複製的。從科學的觀點看，這種部分是偶然的、非主要的，至於那些能與許多人的經驗共通的部分，才是非常重要的。凡是獨特的部分，因爲受制於個人特質與環境條件的巧合，不能供別人運用。因此，眾人共通的部分必須加以抽象化，並且用適當的符號確定，否則幾乎所有有價值的經驗都是過了便消失。藉抽象過程與符號記錄，可以把個人經驗淨值永久保存供人類利用。至於什麼時候會派上什麼用場，誰也無法預見其詳。科學家只管發展抽象概念，就像製造工具的人不會知道什麼時候誰會使用這些工具。不過，智能工具的適應彈性遠遠大於機械工具。

概括是與抽象過程對應的。把抽象概念應用在新的具體經驗上，這個作用即是概括。概括乃是將抽象概念延展，來闡明並導引新的經驗情境。抽象概念必須與可能套用的情境有關係，才可能發揮效益，不至於只是空洞的形式主義。概括本質上是一種社會手段。人們如果只認同一個小群體的利益，能概括的範圍也就變得狹小，因爲他們的觀點不容許寬廣自由的視野。他們的思考束縛在狹窄的空間和短促的時間裡，離不開自己那些已經確立的習俗，用習俗評判一切價值。科學的抽象過程和概括作用等於採取任何他人觀點，不論此人居於什麼空間與時間。因爲能這樣從具體經驗的條件和段落解放出來，科學才顯得遙遠而「不實際」；也因爲如此解放，科學能作廣泛有效的實踐運用。

抽象化了的東西要用專門用語和陳述來記錄、確定、傳遞。意義脫離了原來的經驗，不能懸空沒有著落。有了名字，抽象的意義就有了軌跡和形體。所以，把意義做一番明確的表述並不是可有可無的附帶結果，這乃是思考作業完成時的必要部分。我們可能知道許多我們不知如何表達的事，這些知識就停留在實用、直接、個人的階段。對個人自己有用，個人依據這些知識而行爲可以很有效率。藝術家和執行事務的人掌握的往往是這種狀態的知識。但這種知識是個人的，不能轉移的，也可以說是本能的。某人若要把一個經驗的意義確切地說明，必須有意識地考慮別人的經驗。他必須設法找到一個能把自己與別人的經驗都納入的立足點，否則他說的意思別人不會懂，就如同他在同只有他自己懂的語言說話。用文學表述經驗能有極佳的效果，使別人深受感動。科學語彙的作用方式不一樣，是用研讀科學的人都看得懂的符號來傳達經驗的意義。美學的陳述把已經有過的經驗的含意加以展現、增加。科學的陳述提供了工具，可以組構意義改變了的新經驗。

總括而論：智能有系統地、有目的地、而且因爲不受習慣限制而大規模地預測並控制新經驗，科學表現的即是智能的這種功能。科學是成就有意識的進步（而非偶然的進步）的唯一工具。科學有通用性，科學與個人處境不甚相關，這些特性即便使科學顯得有些專門而冷漠，卻與純粹講理論的情形大不相同。純理論永遠在與實踐隔絕的斷層上；科學的這些暫時脫離的特質卻是爲了在以後的具體行爲中能更廣泛自由地應用。空談的理論是與實踐對立的；眞正的科學在實踐的範疇之內，藉實踐之力將理論本身擴大，並且導向更多發展可能。

3 教育之中的自然主義和人文主義

教育界一向有科學課與文學、歷史課對立的傳統。雙方人士發生的爭論，從歷史背景可以找到原因。實驗科學未誕生以前，文學、語文、文學的哲學早已穩居高等教育機構中的要位。實驗科學當然要為自己爭一席之地，已經鞏固的壟斷權益卻不會輕易讓步。爭奪儘管激烈，不論哪一方要說語言和文學作品純屬人文，科學純屬自然界，都是錯誤的觀念，可能妨礙兩者的教育功用。前面說過，人的生活不是在眞空裡進行的，自然界也不僅僅是人生過程的一個布景。人的生活離不開自然的變化過程，人生的成敗都繫於自然作用的方式。人是否有能力刻意左右自己的事務，要看他能不能導引自然的能量為自己所用；要做到這一點，又必須洞悉自然界的變化過程。姑且不論專家怎麼看自然科學，就教育目的而言，這都是理解人類行為環境的知識。知道社會互動是在什麼環境裡進行，知道社會進步發展有哪些途徑，乃是掌握了十足人文屬性的知識。對於科學史無知的人，不會知道人類曾經如何奮鬥，如何歷經不變的慣例與心血來潮，經歷迷信順從自然，經歷藉用自然的魔法，才進步到智能上的自制沉穩。科學課程可能變成只是拘於形式的技術習作，這是實話。如果上課的目的只在取得科學資訊，就會變成這樣。不過，科學課不教文化並不證明自然知識與人文關懷是對立的，只證明教育的態度錯了。

不愛採用實用科學知識，這種態度是貴族文化的殘存物。貴族社會裡的一切有用的工作都是奴隸或農奴在做，控制工業的是習俗制定的模式，不是人的智能，這樣的社會當然會存在「應用的」知識不如「純」知識的價值高。那時候所說的科學——最高的知識——就是指純理論，與生活中的一切應用都無關；至於與實用技藝相關的知識，都帶上了從事這些技藝的階級的污名（見第十九章）。後來科學採用了這些技藝的工具設備來發展知識，科學是純理論的舊觀念仍然在，甚至持續到民主制度興起以後。如果就理論而言，與人類有關係的事物，應該比只與自然世界相關的事物更值得人類重視。提倡科學教育的人士假如遵循文學性文化定下的知識評判標準，就是陷自己於劣勢了。只要他們採納的觀念切合科學的實驗方法，切合民主的、工業的社會的運行，他們就不難證明，相較於一個以只顧有閒階段利益的教育方案為基礎的所謂人本主義，自然科學反倒更有人本精神一些。

因為，前文說過，人文科目如果與自然科對立，就是束縛自己，把自己簡化成只限於文學和語文的研讀，繼而縮小到「古典語文」，研讀已經沒有人在用的語文。因為現代語文顯然是實用的東西，所以也在禁除之列。翻開歷史看，很難找到比認定「人文學科」只限於古希臘文和拉丁文的教育作為更諷刺的事了。古希臘羅馬的藝術和制度對吾人的文化有極重要的貢獻，多多提供學習它們的機會本來是應該的。但是，把它們當作人文學科的代表，乃是故意忽略大眾受教育可以學習的教材，容易助長有學問階段的狹隘勢利心態，這個階級的標記就是憑偶然而能得到外人得不到的機會。知識有人本屬性，不是因為知識都是有關往昔人類行為的成果，而是因為知識能夠解放人的智能與同理心。凡是能夠帶來這種結果的課題，都是人文的；凡是做不到這一點的，連教育意義都談不上。

摘要

科學代表經驗之中的認知因子所作用的成果。科學要做的不是只把個人的或慣常的經驗陳述明白，而是把信念想法的來源、理由、後果揭示明白。達到這個目標的陳述，就是具備邏輯屬性的。從教育的觀點看，邏輯的方法是高度詳盡知性教材的屬性，所以與學生的方法是不同的，學生的經驗卻得按年齡成長逐步從粗糙走向精確，這是必須注意的。如果忽視這個事實，科學就會變成光禿禿的資訊，不但比日常的知識既無趣又抽象，而且還是用不常見的專門語彙陳述的。科學在學校課程中應有的功能，是它已經爲人類做到的：使人不受一時一地經驗的局限，擺脫個人習慣與好惡的阻礙，爲智能開闢更寬廣的天地。抽象思考、概括推論、明確的闡述等邏輯特徵，都與這個功能相關。科學能使一個觀念跳脫它最初發生時的特定情境，使任何個人經驗的結果都可供所有人參照。因此，就最終的結果與哲學的意義來看，科學都是促成普遍社會進步的利器。

第十八章

教育的價值

前面討論目標與興趣的時候，已經談到教育價值。教育理論通常討論到的一些價值，與一般要求的目標是一致的。例如，實用、文化、知識、培養社會效能、思維紀律、智能鍛練等等。這些目標之所以具有重要價值，前文分析興趣的部分已經說明過了，把藝術說成是一種興趣或關注，或說成是一種價值，並無不同。然而，談到教育的價值，重點通常都放在某個科目有無哪些用途上。爲了要證明某個科目應當納入課程，免不了要指出學了這個科目對日後的生活會有多大益處。因此，確實討論一下教育價值，既可溫習前面有關目標和興趣的部分，也可以檢討一下課程內容。

1 領會與鑑識的本質

我們的經驗有很多是間接的，這種經驗靠符號傳遞，符號所代表的就是我們間接體驗的事物。例如，有人親身投入過戰爭，直接感受了戰爭的危險與苦難；有的人只聽過別人講戰爭，或從書上讀到戰爭，這與直接經驗戰爭是全然不同的。所有的語文，一切符號，都是間接經驗的工具。按技術性的說法，藉這些工具得到的經驗是「媒介完成」的。直接的經驗是親自參與的，不是靠代表的媒介居間傳遞的。我們說過，自己直接取得的經驗的範圍很有限。如果沒有那些媒介傳遞當下不存在的、遙遠的事物，我們的經驗大概仍然停留在原始社會的水平。從野蠻走向文明的每一步，都仰賴新發明的媒介來擴大純粹直接經驗的範圍。新媒介把這些經驗與只能用符號代表的事物連貫，也使這些經驗有更深更廣的意義。顯然是基於這個緣故，我們會以爲不識字的人就是無知的人，因爲我們太倚賴文字來傳達意義或間接經驗。

但是（前文已一再說過）難免對有符號不能眞正代表原意的時候；語文的媒介非但不能把不在當下的、遙遠的事物帶進眼前的經驗，反而變成知的目的。正規教育特別容易犯這個毛病，結果就是，學會了讀寫的學生變成只會死讀書——許多人稱這種書呆子是有學問。說到直接經驗的急迫、溫熱、切身，口語會用「踏實感」來形容，這與透過描述的經驗的疏遠、暗淡、冷漠是截然的對比。一件事物帶來踏實感，也可以用更詳盡深入的說法表達，即「心領神會」、「鑑識其詳」（或「眞正的」鑑識其詳）。非得用比喻的說法，例如「如飲冷水」、「打中心坎」等等，才能把這種意思說透徹，因爲領會直接經驗的唯一方法就是親自去感受。這感受與間接經驗的差別就好像眞正看見一幅畫，與閱讀此畫的技術性說明之間的差別；或被此畫感動與只是看見它之別；或是學會光之作用的方程式與親睹光在霧色中閃耀之美的差別。

我們若不謹愼，往往會讓純粹只有代表作用的符號侵佔直接經驗的地盤；換言之，我們會假定學生已有足夠的直接經驗基礎，可以承受學校的課程用間接經驗建立起來的上層結構。問題還不只是直接經驗的量太少，質的方面更需注意，必須能夠和教材中的符號內容輕易而有效地銜接。學校教育必須提供實在的情境，使學生在親身參與中領會教材的含意與其中引發的疑問，然後才能放心使用符號的媒介來傳遞事實與概念。站在學生的立場看，這樣得來的經驗本身就是有價值的；站在老師的立場看，這些經驗也是提供教材的手段，必須靠它們來幫助學生理解使用符號講授的東西，來啓發學生對於符號傳遞的內容的接受意願。

前文討論教材的教育功能中大致說過，安排能夠呈現典型經驗情境的遊戲和主動性作業，可以符合直接經驗的踏實感要求。在此不再贅述，只有一點必須說明：前文的討論雖然是針對小學教育而言（因爲小學教育最需要營造直接經驗的背景），但同樣的道理也適用於每種科目的初階學習。例如，中學生和大學第一次接觸某一門知識時，實驗課首要的、基本的功用是讓學生自己去熟悉一下大略的事實的問題，也就是讓學生抓到對這些事物的「感覺」。至於學會技術、學會做成概括推論的必要方法，一開始都是次要的。對於小學生而言，校內活動的根本用意不是製造樂趣或減輕學習的負擔，也不是爲了學技能（雖然這些都是自然會附帶產生的結果），而是爲了使經驗的範圍擴大內容充實，並且保持學習過程中的興趣不衰。

說到「鑑識」，正可引出三個更進一步的題目：有效的或眞正的（不是名義上的）價值標準的本質是什麼；想像力在知識的理解過程中有多重要；美術在課程中應居什麼地位。

I.價值標準的本質。每一個成年人都基於過去的經驗與所受的教育，而形成評判各種經驗價值的某種標準。他已經知道要把正直、和藹、堅忍、忠誠等品格當作道德資產，把文學、繪畫、音樂上的某些經典作品當作審美標準，等等。不但如此，他也知道這些價值是有某此規則的，例如，道德上的己所不欲勿施於人，審美講求的和諧、平衡等比例分配，學問應有的確定、明白、條理。這些原則已經是判斷新經驗價值的極重要的依據，家長和老師總會直接教給孩子。他們忽略了一大缺點：這樣教的價值標準將只限於符號的表徵，換言之，只是成規和口頭上的標準。實際能發生作用的標準不同於口頭宣稱的標準，是因爲孩子在具體經驗中明確鑑識了它對自己有重要意義。某人也許知道具備哪些屬性的音樂是一向受推崇的，他談起古典音樂也許頭頭是道，他甚至可能眞心相信這些就是他自己欣賞音樂的標準。可是，如果他在過往的經驗中最常聽的、最喜歡的是散拍音樂（ragtime），他判斷音樂價值的實際標準仍會定在散拍音樂的水平。他自己直接領會中眞正投他所好的東西的定位影響，大過別人教他應該喜歡什麼的影響。這樣定位的習慣傾向，也成爲他以後的音樂經驗的眞正評價「標準」。

我們這樣陳述音樂好惡，也許不會有什麼人不同意。可是，這個道理同樣適用於道德價值與知識價值的評斷。假定有個年輕人曾經一再經驗善待他人這個價值的全面意義，這也成爲他的意向的一部分，他就會有待人厚道的價值標準。如果沒有他的親自鑑識，別人再怎麼教導他不自私的美德，都只是些符號，不能充分轉化爲實際行爲。他得來的是二手的「知識」，他只知道別人推崇不自私的表現，他能做出來，別人就會稱許他。因此，他表面上承認的標準，可能與他眞正信服的標準分歧。一個人可能曉得自己的意向與理論觀點交戰的後果，他眞心想做的與他知道別人贊同他做的起了衝突，這令他感到痛苦。如果他不能意識到兩者的分歧，其結果就是不知不覺的僞善，以及意向的搖擺不定。同理，一個學生如果曾經陷在困惑中苦思，終於排除障礙理清頭緒，此後他就會重視清晰明確的條理，以這種要求爲標準。他也許在外力的調教下進行教材析解區分，知道這些步驟是重要的標準邏輯功能，然而，除非他在受教的過程中被「打中心坎」，自己有所鑑識，否則所謂的邏輯標準的意義仍只是表面的知識，與記住中國河川的名稱差不多。他能背出這些名稱，但那只是機械式的演練。

因此，認爲鑑識欣賞只限於文學、繪畫、音樂之類，乃是嚴重的錯誤。鑑識欣賞的範圍是和教育工作一樣廣泛的。習慣應該也是品鑑的標準，是表現喜好與重視的習慣性模式，是一種有效的精益求精的意識，否則習慣形成就只是純機械性的事了。我們有充分的理由斷言，學校如果太重視外在的「紀律」、分數與獎狀、升級與留級，必然無暇顧及營造生活情境，使學生在其中實地領會事實、觀念、道理、問題的意義。

II. 從實際體驗中鑑識價值是與藉符號表述的經驗不同的，但與智能或理解力的運作沒有什麼區別可言。即便面對的是單純的「事實」，反應時也必須發揮想像力，才可能有踏實的領會。所有領域的價值，都憑想像爲媒介來鑑識。不論何種活動，唯有運用想像力去做，才不至於只是機械性的動作。可惜的是，一般都太習慣把想像與無中生有當作同一回事，不認爲想像乃是衷心深刻地完整感受一個情境。這種思考方向導致過度高估童話故事、神話、充滿幻想的符號、詩歌，以及掛著「美術」標籤的東西在啓發想像與欣賞能力方面的功用。而且，由於漠視其他事物可運用想像力的空間，又導致教學方法簡化爲不用想像力的學習專門技能、強記一大堆資訊。教育理論（實踐方面也有一些）進步到相當的程度以來，已經承認遊戲活動是一種發揮想像的作業。但仍有很多人認爲，這樣運用想像力的活動又限於幼兒成長的階段，卻沒有注意到，遊戲之所以不同於一般認定的嚴肅作業，原因不在遊戲要用想像力，嚴肅作業不用，而是在於需要運用想像力的教材性質不同。結果就是，一方面不當地誇大幼兒遊戲中幻想與「不眞實」的分量，另一方面把只爲了取得看得見的結果而做的嚴肅作業壓縮成照章行事的效率訓練。如此一來，教育成果變成教人學會一架設計完善的機器能做得更好的事，教育的主要功能——豐富生活的意義——卻被擱置一旁。至於學生的想像力，因爲不能用在課業上，又不可能被抑制住，就變成漫無目標的胡思亂想。

凡是超出可實際直接反應的範圍之外的事物，都需要以想像爲媒介。必須充分認清這一點，教學方法才可能脫離機械化。本書對於行爲活動之強調，與許多現行的教育趨勢是雷同的，但前提是必須承認，想像是人類行爲的一個正常而且必要的部分，和肌肉活動一樣，否則就會造成誤導。手工勞作、實驗室習作、遊戲是否有教育上的價值，要看它們是否能使學生覺察正在做的行爲有什麼意義。這些行爲雖然不算是編演戲劇，實質上卻是戲劇呈現。這些行爲在養成有實際用途的技能習慣上，是有重要實利價值的，但是，如果脫離了學生的鑑識，價值就不那麼重要了。直接從事的行爲如果沒有同時運用想像，不可能銜接用符號代表的知識。因爲，必須藉想像，符號才能轉化爲一種直接的意義，繼而融入範圍比較窄的行爲，使它變得寬廣而豐富。假如符號間接的創造性想像不過是文學的、神話的想像，符號的功用就變成只是指示發聲器官反應罷了。

III.前文的討論並未明確交代文學和美術在課程中的重要性。這是故意先略過不提的。實用藝術或工藝起初和美術沒有明顯的區分。第十五章講到的活動，其中都包含了後來區分爲美術與實用藝術的兩類因子；因爲這些活動引起喜好與想像，所以都有美術之所以成爲美術的特質，因爲從事這些活動必須有方法或技能，以及爲適應不同的材料而不斷改善工具，所以又包含了藝品製造不可或缺的技術成分。從產品（藝術作品）的觀點看，它們當然有缺點，即便如此，只要能構成眞正的鑑識經驗，通常是有其可愛之處的。就經驗而言，這些活動同時具有藝術和審美的特質。如果這些活動的成果證實活動本身是有價值的，成果的社會實用價值又受到重視，這些活動就成爲實用美術或工藝了。如果這些活動的發展方向是增進美感的鑑賞特質，它們便成爲美術。

英文字appreciation（鑑識；賞識；增值）的諸多意義之中有一個是depreciation（貶值；輕視）的相反，它意指擴大了的、強化了的估值，不僅僅是估值而已，當然更不會是降低了的估值或貶值。本來平常的經驗，會因爲具有某些特質而吸引人、能被人取用（完全吸收成自己的）、能使人愉悅，增進這些特質即是文學、音樂、素描、油畫等在教育中的首要功能。appreciation這個字最常指的意思並不是只能靠這些科目來促成，然而強化了的、增進了的賞識主要是靠它們促成的。就這些科目本身而言，它們不但本來就能令人愉悅，而且還有超越它們本身的用途，即是逐步在一切鑑賞行爲中負責確定好惡，形成價值標準以供後來的經驗參考。遇上低於它們的標準的條件，它們會激發不滿，會要求環境提升到它們的水平上來。原本可能是平庸的、不值得注意的經驗，它們可以凸顯其中含意的深度和廣度。也就是說，它們提供了想像的工具。此外，只要施展得當，它們能把善的元素做濃縮而完滿的表述。它們能選擇並聚焦各種具有欣賞價值的元素，任何經驗都因爲有了這些元素而能夠立即使人愉悅。這些科目不是教育的奢侈品，而是強化顯示受教育之所以有意義的原由。

2 課程的價值

教育價值的理論除了要講鑑識的重要性——定下以後評量價值的一個標準——也要講

評量價值的明確方向。「評價」表示認爲有價值而予以評量，也就是，先覺得值得重視、珍視，繼而依照與其他事物比較而評定價值的性質與分量。價值可能是固有的，可能是功用性的。固有的價值不能評量，不能比較，也不能分出多寡與優劣。固有的價值是無價的，無價的事物相互評比是不會有高下之分的。然而，遇有必須二者選一的時候，我們就不得不有所取捨。這樣便產生了喜好的先後順序，有了大小、好壞之別。評量的事物必須針對與第三者——進一步的目標——來評估。就這個目標而言，被評量的就是手段，也就是功用性的價值。

我們可以想像，某人在某個時候會認爲最大的樂事是和朋友談天；另一個時候會以聆聽交響樂爲最大樂事；再另一個時候，是安享一頓美食；再換個時候，是看書；再換個時候，是賺錢。因爲這些都是鑑識的直接經驗，所以都有其固有的價值，都在生活中佔有特定的地位，都有不可被取代的用途。這些沒有比較的價值可言，所以沒有評價高低的問題。每一件事本身就是它特有的益處，就是這麼一回事。做這些事就是爲了要做這些事，沒有以外的目的。但是，一旦出現有競爭或衝突的情境，就不得不在其中做一選擇，這時候就要進行比較了。既然要選擇，就得知道每個競爭者各有什麼條件。每一個值得中選的理由何在？憑哪一點使得選它強過選別的？有了這些問題，就表示它本身特有的價值不足以構成目的，不再是固有的價值。因爲如果仍是，它的條件就應該是不可比較的，是非做不可的。這時候要考慮的是它能不能成爲達到另一個目的的手段，那個目的才是這個情境之中的「無價」。假定某人剛吃過飯，或平常就是飲食豐富的，但是難得有聽音樂的機會，他也許喜愛音樂甚於吃，在這種情況下，聽音樂就比較值得。假如他正餓著肚子，或是暫時覺得音樂已經聽得夠了，他自然會認爲選擇食物比較值得。理論上而言，或一般而論，除了必須做出選擇的特定情境之外，並沒有價值的等級或順序上的考慮。

按此我們可以歸納出一些教育價值方面的結論。學校科目彼此之間不可能有價值等級之分。如果要把各科按價值排出次序，從價值最低的到最高的，會是白忙一場。每個科目對於學生的經驗都有不可取代的功用，每個科目都有其豐富人生意涵的特性，就這個層次而論，各個科目的價值都是固有的，或不可比較的。受教育本來就不是在獲取謀生工具，而是在經營一個活得更有收穫、更有意義的生命，因此，我們可能定下的終極價值只在於生命過程的本身。這個價值並不表示，一切課程與活動都是爲了達成這個目標而採用的工具；這個價值乃是一個整體，所有課程與活動都是組成要素。我們所說的鑑識的含意，也就是指每個科目都應在某一方面呈現這種終極價值。簡而言之，不論是算術、詩詞或任何科目，總得證實它的固有價值足以令人鑑賞，即科目本身就是足以構成愉悅的經驗。如果不能這樣，一旦遇到用它爲手段或工具的時候，它就發揮不出應有的作用。學生如果從未領會或鑑識某個科目本身的價值，也就無從發現它其實是達成另外目標的可用資源。

因此，我們如果要比較不同科目的價值，也就是說，如果要以它們當作達成另外目標的手段，必須從使用它的特定情境中發現它們之所以有價值的原因。要讓學生明白算術的功用性價值，不能只用大道理告訴他，算術在遙遠而不確定的未來對他會是多麼有用，應該讓他自己去發現，他必須具備使用數字的能力，才能夠把它有興趣做的某件事情做好。

也因此故，近來雖有人大力分派明顯不同類的價值給各種科目，此舉卻是弄錯了方向。以科學爲例，可能因爲運用到它的情境不同，而具有任何類型的價值。有人會說科學的價值是軍事方面的，強化防禦與攻擊都用得著科學。科學的價值也可能是工技上的，是工程用的工具；或可能是商業上的，例如，輔助經營順利。換到不同的情況，科學的價值又可能是慈善方面，像是有助於減輕人類的痛苦；或可能是作爲傳統的價值，幫人們贏得「博學」的社會地位。以上這些目的，都是可以用科學來達到的，如果要從其中挑一個當作科學的「眞正」目的，難免太專斷了。就教育而論，我們能確定的只有一點：科學知識在學生的生活中應該是本身就有價值的，因爲它對於體驗生活有獨特的助益而值得學習，應該是本來就有「鑑賞價值」的。我們如果另舉一個看似與科學恰恰相反的科目，例如詩歌，同樣的道理依然講得通。目前看來，詩歌的主要價值是在休閒的樂趣方面。但這可能是詩歌地位的淪落，不是必然。自古以來詩歌就與宗教和道德教誨的關係密切，用於表達奧祕難懂的意思。詩歌對於表達愛國精神也曾有極大貢獻。在古希臘時代，荷馬史詩如同一部聖經，是道德觀念的教科書，是歷史，也是民族的靈感。總之，教育如果不能做到使詩歌成爲生活正業與休閒中的一項資源，就是出了問題，要不然就是詩歌本身太做作虛假。

一個科目或科目內容的主題是否有激發興趣的力量，也適用這個道理。負責規劃與講授課程的人應該想到，課程中的科目和主題既可直接增添學生生活的豐富性，提供的材料也是學生可以應用在他感興趣的事物上的。由於課程表向來都背著傳統的重負，題材離不開大人物和有勢力的人們爲他們重視的事情投下的心血，所以，有必要不斷加以檢討、批評、修改，才能確保課程發揮應有的功用。此外，課程內容難免只代表成年人的價值觀而不代表孩子的，或只代表上一代學生的價值觀而不是現在學生的。所以更需要批判的觀點與審視。這些考慮卻並不表示，題目有激發興趣的價值（不論是固有的或功用性的）就等於學生已經知道這個價值，就等於學生能說出學習某科目的用處何在。

其實，不論什麼題目，只要能引起立即的興趣，就沒有必要再問有沒有用處。這種問題只能拿來問功用性的價值。有些有價值的東西沒有任何「用處」，就只是有價值。再要多想就是鑽牛角尖了。功用性的價值是對別的事物有用的價值，如果它不曾在某一時刻有它固有的價值，我們就老是要問它有沒有用處。就一個正在肚子餓的孩子而言，食物對他當下的處境是好的。我們不必爲了引起他吃的動機而教他明白食物有什麼益處，食物與他的餓意連在一起就構成動機。許多課程內容使學生積極好學，道理是一樣的。學生自己和老師都不可能確切預知這麼學習下去將來能達到什麼目的；而且，只要好學之心不中斷，也沒有必要先弄明白以後會有什麼用處。學生對課程內容有回應，這就證明它是有價值的；學生有回應就是效益。他對教材回應，顯示這個題目在他的生活中起了作用。如果說，因爲拉丁文這門課本身有抽象的價值，所以有足夠理由列入學校課程，這是謬誤的。但是，如果說老師或學生必須明確指出學了拉丁文以後能有什麼用，否則拉丁文就是沒值價的，也一樣荒謬。只要學生眞正在乎學拉丁文，就足以證明它有價值。這時候我們最該問的是，既然學習的時間不多，是否還有其他既具固有價值兼有更大功能性價值的科目可學。

因此我們得談一下功能性價值的問題，談一下爲了另外的目的而學習的課目。假定有個孩子因爲生病而吃不下飯，或是太偏食而只愛吃糖果而不肯吃肉和蔬菜，這時候就得告訴他吃正餐的益處。他必須知道吃或不吃的後果，以證實食物的正反面的價值。假定情況是相當正常的，某人卻因爲不知道自己必須主動投注心力才能夠得到事物的固有益處，所以沒有行動。這時當然就需要用一點智慧來指明行動與益處的因果關聯。一般而言，理想的教材應該做到的是立即呈現價值，無需費神解釋價值所在。或者，讓學生看出可以用它來得到另一件具固有價值的東西。由此可見，功用性的價值所具備的固有價值就是，可以當作達成目標的工具。

我們也許該問，現行教學體系對於學科的價值考量是否放得太寬或太窄。有些題目明明已經對學生沒有任何直接或間接的價值可言，仍有人拚命要予以保留。有時候淘汰的標準又定得太嚴，凡是制定課程的人或學生自己不能十分確定指出未來實用價值的學科或題目，一律予以剔除，簡直忘了生活就是生活存在的理由，而明確的實用價值之所以能被指出認可，正是因爲豐富了生活經驗本身。

3 價值之區隔與組織

要把生活的各個有價值的層面作大致的分類，當然是可能的。這樣分類的優點是，便於綜觀範圍甚廣的目標（見第八章末），使教育事業能有一定的施展廣度與彈性。然而，如果就把這些價值當作終極目的，而將經驗的滿足視爲次要，實在是嚴重的錯誤。這樣的分類不過是將實有的價值歸納出一個原則，只能差強人意。健康、富裕、效率、合群、實用、文化、幸福，都只是把大量個別實例作成概括的一些抽象詞彙。如果認定這些便是評價具體題目的標準，以及評價教育過程的標準，那就是倒末爲本，因爲這些抽象概念原本是從具體事實概括推定的，它們根本不能當作評價的標準；前文也曾說過，這些概念要從構成興趣與愛好習慣的那些個別的領會經驗歸納而來。不過它們仍屬重要的觀點，因爲超越了生活枝節而俯瞰全域，可以看清各個細節的分布狀態與比例是否恰當。

任何分類的效用都只是暫時的。我們不妨想一想，學校教育應當促成的經驗具有哪些特徵？執行能力，面對資源或障礙時能處理得當；合群，或重視直接與他人爲伴；審美品味，或起碼能夠鑑識某些經典作品的藝術價值；受過訓練的思維理路，或有研究科學的興趣；良知，體諒他人的要求與權利。以上這些雖然不是價值的標準，卻是檢討、批評、整理現有教學法與教材的有益依據。

因爲不同行業的隔閡導致教育價值有分離的趨勢，我們更需要有一般性的評價觀點。有人認爲，不同的科目代表不同類型的價值，所以，課程表應當匯集各種不同的科目，直至照顧到各種獨立的價值爲止。下面的這一段引文沒有用到「價值」一詞，表達的概念卻是，制定課程表應該以多種不同的目標之考量爲依據，而且，不同科目的價值可按其各自的目標爲評定準繩。「多數科目均可訓練記憶力，但最有效的是語文與歷史；培養品味可藉高階的語文課程，但英國文學更佳；想像力的訓練所有語文的高階課程均可，但以古希臘羅馬的詩歌爲主；觀察力藉科學的實驗室課程培養，但初階的拉丁文及希臘文亦有一些訓練作用；表達能力訓練首要爲希臘文與拉丁文的作文，其次是英文作文；抽象推理，非數學莫屬；具體推理，科學第一，幾何其次；社會推理，先讀古希臘羅馬史家與演說家，繼而讀通史。因此，以完整自許的教育至不濟也應包括拉丁文、一種近代語文、一些歷史、一點英國文學，以及一門科學」。

這一段文字的措辭有許多與我們的論點不相干，必須先予以排除，才能夠看清其中的要旨。從其中的用字可以看出作者的特定地方傳統背景的跡象。作者贊同訓練「官能」的主張是毫無疑問的，他也特別重視古典語文，對於人類居住的這個地球和人的身體卻比較輕忽。但是，我們如果撇開這些不看，就會發現當代教育思想有許多與其中的基本概念——把特定價值分派給互不相涉的各種科目——雷同之處。即便有時候會只將一個目標定爲價值標準，例如社會效能或文化修養，卻往往只是虛有其表的標題，底下依舊包納許多互不相關的因子。雖然一般傾向同意一個科目的價值應比前面引文所說的多樣一些，還是有人要列出每種科包含哪些價值的清單，並且說明每種價值在某某科目中各佔份量的多寡，可見意見必然有分歧。

其實，諸如此類的科目價值表，大多是下意識地要爲自己熟悉的課程表辯護，先把課程表上的大部分科目接受下來，然後分派價值給這些科目，證明它們是值得教的。例如，數學的紀律性價值，是使學生養成陳述精確與推理仔細的習慣；它的實用性價值，是使學生能熟練商貿與工藝中用得著的計算技巧；文化價值是增進學生在理解事物一般相對關係時的想像；數學中的無限大概念和相關的想法，甚至還有宗教信仰方面的價值。顯而易見，數學不會因爲被賦予這些叫作價值的神奇潛能而達成上述諸結果；數學必須達成了這些結果，才有這些價值，除此之外別無他法。列舉數學的價值，可以幫助老師從更寬廣的角度來看數學教學可能成就的結果。不幸的是，許多人因此以爲數學本來就有這些潛能，不論這些潛能是否發揮出來，數學都是一門有價值的課。如果沒發揮，錯不在教材與教法，而在學生不肯好好學習。

這種態度是一個一體兩面的概念的正面，它的反面是，經驗或生活是許多獨立的興趣湊成的，這些興趣是並立的，而且互相牽制。學過政治學的人都知道治權的相互制衡理論。立法、行政、司法等治權應有各自獨立的功能，三者要彼此牽制，形成理想的平衡，就不會出問題。哲學之中也有一種堪稱是經驗的制衡理論。按此論，生活本有多樣的興趣，如果放任它們發展，就會彼此侵犯。理想狀態是，給每一種興趣劃定一個領域，彼此不可越界。政治、商業、娛樂、藝術、科學、神學法學、禮貌社交、休閒等各種興趣，每一項又有許多分枝，例如商業，可分爲勞動工作、主管職務、簿記、銀行業務、鐵路運輸、農業、買賣交易等等。因此，理想的教育應能提供可以滿足這些分枝需求的工具。觀察一下學校現行的運作，我們不難看出，他們接受這樣看待成人生活的觀點，並且扛起滿足這些需求的重任。成人生活中的每一種興趣都被認定是一個確定的制度，學校課程之中必須有針對這個制度而教的東西。所以課程必須包含一些政治觀點與愛國立場應有的公民課與歷史課，一些實用的科目，一些科學，一些藝術（當然是以文學爲主），一些休閒安排，一些道德教育，等等。目前有關學校教育的激烈紛擾，其實大多是在吵嚷每一種興趣應該受到多大重視，並極力爭取它們在課程中佔據的份量；如果在現行的學校體系中爭取不成，又要力主重新制定另一種學校教育以符合這樣的需求。在眾多教育激爭中，「教育」卻被忽略了。

激爭造成的明顯可見的後果是，課程太密集，學生的負擔過重而不能集中注意力，以及專精化教學對教育的中心思想造成重創。但是繼這些後果而來的，通常是用原來的那一套東西來補救。等到人們發現，那樣的課程終究不能成就全面的生活經驗，仍不認爲問題出在科目教學既狹隘又孤立。重整學校系統的作爲便是以這種態度爲基礎：這樣既有疏漏，就該再添科目來補足，要不然，必要時可開辦另一種學校。至於反對現行課程表塞得太滿、虛有其表、分散注意力的人士，卻只知在「量」的上面作文章，他們的補救辦法是，把那一大堆趕流行充點綴的科目都刪掉，初階教育回歸美好舊時代的讀、寫、算的課表，高階教育回歸同樣美好同樣舊式的古典文學與數學的課程。

這種情況當然有其歷史的原因。過去的各個時代都有表現其特性的奮鬥與關注。每個大時代都留下一些文化的沉積，就像地質學所說的地層結構。這些沉積滲入教育制度而成爲課程科目，成爲不同類型的課程，不同類型的學校。近百年來的政治、科學、經濟方面的興趣都有快速變遷，必須爲新價值的來臨預作安排。舊有的課程雖然頑抗，至少在美國已經打消了壟斷的意圖。不過它們沒在內容上目標上作整頓；只是量減少了。代表新興趣的那些新科目，沒有被用來把所有教學的方法與目標改頭換面，而是摻進舊的課程裡面去。結果便是形成一個大混合體，學校課程進度的例行方式便是這個混合體的黏著劑。前面談的價值規劃與價值標準也由此產生。

教育的這種局面，反映了社會生活中存在的分歧與裂口。本來任何內容充實平衡的經驗都應該含有多樣的興趣，這些興趣卻被拆散，安插到不同的制度機構裡，各有各的目的和方法。商業就是商業，科學就是科學，藝術就是藝術，政治就是政治，人際交往就是人際交往，道德就是道德，娛樂就是娛樂。每一項都有一個獨立自主的領域，有自己特定的目標和推進方式，對別的領域只有外在的、偶然的輔助。它們全體一起形成生活的整體，但只是湊成一堆的總和，沒有相融。對於商業我們該有什麼期望？不過是賺錢吧，錢可以用來賺更多錢，可以維持自己的生活，可以養家，可以買書畫和音樂會的門票，從而汲取文化，可以繳稅、捐助慈善、做有益社會與有道德價值的事。除此之外，還能對商業有什麼期望呢？我們豈可期望從商本身就能陶冶想像力的廣度與細膩，或期望它不僅是藉賺錢間接服務社會，而且能用它的活潑理念直接服務社會，當作社會組織的一員而經營，這太離譜了吧！這一套說法在枝節上加以必要的更動之後，同樣適用於藝術或科學或政治或宗教。於是，每個領域都劃地自限，不但各有自己的專門用具和必須花費的時間，在目標和驅策激勵的精神上也都專門化了。學校課程與各科教育價值的理論，也不自覺地反映了這種興趣分割狀態。

因此，教育價值理論有待解決的是經驗之一體或整合的問題。怎樣才能使經驗完整且多樣卻不失精神上的統一性？怎樣能一體化而不流於狹隘單調？歸根究底，價值與價值標準的問題，是生活興趣該如何安排的道德問題。就教育而言，問題在於怎樣組織學校、教材、教學法，使它們的運作能達到使經驗寬廣豐富。我們該怎樣做才能既開闊觀點，又不損失實行的效率？該怎樣做才能既保有興趣之多樣，又不必付出各科門孤立的代價？該怎樣做才能使個人善於運用自己的智能，而不是浪費自己的智能？該怎樣使藝術、科學、政治在充實了的思維氣質中相互補強，而不至於形成各行其是的目標互不相容？生活的興趣，以及凸顯這些興趣的各個科目，怎樣才能豐富人們的共同興趣，而不至於把人分割成不同的族群？這些如何重新組織的問題，將在後文中討論。

摘要

前面討論目標與興趣的章節，基本上已經談過價值的問題。由於教育的價值一般都放在課程中各科目應佔份量的話題中來講，所以本章只從特定科目的觀點再談目標與興趣。英文字value可以有兩種很不一樣的釋義。一個意思是「珍視」，把某事物看得重要，認爲它本身就有價值，這也是完整經驗的別稱，能夠珍視乃是鑑識出價值的意思。另一個意思是指特別要運用智能的行爲，要做比較與判斷，也就是「評價」。欠缺直接的完整經驗時就會有評價的行爲，因爲情境中有多種可選的可能性，必須決定選哪一個才能夠實現完整的經驗。

然而，我們切不可把課程中的科目分成鑑賞型與功用型（以鑑賞型指具備固有價值者，功用型指價值或功用在其本身以外）。一門課的價值標準，應該視它能否給經驗帶來立即的重要意義而定，應該取決於能否引起直接的鑑識經驗。文學和美術特別具有鑑賞價值，因爲它們代表鑑賞的極致，是透過選擇與專注，更深刻地體會其中的意義。不過，對於學習者而言，每一門課進行中總有某個階段應該是具有審美的價值的。

各種科目的功能性價值與衍生價值的評定，要看它們對於經驗中各種不同的立即固有價值有沒有助益。許多人慣於認定各個科目自有不同的價值，並且把整個課程表視爲各式各樣價值的總和，這種趨勢乃是社會群體與社會階級各自孤立的結果。因此，民主社會中的教育應該做的是打破這種孤立，使各種不同的興趣相輔相成。

第十九章

勞動與休閒

1 對立的起源

前面說過的目標之間的彼此孤立、價值之間的彼此孤立，導致不同的目標與不同的價值相互對立。教育史上最根深柢固的對立，也許是為投入有用的勞動與過休閒生活分別做準備的兩種教育之間的對立。只看「有用的勞動」與「休閒」這兩個名詞，就證明前文所說的不同價值之間的隔離與衝突，不是教育中獨有的，而是社會生活既有分裂現狀的反映。假如教育帶來的這兩種結果——靠工作謀生與悠閒地享受優雅文化——能夠平均分配給社會的各個成員，誰也不會認為教育機與目標之中存在什麼衝突，人們只會注意該怎樣使教育最有效地達成這兩種結果。既然有些教材是以達成兩種結果之一為主要目的，有些又偏重另一種結果，我們應該在條件許可下盡量做到使兩者重疊。換言之，比較直接以休閒生活為目標的教育，應當盡量間接地加強工作能力與培養工作興趣，以工作能力和興趣為目標的教育，就該從感情與智能上培養習慣，以利有意義的休閒生活。

上述的目標衝突，教育思想的發展史可以證明。早在古希臘時代，通才教育就是與專業工藝教育分開的，而且，誰該為謀生勞動，誰該過免於勞動的生活，是按階級劃分清楚的。在當時的觀念中，為有閒階級設計的通才教育本來就比勞動階級的操勞訓練來得高尚。這種想法也反映了當時社會自由階段與受奴役的階級之間的差別。受奴役的階級不但要為了自己維生而勞動，還得為供給優越階級度用而勞動，使優越階級不必去做那些幾乎一刻不得閒的、不需運用智能的、不能增長智能的工作。

人總得勞動，這是無庸置疑的。人要生活，就得工作以供應生活的資源。即便我們強調，與謀生相關的興趣只是物質上的追求，所以本質上就不如與休閒相關的興趣；即便我們承認，物質方面的興趣有些霸道，可以侵佔高尚興趣的地盤，這些事實（除了社會階級分明之外）仍不會導致荒廢了培養實用才能的教育。反倒應該使我們謹慎處理，讓學生既能學到實用才能，又不一味追逐物質興趣；教育應該要能注意，不讓不良後果因為疏於處理而任意滋生。只要興趣的區分不是按照社會階級的尊卑而定，為實用工作培養才能的教育就不會受輕視：我們能認清這一點，就不會再認為工作等於物質興趣，休閒等於理想興趣。

兩千多年前的社會局面下規劃的教育制度，會有這麼久遠的影響，對於劃分勞動階級與有閒階級的含意能提出這麼清晰有理的認定，使我們不得不特別探究一下。按這種思想，人類居於生物世界的最高地位。人的構造與功能有些部分和動植物相同，例如攝食、生殖、運動等。理性卻是人類特有的，人類有理性是為了要見識宇宙之美妙。因此，生為人類的眞正目的就是盡量發展這個人類獨有的特性。以觀察、冥想、思考、推想為目的的人生，乃是正當的人生。此外，理性的發展應能恰當控制人性的較低層次的元素：欲望與衝動。這些低等元素是貪婪的、不馴服的、不知節制的，只知道追求滿足，等到它們聽從理性的駕馭之後，就會遵循中庸之道，發揮正面的效益。

這便是亞里斯多德清清楚楚陳述過的類似理論心理學的情境。實際狀況卻表現在人的階級差異上，也表現在社會的組成上。只有少數人能實現理性的那種如同生活法規般的功用。就一般大眾而論，仍是受著植物性與動物性的主宰。這些大眾的智能力量太弱而欠缺定向，所以常常被肉體欲望和激情淹沒。這種人不能眞正爲自己而活，因爲只有理性能夠成就最終的目標。他們就像植物、動物、有形的工具。是可以用來達成他們自身以外目標的用具。他們與動植物、物件不同的是，在執行交給他們的任務時還能有一點判斷力。因此，有的人天生（不只是受社會傳統安排）就要做奴隸，要成爲別人用來達成目標的工具，[1]大多數的技藝工匠從某一方面而言比奴隸還不如。他們和奴隸一樣，爲別人的目的效命，但他們不能像家宅奴僕那樣，親炙主人優越階級的自由生活，所以比奴隸更下等。另外，婦女和奴隸、工匠是屬於同一個階級的，是自由的或理性的生命用來達致生產與生殖目的使用的工具。

不論就個人或集體而論，只是活著與活得有價值都有極大差別。一個人必須先維持活命才可能過有價值的生活，社會集體的生命亦然。爲了維持活命、取得衣食所耗費的時間和精力，減損了從事有理性意義的活動所需的時間和精力；他們也不適合這樣的活動。供人使喚的低賤的，讓別人拿來用的人是奴性的。唯有不勞力勞心就得到生活必需品的人才可能眞正活出生命價值。所以，奴隸、工匠、婦女被用來供應生活必需品，那些有智能的人才可以悠閒地過只關注眞正有價值事物的生活。

上述的兩種生活標式——聽命於人的與自由的（或「藝術」的）活動——對應了教育的兩種類型：一種是卑下而呆板的，一種是開放而知性的。有的人憑適當的實際習作而訓練成功「做」事的能力，能夠使用機械工具製造有形的產品或提供服務。這種訓練不過是養成習慣動作和專門技巧，藉反覆不斷的應用而學會，不必激發思考醞釀領悟。開放的通才教育的目標是：訓練智能恪盡本份，而智能的本份就是求知。所求的知識愈與實務、製造、生產無關，愈能充分運用智能。亞里斯多德劃分卑賤教育與自由的教育十分徹底，所以把我們現在所說的美藝——音樂、繪畫、雕刻等——的實際從事也一併劃爲卑賤藝能的一類，因爲這些都使用有形的器具、需要勤練、有看得見的結果。例如，他討論到音樂教育時提出這個問題：小孩子練習樂器應該到什麼程度？他的答案是：練習與精熟可以容許到有益欣賞的程度；也就是說，練到聽見奴隸或樂師演奏時能分辨好壞、懂得享受的程度。如果想要練到和專門演奏的人一樣，音樂就從欣賞的層次降格到匠人的等級。按亞里斯多德說，這樣的音樂教育和教人廚藝沒什麼兩樣。即便是通才教育中的美藝作品欣賞，也有賴匠人階級把專門技巧學好，把他們的人格發展退居次要。人所從事的行爲愈高尚，就愈是純粹用心智的，也愈與有形事物或身體不相干。愈是純粹心智的，也就愈不受外力影

1亞里斯多德並未表示實際做奴隸者與天生奴性者必然屬於同一類。

響，愈能自給自足。

從上面最後幾句話可以看出，亞里斯多德甚至認爲，過理性生活的人仍有優劣差異。他認爲，目的和自由行爲都有層次差異，有的人只是生活中有理性，有的人卻生活在理性之中。也就是說，自由公民投身社會的公共生活、參與公共事務管理、得到高地位好名稱，過的是有理性相伴的生活。獻身科學探討與哲學思考的思想家，不僅僅是有理性相伴，可以說是在理性中工作。換言之，一般公民在公共事務的關係中，仍免不了實踐帶來的污點，以及外在的、功用性的作爲之墮落。因爲公民行爲和公民事務上的優越表現都必須有他人幫助；沒有人可以獨自從事公眾生活。按亞里斯多德的哲學，一切需求、一切願望，都意味物質條件的作用；都表示有匱乏、欠缺；都仰賴自身以外的他力來促成圓滿。純粹知性的生活卻是可以自己一個人過的，是可以從內在完成的；來自他人的幫助是偶然的，不是本質固有的。在知的過程中，在理論的生活中，理性才得以完整地彰顯；唯有爲了知而求知，不考慮能否應用，才是完全自主的，是自給自足的。因此，教育必須只以認知能力爲目的，不考慮實用功能，甚至不考慮公民職責之實踐，才是眞正開放或自由的教育。

2 現行狀況

假使亞里斯多德的概念只代表他個人的觀念，上面所說的那些大概只是一樁值得一讀的歷史奇聞。只需當它是欠缺同理心或聰明異常的人難免的自以爲是的表現，不必多麼在意。可是，亞里斯多德述說的乃是他眼見的生活實景，他說得簡明清楚，也沒有頭腦不清楚的人易犯的虛僞毛病。當然，實際的社會狀況早已不是他的時代那樣了。但是，儘管社會變了，儘管合理蓄奴制已經廢止了，民主制度又普遍通行了，科學知識與普通教育普及了（除了學校之外，書籍、報紙、旅行、一般的交流都是傳播知識的途徑），社會上依舊明顯存在有學識階級與未受教育階級的差別，勞動階級和有閒階級的差別。亞里斯多德的觀點因此成爲批判當前教育分割文化與實用的最有力依據。教育界所討論知性與抽象的差別這個題目背後，還有一個社會性差別的陰影，即是，有的人從事的工作只有最低限度的自主思想與審美鑑識，有的人從事的工作偏重直接運用智能並控制他人的行爲。

亞里斯多德曾說：「任何事物、藝能或研究，凡是使自由人的身、靈、智不宜鍛練並實踐優越的，都應稱之爲呆板。」這當然是正確無誤的。如果我們認定（目前我們名義上是認定的）人人都是自由的，這一席話的力量可以強到無以復加。因爲，只要當時的社會認爲大多數男人和所有女人身心上本來就都是不自由的，只把他們訓練成會操作呆板技能，不考慮這麼做會不會斷絕他們將來過有價值生活之路，也就不算出爾反爾或道德上的僞善了。亞里斯多德的另一番話也說得正確無誤，他說：「凡是爲圖利而做的事，以及屈辱身體的事，都是機械呆板的，因爲它們剝奪了智能的悠閒與尊嚴。」——有利可圖的事如果確實剝奪了運用智能的條件，因而使人失去尊嚴，這話就是說得正確無誤。亞里斯多德的論點如果有錯，是錯在誤把社會習俗的一個面向當作本來的必然。對於精神與物質、思維與身體、智能與社會功用的相對關係若有別的論點，卻又不能夠實際上——在生活態度和教育方式上——幫忙廢除舊觀念，那就比亞氏之論更不高明。

亞里斯多德的正確論點是，只懂得做事技巧、只會累積有形的產品，是等而下之，不如有領悟力、能在鑑識中共鳴、能自由思考。他的論點如果有錯誤，是在假定這優劣的兩者必然是一分爲二的：以爲生產商品和提供服務當然不能與自主的思考合一，重要的知識不能與實用的技能合一。假如我們只糾正他理論上的誤解，卻容忍產生他這種概念、認可他這種概念的社會狀況繼續存在，糾正的意義何在？我們從蓄奴社會變成自由公民社會以後，如果最看重的後果只是能把人類這種生產工具發揮更大機械效率，變了還不如不變。我們逐漸相信智能是藉行爲掌控大自然的利器以後，如果甘願讓直接投入利用大自然的那些人，繼續處於不運用思考、不自由的境地，甘願讓離得遠遠的科學家和工業首腦獨攬智能的使用權，這對我們反而是弊多於利的。我們既然沒有責任延續舊的教育方式，訓練多數人去做只需生產技能的工作、少數人去學習只能充當裝飾品的知識，我們就該老實地批評這樣分割生活功能與社會階級之錯。簡而言之，有沒有能耐超越古希臘的生活哲學與教育哲學，並不在於會不會變換表達「自由」、「理性」、「價值」的理論辭令。也不能只憑改變態度看待勞動的尊嚴，認爲替他效力比冷漠的自足獨立優越。理論上情感上的改變固然重要，要點卻在於能不能把它們化爲力量來促進眞正民主化的社會，使社會中人人參與有用的服務，人人享受有意義的休閒。並不僅僅因爲文化概念——或自由思維的概念——和服務社會的概念改變，所以必須重整教育，這些改變帶動的社會生活改變，也需要藉教育的徹底改革來發揮充分而明確的效用。「平民大眾」逐漸獲得政治與經濟上的自主，已經可以從教育上看出來；不但促成公立且免費的小學體系建立，也打破了受教育是少數人特權的舊觀念。但是這個革命仍未竟全功。許多人依舊認爲，眞正有文化氣質的或培養通才的教育不可能（至少不可能直接）與工業事務有共通之處，平民大眾受的教育必須是有用或務實的，而所謂有用務實就是與培養鑑賞力和自由思維相反。

因此，我們現行的教育制度其實是個沒有一貫性的混合物。有些科目和教學法因爲符合某種通才特質而保留下來，至於「通才」的意思，主要就是指沒有實用的益處。這種現象在所謂的高等教育中特別明顯，高等教育即指大學教育與爲進大學做準備的高中教育。但初等教育也被滲透，課程和目標大多受這種現象控制。另一方面，對於必須工作謀生的大眾，對於在現代生活中愈來愈重要的經濟活動，教育也作了一些讓步。例如，設置專科院校與專業科系，開闢職業教育與職前教育的課程，基礎的讀、寫、算之類科目的教法更新。新舊混合的教育制度中既有「文化」的學科，又有「實用」的學科，兩者並未形成有機結構，前者不以服務社會爲要旨，後者不以培養自由想像思考的能力爲要旨。

另外還有一種後果，是一個科目之中兩種觀念並存，既採納了實用考量，又保存了純粹休閒陶冶的遺跡，成爲奇怪的混合體。安排科目的動機是「實用」考量，教學法卻是「通才」式的。如此混合的結果，還不如謹守一個原則。例如，一般小學的前四、五年課程幾乎全部都是讀書、寫字、算術，因爲讀、寫、算的能力是進一步發展必備的條件。初期的課程成了工具，只是爲學生隨後要找個報酬好的職業或繼續學業做準備，所以特別注重操演練習，培養成不經思索就能做好的技能。我們如果回頭看古希臘的學校教育，會發現他們從一開始就盡量把技能操練安排在從屬地位，有審美及道德內涵的文學課程才是主體。他們強調的不是學會技能以便日後使用，而是學會眼前的教材內容。如今的教育如果使這些科目脫離實際應用，濃縮成純粹象徵的用具，顯然是把自由思想教育與實用分離的舊觀念的殘餘。如果能徹底採納實用的想法，應該可以藉教學把各個科目和直接用得著它們的情境連起來，使所學科目立即有助益，而不是久遠以後才有助益。現在的課程表上，幾乎每個科目都有這兩種相反的理念妥協下的惡果。例如，自然科學編入課程本來是基於實用考量，教學時卻把它當作一種遠離實用的特殊造詣。至於音樂與文學，理論上應該是爲了文化價值而教，結果卻在強調養成專門的技能。

假如我們能少用一點這種折衷做法，少一點弄巧成拙的後果，假如我們能更加仔細地分析文化與實用的不同含意，也許會發現，制定一套兼顧實用與文化的課程並不那麼難。

只有迷信的人會認爲兩者是敵對的：實用的科目必然是狹隘的，文化性的科目必然無用。我們常見的情況是，教學爲了達到實用的目的，就把想像力、鑑賞力、領悟力的啓迪陶治（這些當然都是文化上的價值）都犧牲了，結果卻也局限了實用技術的發揮空間。這些實用技術並非完全派不上用場，而是只能夠在別人監督之下做固定不變的動作時應用。太狹隘的技能不可能有超越的發揮；如果在教學過程中能強化知識、訓練判斷力，這樣學到的技能就可以輕易運用到不同的情境中，也是隨個人自己控制的。古希臘人瞧不起那些與討生活直接相關的事，並不全然因爲社會經濟實用性是卑下的，而是因爲在那個時代做這些事表現不出智能素養，也不像是由於鑑識其中的意義而做。只要務農經商的人所做的仍只是依舊樣畫葫蘆，只要農工機械工的工作爲的仍只是與他們的思維無關的結果，這些工作就都是呆板狹隘的。智能與社會的大環境如今都改變了。過去工商業中因循習俗慣例的那些部分，在現今多數經濟性的行業中，變成從屬於科學研究之下。如今最重要的行業都要仰仗應用數學、應用物理、應用化學。人類生活受經濟生產影響，且影響消費的範圍已經無限擴大，以致於地理與政治的考量也無所不在。柏拉圖會貶低實用算術與幾何的學習價值，是很自然的事，因爲那時候這兩門知識的應用範圍確實非常小，使用的內容空泛，大多是爲了計算錢。隨著這些知識的社會用途增多且擴大，其開闊思維的價值，或說「知性」價值，也趕上了實用價值。

我們不能完全認清並利用二者合一的價值，問題當然出在環境的條件。機器問世以來，休閒的時間變長了，甚至在工作中也可以有休閒。眾所周知，一種技能一旦精熟到成爲習慣了，腦子就有空閒作較高層次的思考。工業開始有了機器自動運作之後，也出現了這種情形，工作的人可以把腦筋空出來想別的事。然而，如果我們讓那些以雙手勞動的人把就學的短短幾年時間都花在學習使用基本符號上，卻荒廢科學、文學、歷史的學習，等於沒有幫他們做好準備，即便有運用思考的機會，他們也無從利用。更重要的一點是，大多數的工人既不知道自己從事的工作有何社會目的，工作也並不關係到他們本身的利益。他們工作的成果不是他們自己的行爲的目標，而是雇主的目標。他們爲了工資而工作，做得既不自由也沒有智能上的發揮。是這個事實使他們工作的行爲狹隘，也是基於這個事實，凡是只求養成這種工作技能的教育制度，都是狹隘而且不道德的。因爲做的人不是自願的，所以是不自由的工作。

只要謹記工作的這些明顯特徵，教育制度現在就可以把握改革的良機，調和開闊思維的培養、社會功用的培訓，以及有效率而快樂地參與生產。這樣的教育本身就是足以消除目前經濟局面中的不良現象。只要人們對於導引他們行爲的那個目的懷有主動的關注，這個行爲就變成自由的或自願的，外力強制與聽命於他人的感覺不再，即便有形的行爲部分仍與原來一樣。我們所謂的「政治」這個領域中，民主的社會組織會安排人們直接參與管理，但是經濟領域的管理仍是外力施加而且專斷的。因此才會有內在心理的行爲與外在身體的行爲發生分歧，而且傳統的自由與實用分歧正是這種現象的反映。教育應該統一社會成員的意向，這對團結整個社會也有很大助益。

摘要

上一章討論的教育價值分離之中，最根深柢固的也許就是文化與實用的分歧。雖然常有人說這種分歧是固有的、絕對的，其實是歷史與社會造成的。這種有意的區分論述源於古希臘時代，論述的事實根據是，只有極少數人過著眞正人過的生活，這生活卻是他人的勞力在供應。從心理學觀點探討的智能與欲求之間的關係、理論與實踐之間的關係，也受這項事實的影響。這項事實在政治理論中的體現是，永遠把人劃分成兩種，一種人能過理性的生活，所以能有自己的目的，另一種人只會有欲望、會工作，所以需要別人幫他們定出生活的目的。心理學與政治上的兩種區隔轉到教育上，就形成通才教育與實用教育之分，前者教導專心爲知而求知的自負而悠閒的生活，後者訓練人們投入只有呆板工作沒有知性思維與審美的生活。如今的狀況理論上是徹底改變了，事實上也與古時候有很大差異，許多過了時的因子卻滯留不去，導致教育上因循維持分歧的存在，同時還有一些對教育功能弊多於利的折衷辦法。民主社會的教育制度應當做的是，消除這種二分法，建立適當的課程，使人人能在思想導引下自由實踐，使休閒成爲承受服務責任之後的報償，不再是豁免服務責任的狀態。

第二十章 知性科目與實用科目

1 經驗與眞知識之對立

生計與休閒是對立的。同理，理論與實踐、知能與執行、知與行，也都是對立的。後面幾組衝突與第一組，無疑是從同一種社會環境中產生的；因爲這牽涉到教育上的一些特定問題，我們應該好好討論一下知與行的相互關係，以及所謂知行各自獨立的問題。

知識的起源比實有行爲的由來崇高，知比行的價値高，比行更有精神上的意義，這些觀念都是歷史悠久的。就刻意的論述而言，這種優劣比較的歷史可以上溯至柏拉圖和亞里斯多德闡述的經驗與理性思考。這兩位大思想家雖然在許多方面意見不同，卻一致認爲經驗是純粹實際面的東西，所以，經驗的目的是物質的關注，經驗是靠肉體取得的。反觀知識，它爲自己而存在，完全不涉實際考量，其來源與媒介都是純粹非物質的心靈；知識所關係的是精神層面或理想上的好惡。此外，經驗總是涉及欠缺、需求、欲望，從來不是自足的。理性的知卻是完整的、無所不包的。因此，實際面的生活是永不休止的起伏波動，心智的知只關切永恆的眞理。

這樣鮮明的對立，與雅典哲學思想的發展有關。雅典哲學的肇端便是反對以習俗與傳統爲知行的標準，所以要另找取代者，因而發現只有理性能堪指引知行大任。既然習俗和傳統就是經驗，理性當然就是比經驗優越的了。此外，因爲經驗不甘屈居它本來應有的這個次等地位，所以極力反對理性的權威。由於習俗和傳統觀念是束縛人的，理性若要在爭取合理地位的戰鬥中獲勝，就必須證明經驗本質上就是不穩定的、不夠格的。

柏拉圖曾說，哲學家應該做王。這句話的本意應該是說，人的事不應由習慣、欲望、衝動、情緒來掌管，應該以從理性智能的治理。理性之治能帶來統一、秩序、法統；習慣、欲望等只會帶來雜亂不和，只是無理性地起伏搖擺。

經驗爲什麼等於令人不滿的現狀，等於只聽命於習俗的情勢？理由不難找出來。那時候，因爲貿易、旅行、移民、遷徙、戰爭都增多了，智能的視野也拓寬了，人們發現各個社會的風俗信仰都大不相同。雅典這個城邦的內部騷亂成了常態，全城的命運似乎完全由派系鬥爭左右了。視野拓寬的同時，人們的閒暇也增加了，自然界的許多事實開始進入知識領域，也激發人們探討思索。人們因而要問，自然界和人的社會之中究竟有什麼是恆定而放諸四海皆準的？我們要領悟普世的道理與價值，憑藉的是理性；感官則是用來體會改變的——這些不定、多變，與恆定、統一是相對的。感官作用的結果保存在記憶與想像之中，應用到習慣養成的技能上，即是經驗。

因此，經驗再優異也只能表現在各種不同的工藝上，表現在和平與戰爭時期的技能上。鞋匠、笛師、兵士的技能都是在經驗調教下學來的。也就是說，他們的身體器官（特別是感官）與相關的事物一再接觸，接觸的結果保存下來併成一體，終至有預測的能力和實踐的能力。這便是「以經驗爲依據」的本意，這樣得來的知識和能力不是因爲洞悉了什麼道理，不過是一大堆不同的嘗試匯成的後果。「憑經驗」的意思就等於我們現在所說的

「嘗試錯誤法」，而且特別強調嘗試的碰運氣成份。所謂控制能力、管理能力，不過是做的次數多了就摸熟了，等於因循舊例。遭遇的情境如果與以往的類似，照舊樣做也許沒問題；與以往差異愈大，愈可能失敗。即便到了現在，如果說某位醫生是「經驗主義者」，就是指他沒受過正規醫學教育，診病全憑過去誤打誤撞得來的方法。正因爲「經驗」是不科學又不理性的，所以很難維持在最有效的狀態。經驗主義的醫生很容易變成騙子，他搞不清楚自己知道什應、不知道什麼，一旦遇上超出例行狀況以外的事，他就得不懂充懂，作假診斷，並希望自己運氣好，能把別人也唬住。除此之外，他以爲自己懂了一樁事就變成無事不懂。雅典的歷史可以證明，普通的工匠以爲會自己這一行的手藝，就有治家、教育、從政的本領。所以說，經驗總是在僞造、假冒、作態、佯裝的邊緣徘徊，這些東西與眞實不同，而掌握眞實的是理性。

哲學家們隨即按這個道理歸納出一些推論。感官是與欲望、需求、嗜好相關的。感官掌握的不是事物的實在，而是事物與人的快感、痛苦之間的關係，以及事物與滿足需要、肉體福禍之間的關係。感官的重要性只限於肉體的生活，而肉體生活僅僅是崇高生活的底層。因此，經驗的物質性是必然的，涉及的都是與肉體相關的有形事物。理性或科學就與經驗相反，它們掌握的是無形的、理念的、精神的事物。就道德而論，經驗是欠安全的，有類似感官的、肉欲的、物質的、世俗的、利益的意思。純理性與精神卻意味道德上值得稱許。此外，經驗總是扯上改變、莫名其妙的轉向、花樣多之類的含意，這種關係是無法根除的。經驗的素材本來就是反覆不定的，靠不住的。因爲經驗是不穩定的，所以沒有定規。憑經驗行事的人不可能有把握，因爲不同的人經驗會不同，不同的日子經驗會不同，不同的國家裡當然經驗更不一樣。由於經驗是和「多次」相關的，是牽涉多種不同個別情境的，所以又有衝突尾隨在後。

只有單一的、一貫不變的，可以確保連貫與和諧。經驗會導致個人自己的、人與人的意見衝突不和。憑經驗不可能產生堪爲準則的信念，因爲，看各地習俗之不同可以證明，經驗本質上就是煽動各種相對想法的。如果相信經驗，可想而知的後果是，某人只要曾在某時某地相信過一件事物是好的、眞的，這件事物對他而言就是好的、眞的。

終於，實踐必然不出經驗的範圍。行爲都是從需求出發，目標都是求變。製造或生產都是爲了要改變什麼，消耗即是一種改動行爲。變易的一切可厭的特色因此都附著在「行」上，而「知」卻與它所知的的一樣恆久。知是用智能理解、從理論上掌握，是超出變化無常、偶然、多樣的領域的。眞理不會有不足，不會受感官世界騷亂的影響。眞理觸及的是永恆的、普世的。經驗的世界必須遵從知的理性規則，才可能穩定下來，條理整齊。

我們當然不能說以上的這些區分全都私毫未改地傳給後代，但後世人們的思考與教育觀念都深受它們影響。覺得然科學不如數學及邏輯科學；瞧不起感官與感官觀察；認爲愈偏重觀念符號的知識愈崇高而有價值，愈偏重具體的愈不值得去學；鄙視個別現象，除非可以按演繹法歸入普世現象之下；漠視肉體；把一切藝術工藝貶低爲智能的工具，這些態度的撐腰後盾都是經驗不如理性的價值觀，後來再演變爲行不如知。中古時代的哲學思想延續並強化了這種傳統，認知眞實的意思變成與至高的眞實——上帝——交融，爲獲得這種永福而喜悅。人生的終極目的是沉思默禱至高的眞實，行爲只是次要的。經驗涉及的是塵世的、不聖潔的、俗界的事物，實務上的確必要，與超自然的知識目標相比卻是微不足道的。這種動機之外，再加上古羅馬教育的文學特性和古希臘哲學傳統的影響，學校偏重的科目又都是明顯區分貴族階級與其他階級的，三者聯合，難怪重「知」輕「行」的觀念不但彌漫教育思想，也一直支配著高等學府。

2 經驗與知識的近代理論

後文會談到，實驗成爲一種認知方法以後，上面所說的這些觀念才可能、也不得不產生徹底改變。但是，沒走到這一步之前，我們必須略談十七、十八世紀發展的經驗知識論。整體看來，這個時期的概念幾乎把經驗與理性相對關係的古典理論整個翻轉。柏拉圖認爲，經驗就是養成習慣性，或是許多過去的偶然嘗試保留下來的結果總合。理性則是改革、進步、增強控制所依據的原則。全心追求理性的意思是指，突破習俗的限制而理解事物的眞相。在十七、八世紀的改革者看來，根本不是這麼一回事。理性、普世原則、先驗的想法，都是指空白的形模，有待經驗與感官的觀察來予以充實，才能夠有意義有效用，否則就只充塞著積習難改的偏見和權威施加的教條。這些偏見和教條都打著冠冕堂皇的旗號，他們認爲，培根（Francis Bacon）所說的「預期自然」而把人類的意見強加於自然的那些觀念是無益的，一定要擺脫這種觀念的羈絆，從經驗中去發現自然的原貌。求諸經驗就是破除權威，這意味虛心接受新的感想；渴求新發現與發明，而不是耽溺在整理編排那些已經接受下來的觀念，只顧藉它們彼此相對的關係後來「證明」它們的價値。求諸經驗乃是思維拋下先入爲主的成見，闖入事實眞相之舉。

這時候的改變是雙重的。經驗失掉了自柏拉圖以降的實用面含意，不再指行爲的方式和受行爲影響的情狀，變成指思維和認知的一個名詞。經驗的意思變成：對於穩定與抑制理性思考的素材有所理解。在近代的哲學經驗主義者與反對他們的人士眼中，經驗都只是一種認知方式，意見不同的只在這個方式有多好。結果出現了比古典哲學史上更有過之的「主知主義」（所謂主知主義，是指重視知識到了幾乎獨尊知識排除其他的地步）。至於「行」，與其說是居於「知」之次要地位，簡直成了知的殘餘零碎一般。教育的結果不過是要確定把主動的作業完全排除在學校以外，只留下純粹實利考量的習慣操練。另一方面的改變是，因爲把經驗當作手段，使眞理以實物、自然爲依據，導致心智成爲純粹接受的一方。心智愈被動，愈能眞正讓客體下印象。心智如果主動參與，會在知的過程中損及眞知識，反而達不到知的目的。接受性愈大是愈理想的。

客體給心智的印象一般通稱爲感覺，經驗主義因而變成感覺主義（sensationalism）的學說，這種學說認爲知就是接收感官印象、結合感官的印象。最具影響力的經驗主義者是洛克，在他的論述中，這種感覺主義因爲肯定一些心智官能而較爲緩和，例如分辨、比較、抽象思考、概括類推等心智官能，將感官的素材處理成爲確定而有條理的形式，甚至能自行推演出道德與數學的基礎概念等新的想法（見第五章第二節）。然而，他的後繼者，尤其是十八世紀後半期法國的一些後繼人士，把他的學說發揮到了極端，認爲分辨和判斷這兩種心智官能，是其他感覺共同在吾人內在形成的特有感覺。洛克曾說，人的心智出生時是一張白紙，或一片沒有書刻的蠟板（tabula rasa），它沒包含任何內容，但能對它接受的素材有各式作用。他的法國後繼者卻把這些作用能力全都擦掉，說能力也是感覺的印象而來。

前面說過，因爲當時人們開始認爲教育是進行社會改革的一個方法，所以助長了這種想法形成（見第七章第五節）。心智愈是一片空白，我們愈能施加恰當的影響，把它造就成我們想要的樣子。最極端而始終如一的感覺主義者當屬愛爾維休（Claude Adrien Helvetius），他曾宣稱，教育是無所不能的，是全能的。經驗主義反對只從書本求知，在學校教育的領域裡發揮了直接有益的功用。按經驗主義，既然知識是從自然界的事物給人的印象而來，就不可能不用這些事物而取得知識。文字，一切語言的符號，如果沒有先拿出與它們有關聯的事物來，它們能傳遞的只是它們自已的形狀和顏色刺激產生的感覺，這些當然不是多應有教育意義的知識。感覺主義曾是非常便利的武器，可用來打擊完全仰仗傳統與權威極立足的那些教條和主張。對於這類主張，感覺主義都定下一道試題：使這些觀念與想法被接受下來的那些眞實事物在哪兒？如果拿不出實物來，觀念就只是不正確的關聯造成的結果。經驗主義也要求必須有第一手的條件，印象必須是親自體驗的，與直接的、第一手的知識來源離得愈遠，愈易引起誤差，形成的觀念也就愈模糊。

但是，可以預料到的是，這套哲學欠缺積極面的說服力。自然實物的價値和第一手的認識當然不會受理論眞僞的左右，即便感覺主義把它們發揮功用的方式講錯了，它們在學校裡照樣能發揮作用。這樣看來到沒什麼毛病可挑。但是，強調感覺主義也會影響運用自然實物的方式，不能讓學生充分受益。「實物教學」往往把感官行爲抽離孤立，把它當作學習的目的本身。實物愈孤立，產生的感覺性質上愈孤立，感覺與印象的知識單元也愈明確。感覺主義不但朝著這樣機械性孤立的方向作用，把教學降格成爲感覺器官的體操似的（這與身體其他部位的體操一樣有益，但只限於體操的益處），而且忽略了思考。按感覺主義的理論，感官的觀察不需要牽涉思考；甚者，按嚴格的理論，這種思考只可能在事後發生，因爲，思考就是未曾作過任何判斷就接收下來的感覺單元加以結合、區分。

所以，純粹憑感覺的教育方法其實幾乎從未有計畫地試行過，至少過了嬰兒早期就未有過。因爲這種方法有明顯的缺點，所以只能用於灌輸「理性至上」的知識（這類知識即是藉符號表達的定義、規則、分類、應用模式），可以使光禿禿的符號比較有「趣味」一些。感覺主義的經驗論引用到教育的認知理論上，至少有三大缺點。(a)它在過往時代因批判精神而有價值，能搗毀既有的世界觀和政治制度，是破壞頑固教條的利器。可是教育事業是建設性的，不是批判的。教育並不假定舊的想法都該根除、修正，而是假定有必要從一開始就力求正確地，把新經驗建立成思維習慣模式。感覺主義卻很不適合這樣建設性的工作。思維、領悟力都意指對於意義產生的反應，不是對直接的有形刺激產生的反應。事物能夠呈現意義，是從參照其背景關聯而來。如果說知識就是一些感覺印象的混合，意義根本無從存在。就教育上的應用而言，感覺主義不過是把有形事物的刺激作用加以放大，要不然就是把孤立的實物和性質集合成一堆。

(b)直接獲取印象雖然有不假手他人的優點，缺點卻是範圍太有限。例如，直接認識住家周遭的自然環境，確實有益了解個人感官不能直接接觸及的地域，而且可以引發求知欲。如果把這種知的模式當作地理知識的終極目的，就是做繭自縛了。又如，用豆子、鞋釘、籌碼可以輔助數字學習，但除了輔助思考（領會意義）之外，再用它們反而妨礙算術理解力成長。道理是完全一樣的，這些輔助的東西會把理解力困在特定有形象徵的層面。人類發明了專用的符號當作計算與數學推理的工具，因爲用手指當數字符號不方便。學習的人必須從具體的符號進入抽象符號的層次，抽象符號的意義必須藉概念思考才可理解，而學習早期如果太過專注在實物的感覺上，會妨礙概念思考的成長。

(c)獨尊感覺的經驗論隱含的心智發展心理學，是徹底錯誤的。經驗事實上是一種行爲，是本能的、衝動的行爲與事物相互作用的過程。即便是嬰兒的「經驗」，也不是被動地接收客體形成的印象，而是撥弄、抛擲、敲打、撕扯等動作對客體造成的影響，以及客體因而對動作的方向形成的影響（見第十一章）。就根本而論，古人認爲經驗是「行」的想法是比較正確的，後來的觀念認爲經驗是藉感而「知」的模式卻有問題。經驗本來有很重要的主動及肌肉運動因素，經驗主義哲學忽視這一點乃是不可彌補的錯誤。最無趣最呆板的學習，莫過於在實物教學課上完全不顧學生自然的學習傾向，不讓學生在想拿實物做一件事時使用這個實物，再從使用中認識該實物的性質。

所以，顯而易見，近代經驗主義的哲學就算理論上能得到更廣泛的贊同，也不可能針對學習過程提出一套令人滿意的哲學。經驗主義在教育上的影響，只限於給舊課程注入一點新的因素，導致舊的科目和教學法有些許改變，例如，對於直接觀察事物和圖片圖表說明更加重視，減輕了使用文字符號的重要性。但是，經驗主義實在太簡陋，不得不借重感官知覺以外的知識，以及比較直接訴諸思考的事物。因此它不曾損害到知識性與抽象的範圍，也就是說，沒有減損「理性主義」的科目。

3 經驗即實驗

前文提示過，重感覺的經驗主義既不是近代心理學證明有理的經驗觀，也不是近代科學方法表現的知識觀。就前者而言，感覺的經驗主義忽略了最重要的主動性的反應，人以主動的反應使用東西，因發現使用的結果而理解這東西的性質。大概只要不懷偏見地觀察嬰兒五分鐘，就會知道他取得知識並不是被動地接收彼此孤立的聲音、顏色、硬度等性質給他的印象，就可以推翻感覺主義的論點。因爲，嬰兒對於刺激的反應是觸摸、抓搆等動作，藉此觀察用肌肉動作反應感官刺激會有什麼結果。嬰兒學到的不是一個個獨立的特質，而是他的動作對這被他抓搆的東西會有什麼影響，以及他的行爲會引起事物或他人什麼改變。換言之，嬰兒學到的先後關聯。甚至紅顏色、尖聲音之類的特性，嬰兒也是依據這些特性引起的動作。動作造成的影響來區分與辨識。我們會知道哪些東西是硬的、哪些是軟的，是憑主動試驗過這些東西會怎樣表現、能用它做什麼、不能用它做什麼。小孩子也一樣，能夠了解別人，是憑發現別人會做出什麼舉動，對孩子的行爲會怎樣回應。知道事物會對我們「做」什麼（不是在被動的頭腦中留下有關其性質的印象）而影響我們的行爲，因此更進一步做某些行爲、卻中止另一些行爲，知道我們能對「它們」做什麼而導致新的改變，這就是經驗。

自十七世紀起徹底改變吾人認知的科學方法，也教給我們同樣的教訓，所謂科學方法，不過是在審愼控制的環境條件下進行實驗的方法。在古希臘人看來，如果認爲鞋匠往皮革上打洞、用蠟與針線作業之類的行爲足以教導人們認識世界，顯然是荒謬的。必須求諸理性形成的概念，才可能得到眞知識，這似乎才是定理。其實，實驗方法被普遍採納，正是因爲這樣在控制好的條件下進行的作業，才是獲得並檢驗自然知識的有效方法。換言之，只要是在以取得知識爲目的（不是爲了做生意）的前提下，做一個將酸液倒在金屬上的作業，就可掌握到自然科學以後可依據的原則。感官的知覺當然是不可或缺的，這個時代的科學依賴自然的、習慣性的感官知覺，已經不像古時候那麼多。人們不再像古時候那樣，以爲感官知覺隱含著某種普世皆然的「形」或「樣」，感官知覺只是僞裝的外表，用理性思考就可以把它們戳破。反之，人們把改變並擴大感官知覺取得的數據當作第一要務：利用望遠鏡與顯微鏡的鏡頭，以及各種實驗用具，來幫助感官應對所觀察的實物。如果要用能夠激發新想法（假說、理論）的方式來達成這個要務，就必須有比古代科學所知的更多的普遍概念（如數學概念）。這些普遍概念卻也不再能供應知識了，它們成爲設定、執行、解釋實驗研究的用具，也是將實驗結果規劃成公式的用具。

由此產生的合理結果即是新的經驗哲學與知識哲學，這個哲學不再認爲經驗是與理性的知識及解釋對立的。經驗不再是把過去在多屬偶然情況下所作所爲做一番摘要而已，而是刻意控制行爲，盡量使我們遭受的與作爲的事能夠帶來聯想的意義，經驗也是測試這些聯想正確與否的工具。試驗的行爲一旦不再盲從衝動或習俗，一旦能受目標導引，而且按準則與方法實行，就變成有理由的，有理性的。一旦我們遭受事物影響不再是偶發狀況，這種處境一旦變成是我們事先設定目的的行爲帶來的後果，它就變得有合乎理性的意義，變成有啓發性、有教育意義了。以前的人類處境曾經使經驗主義與理性主義對立有意義而言之成理，那種背景支持已經不在了。

這種改變對於純實用與純知識性科目對立造成的影響，也是不言而喻。兩者的區分不再是固存的，而是視情況而定，這些情況也是可以調整的。實用的活動可能在知識方面是狹隘而沒價值可言，但是，只要不是照章行事的，不是在權威指揮下才做的，不是只爲得到外在成果才做的，就不至於如此。童少年期，就學期間，正是可以進行導正的時候。前文已經討論過思考、從幼稚期工作遊戲形態到有邏輯條理的教材，本章不再重複。本章與上一章的討論應該能加深前面討論過的意義。

(*i*)經驗本身主要是包含人與其自然環境及社會環境之間的主動關係。有時候主動力量在環境的這一邊，人的行爲會受到阻撓或偏移。有時候，周圍事物和人們的作爲把個人的行爲動向帶到成功的結果，如此一來，個人遭受的也正是他原先想要做到的。個人遭受的與他反應的作爲之間愈能有所關聯，他對環境的作爲與環境對他反應之間愈能有所關聯，那麼，他的行爲與他周遭的事物也就愈能解釋出意思。他可以學會了解自己和人事物的世界。有目的的教育或學校教育應當營造這樣的境境，使這種互動作用促成理解。這樣理解的意義非常重要，可以輔助進一步的學習（見第十一章）。先前一再說過，學校外的活動並沒有刻意爲促進理解力與培養智育意向而安排，其學習成果雖然是重要的、實在的，卻受到許多環境條件限制。學生的能力有的未被發掘，也未受導引；有些能力只受到偶爾的心血來潮的刺激；有些才能被養成固定一套的習慣，放棄了目標和創造力的啓發。學校該做的不是把學生從一個活動環境搬到一個塡塞別人學識記錄的環境裡，而是把學生從較屬偶然的活動（就洞察力與思考刺激而言是偶然的）的環境帶進針對導引學習而安排活動的環境。大略檢視一下那些已經發揮作用的改進後的教學法，就可以看出，它們大致都掌握了要旨，不再認定「智育」科目與主動性作業是對立的，而是將實行的作業智性化。這種原則掌握必須更加穩固。

(*ii*)社會生活的內容正在改變，大大有益於選擇可以將學校作業與遊戲智性化的活動。古希臘和中古時代的社會環境裡，能夠順利進行的實用活動大多屬於一成不變的與外力指示的，甚至屬於奴僕做的，難怪教育者認爲都不適合用來啓迪智能。現在卻不然了，即便家務、農業、製造業、運輸、交往，都處處可見應用科學。許多從事這些事務的人並不知道自己所做的多麼借重知識，這乃是事實。正因爲如此，學校教育更應當納入這些作業，教未來的一代獲得如今普遍欠缺的領悟，使他們以後做事不再是盲目地做，而是運用智能而做。

(*iii*)傳統的知行分離和純粹「知性」科目的傳統威望，遭到的最直接的打擊，就是實驗科學進步帶來的。這方面的進步證明的最重要的一件事，除了從「行」得來的，此外沒有所謂的純正知識與有效果的理解。必須懂得如何分析並重組事實，才可能有知識上的增長、解釋與分類能力的增進，然而，分析重組卻不是純粹只用腦筋就學得成的。人若想明白什麼事，必須對事物「做」出行動，必須改變既有的狀況。這是實驗室方法的一課，也是一切教育都該學的一課。實驗室的發現改善了勞動的條件，使勞動也可能增進智能，不再只是製造看得見的成果。目前看來實驗室的成就似乎只是增添新的專業技巧，這是因爲實驗室大體上仍是被孤立的資源，沒有趁早讓學生運用，大多是遲至學生不能充分利用其優點的時候才用，即使是這時候，實驗室依然被維持知行二分傳統的其他科目所包圍。

摘要

招致古希臘人思考哲學的，是傳統習俗與想法愈來愈節制不了人的生活。所以他們抨擊習俗，要從生活與觀念中找出別的權威來源。由於他們希望觀念有理性的標準依歸，又把經驗與失去效用的習俗畫上等號，所以硬把理性與經驗置於對立。理性愈受推崇，經驗就愈被貶抑。既然經驗就是人們在生活情境中所做的、所承受的，「行」在哲學中也遭到同樣的貶抑。這種影響，加上許多其他勢力，把高等教育中所有最用不著感官觀察和身體活動的教學法和課題的價值誇大。十七、八世紀開始反抗這種觀點，除了訴諸經驗，並且抨擊所謂的純理性概念。理由是，理性的概念不能沒有具體的經驗結果爲基礎，否則就只是表達偏見與制度化的階級利益，所謂理性之說不過是幌子。但是，不同的環境條件又導向把經驗視爲純粹的認知，忽略了經驗固有的主動與情緒面向，把它當作被動地接受孤立的「感官知覺」，因此，這一派新理論促成的教育改革，主要只是剔除了舊教學法之中的一些迂腐氣，並沒有做到一貫的整頓。

心理學、工業方法、科學的實驗方法分頭發展進步的情況下，使經驗論的另一種概念明顯可行了。這個理論重申古代的觀點，經驗基本上是實行，不是認知，而是行爲與承受行爲帶來的後果。與古代論點不同的是，肯定行爲可以因爲受導引，而自行納入思考提示的內涵，從而產生扎實檢驗過的知識。「經驗」不再是只憑主觀體驗的東西，而是有實驗性質的了。理性不再是高深莫測的官能，而是指一切能夠使行爲含有意義的資源。就教育的立場而言，這種改變指向前文細述過的那種學習科目與教學法的方案。

第二十一章

自然學科與社會學科：

自然主義與人文主義

自然科學與文學科目在學校課程中爭位的衝突，前文已經談過。到目前爲止，解決的方法不外乎頗爲硬性的折衷，把課表分割給以自然或人文題旨的兩個陣營。這種局面乃是外力調整教育價值觀的又一個例子，注意重點放在自然與人事相關聯的哲學思考上。我們也可以說，二元論的哲學是這種教育分歧的反映。思維與外在世界變成各自獨立存在的兩個領域，彼此有一些接觸點。按這個觀點看，兩個領域當然就會各有自己的一組相關科目，甚至科學的課目增多被指爲物質主義哲學侵佔精神哲學版圖，也是想當然爾的了。不論何種教育理論，凡是有心使教育方案趨於統一的，都必須面對人與自然之關係的問題。

1 人文科學的歷史背景

古典希臘哲學不是像現代這樣呈現這個問題，這一點必須注意。蘇格拉底的確像是曾經認爲，自然科學既不可能成立也不怎麼重要。知識的主體是人的本質與目的。一切重要的知識——一切道德的社會的成就——都附屬於這個主體。柏拉圖卻做了修正，認爲知識的掌握應以自然的根本特徵爲基礎，爾後才能了解人與社會。他的主要著述《理想國》（*The Republic*）既有道德、社會組織爲主題，也是形而上學與自然科學的論說。由於他同意蘇格拉底所說的，道德的社會的成就都仰賴理性的知識，所以他不得不討論知識的本質。他同意知識的終極目的是發現人的善或存在目的，並且不贊同蘇格拉底所說的「我們能自知的只是自己的無知」，所以他把人的善與自然界根本之善或目的連在一起討論。要確定人的目的，不可能不談自然法則統一依歸的那個目的。因此，他的哲學一貫把文學科目（歸納在音樂的科名之下）排在數學和物理後面，也排在邏輯學與形而上學的後面。但是他又認爲，自然的知識不是以了解自然爲目的；學習自然知識只是一個必要的階段，目的是使思維覺悟，人（集體與個人）的行爲是受生命存在終極目的規範的。換成現代人的講法就是，自然學科是非學不可的，但這是爲了人文與觀念的目的而學的。

亞里斯多德在自然學科方面的論點更有過之。他把公民關係放在純粹認知的生命之下（見十九章第一節末）。人存在的至高目的不是人情的而是神性的，是參與構成神性生命的純知。這種認知面對的是普世的與必要的事，所以能在最佳狀態的自然界，找到比人生短暫事物更恰當的學習題材。假如我們只看哲學家們在古希臘生活中代表的意義，不看他們理論的細節，我們可以概要地說，古希臘人對於探索自然事實、對於欣賞自然的興趣太濃了，對於社會根源於自然、受制於自然法則也太了然於胸，所以不會想要使人與自然發生衝突。然而，到了後期，有兩個因素合謀把文學和人文學科目推向崇高地位。一個是文化愈來愈懷舊仿古的特質，另一個是羅馬時代的政治傾向與詞藻嗜好。

古希臘的文明成就是本土的，亞歷山大文化（公元前二至三世紀）與羅馬文化卻是承襲外來的，所以，要尋找材料和靈感時不會直接求諸自然與社會，只會回顧承襲的源頭。這對教育的理論和實踐有什麼影響，海區（Hatch）說得再清楚不過：「希臘既喪失政治勢力，又坐擁不可剝奪的輝煌文學遺產……會推崇文學修養是很自然的。文學修養會反映在言辭上，也是很自然的。……希臘世界的大多數人會主張去學過往時代的文學、養成言語優雅的習慣，自那時候起這就被通稱爲教育。……我們自己的教育直接從那個傳統而來。希臘時代定下的教育範例一直到前不久還盛行於整個文明世界。我們唸文學而不唸自然，因爲古希臘就是這麼做，也因爲羅馬人羅馬轄地的人決定給兒子受教育時僱了希臘老師，循著希臘軌跡走」。[1]

所謂羅馬人的喜好務實，也朝著同一個方向走。他們繼承希臘人留下的思想，不但走了成就文化發展的捷徑，而且取得了正適合他們發揮管理才能的資料和方法。他們並不把務實天才運用到征服自然上，而是用來控制人。

海區先生在前面的一段引文中說，我們唸文學而不唸自然是因爲古希臘人和希臘人教出來的羅馬人這麼做，這是把大段歷史用想當然爾的態度看待了。從那時候起到現在的十幾個世紀是怎麼串聯起來的？這個問題暗示，野蠻時期的歐洲也在重演羅馬時代的情景，只是規模和強度都比羅馬猶有過之。中世紀的歐洲必須仿傚希臘羅馬，他們的文化也不是自己演進的，也是借來的。不但一般的想法和藝術呈現是從別的民族的史籍找出來的，連法律範本也是。如此倚賴傳統，又被那個時期居統御地位的宗教信仰制度變本加厲，因爲教會引證的著述都是用外國文字寫的。每件事都指向認定學習就是學會語文，而且把有學問的人才會的語文當作文學的語文，不用本國的語文。

這個時期的教材還非得用辯證法教學不可，我們必須明白了這一點，才知道情況嚴重到什麼程度。從學術復興的時代起，經院哲學（scholasticism）常被當成罵人的名詞。其實這個字的意思是指中世紀學院中的哲學、神學教授所用的治學法，本質上不過是專供傳授一套權威眞理用的高度系統化方法。由於研讀的材料是文獻，不是當代的自然與社會，所以是專門用來界定、說明、闡述典籍的，不是用來探索、發現、發明的。把適合用在現成教材上的這套方法發揮得淋漓盡致，就可謂之經院哲學。只要學校仍然照著教科書教，仍然以遵奉權威與學習典籍爲主而不重視發現與探索，就是連經院哲學還不如，充其量只是扣除了邏輯精確性與條理的經院哲學。除了方法不夠嚴謹之外，現代的學校教育與經院哲學的唯一差別是，學生必須學習的權威文獻又增加了歷史、地理、植物、天文。

結果是，希臘的傳統不再。在希臘傳統中，對自然知識的追求是以人文的興趣爲出發點，認識自然乃是確立人性的生活目標的基礎。中世紀的人生卻一切以權威爲依歸，並不藉助於自然。自然知識反而是頗受疑忌的東西。探討自然是危險的，因爲這可能使人不再

1 見海區著《希臘觀念與習俗對於基督宗教教會之影響》（*The Influence of Greek Ideas and Usages upon the Christian Church*），頁四三——四四。

依賴那些已經包含了生活規則的典籍。再者，唯有藉觀察才可能認識自然；觀察是要訴諸感官的，而感官是物質層次的東西，與純精神的思維是相對立的。此外，自然知識帶來的效益純粹是有形的、俗世的，都是和肉體與一時的安樂相關的，傳統文獻卻是關係著人的精神生活與永恆幸福的。

2 近代對自然科學之重視

十五世紀的學術復興或文藝復興運動，其特徵就是重新關注人的現世生活，從而對於人與自然的關係萌生興趣。文藝復興挑戰一切唯超自然是從的立場，就這一點而言可以說是自然主義的。如果說，這種立場改變是回歸古希臘異教文學的影響力造成的，也許是言過其實。促成改變的主要動力當然是當時的環境條件。但是，受了教育的人在充滿新觀點的情況下，渴望從希臘典籍找到意氣相投的滋養與助力，也是不爭的事實。這種興趣未必是衝著典籍中的文學而來，有相當大的成分是受它表達的精神的吸引。精神上的自由、欣賞自然之秩序與美，曾經帶給希臘思想活力，此時再度引發人們自由自在地思考觀察。十六世紀的科學史顯示，自然科學初期的思想起點大多是從重拾對希臘典籍的興趣而來。如溫德班（Wilhelm Windelband）所說，新興的自然科學是人文主義的女兒。當時最盛行的觀念是，人是小宇宙，世界是大宇宙。

這項事實使人再度想到一個老問題：後來自然又與人分離，語文學科和自然學科的界線分明，是怎麼造成的？原因可能有四。(a)舊傳統在各種制度中早已佔穩不可動搖的地位。政治、法律、外交仍然是權威典籍的分枝，因爲社會科學的發展，是在物理、化學等科學方法有更大進步以後，生物學的進步又更晚了。歷史科的處境也一樣。此外，有效的語文教學法已經發展成功；學校裡一向存在的惰性作用是站在它們這一邊的。經院派組織的學院裡，本來沒有新興的文學興趣（特別是希臘典籍的興趣）的容身之處，這股勢力一旦攻進學院，使和舊學術聯手，合力把實驗科學的影響降到最低。擔任教職的人幾乎都沒學過科學；有充分科學知識的人都在私人的實驗室裡研究，或透過肯推展研究的學術機構中介工作，這些機構卻沒有形成學校組織。結果就是，鄙視物質層次與感官和雙手的那個貴族傳統依然保持強勢不衰。

(b)宗教革命運動引發大量的神學討論與爭辯。相爭的雙方都要引用經典文獻，都必須培養能研讀能闡述引據經典的人才。訓練人才爲自己的信仰與對手辯論，以宣傳防堵對方的勢力入侵，成爲雙方極重大的要務，以至於到了十七世紀中葉，中學大學裡的語言教學幾乎都被復興的神學興趣俘虜，當成宗教教育和教會爭論的工具。所以，如今語言在教育中的處境來源，不是直溯到文藝復興時代，而是適應神學用途的結果。

(c)自然科學產生的方式也使人與自然的對立更趨尖銳。培根的觀點即是自然主義與趣與人文主義興趣結合的完美範例。他認爲，科學既已採用觀察與實驗的方法，就該打消對自然有所「預期」的企圖，意即，不要把預設的成見加諸自然，應該謙卑地做自然的詮釋者。人從心智上順從自然，才能學會實際上指揮自然。「知識即力量」，這句格言的意思是說，人能藉科學支配自然，用自然的力量來執行他的目標。培根抨擊舊的學術與邏輯純粹是好爭論的，主旨只是要在辯論時獲勝，不是探求未知。透過他在新邏輯中提出的新思維方法，廣闊的發現之紀元將會開啓，新的發現以後將在爲人類服務的新發明中開花結果。人類終將放下徒勞的、永不休止的互相壓制，改爲致力於合作駕馭自然爲全人類謀福的任務。

培根大致預言了後來進步的方向，卻把進步「預期」早了。他不曉得新科學將有很長一段時間要爲人類的舊目的受剝削。他以爲新科學很快就會帶給人類新目的，結果它卻讓一個階級掌握達到舊有目的手段，爲了擴大權勢而犧牲另一個階級的福祉。如他所料的是，科學方法革新之後，跟著來的就是工業革命。但是，科學方法革新了幾世紀之後才有新的思維產生。新科學的應用使封建主義註定敗亡，因爲科學的應用把勢力從貴族地主手中轉移到製造業中心。然而，取代封建主義的不是社會人本主義，卻是資本主義。生產和商業只顧進行，好像新科學是沒有道德功課的，只有爲私利考量的生產節約與利用儲蓄等方面的技術功課。這樣應用自然科學（最顯而易見的是物理科學方面）使自稱人本主義者的人更理直氣壯地說，科學是物質傾向的。科學只管賺錢、省錢、花錢，人文關注方面卻是一片空洞；語文與文學就把對人類道德與理念的關注攬爲自己所有。

(d)有些哲學思想自稱以科學爲基礎，以科學實質意義的合格代表者自居，卻都主張思維（人的特性表徵）與構造自然界的物質嚴格二分；要不然就是公然行機械論之實，把人類生命的顯著特徵貶爲幻想。二分法的觀念容許某些科目承包了精神價值，間接地鼓勵它們以優越者自居，因爲人類畢竟會把自己的事看得重要。機械化的結果則是引起人們質疑自然科學的價值，這種反應又把自然科學當成人類更高層次知識的敵人。

古希臘和中古時代的知識接受外在世界本質的多樣，認爲自然的作用有其目的，也就是學術用語所說的目的論。新科學的闡述是，否認一切性質的實存性或客觀存在，把聲音、顏色、目的，以至於善與惡，全都視爲純粹主觀，都只是腦中的印象。客觀存在只有量的面向（例如運動中的質量），差別只在某個空間聚集的質量比另一空間的大，有的空間中的運動速率大於其他空間的。少了質的區別，自然界就欠缺有意義的變異。新科學強調的是無差異，不是多樣性；理想應該是發現一條可以同時通用全宇宙的數學公式，一切看來各有不同的現象都可以從這一條公式導出。這是機械論哲學的意思。

這樣的哲學不能呈現科學的直實要旨。它把科學的技術當成了科學本身，把儀器和術語當成了事實本身，把方法當成了主題內容。科學的陳述只限於提供條件，以便我們預測並掌握事情的發生，事情的性質方面則略過不提，所以會有機械性的、表諸數量的特色。

略過不提並不能把它們排除在事實之外，也不是貶入純粹心理的領域；科學不過是供給可用來達到目的的手段。雖然科學進步的確加強了人類掌控自然的能力，使人類能把目標建築在比以往都更穩固的基礎上，也使人類的作爲幾乎可以隨意多樣化，可是，自稱要闡述科學之功績的哲學，卻把世界簡化成物質在空間之中無益而單調的重新分配。所以，近代科學的立即影響，是更凸顯物質與精神的二元性，並且從而確立自然學科與人文學科這兩個領域互不相涉的局面。既然事情的好壞比較離不開經驗的「質」，凡是用哲學觀點解釋科學的理論，都不可以把經驗排除在事實內容以外，否則必定會把最有趣、對人類最重要的部分遺漏。

3 現今的教育問題

實在說，經驗不會分辨什麼是人的關注，什麼是純粹機械化的自然世界的事。人的家就是自然；人要完成自己的意志和目標，都要依賴自然的條件。和自然條件分離的目標，變成空虛的夢和無聊的妄想。從人類經驗的立場來看，也是從教育事業的觀點看，自然與人的任何區分，凡是可以言之成理的，都是人在形成與執行可實現的目標時必須考慮的條件，以及這可實現的目標本身之間的區分。這個觀點可以用生物發展的學說證實。按生物發展原理，人與自然是連續一體的，人不是從外面介入自然運作的。科學的實驗方法更可以證實這一點：自然知識產生是因爲人要按自己的想法導引自然力量，而想法又是從人們爲社會用途處理自然事物的過程中產生。社會科學（例如歷史學、經濟學、政治學、社會學）每向前進一步，都在證明，唯有用自然科學典型的收集資料、形成假設、實地檢驗的方法，唯有把物理與化學確認的專門知識用在促進社會福利上，才是解決社會問題之道。精神病患、酗酒、貧窮、公共衛生、都市計畫、自然資源保護、建立有益公共福祉卻不削弱個人主動權的政府機制，這些棘手的難題可以用先進的方法解決，都證明吾人的社會要務直接依賴自然科學的方法與研究結果。

教育應該以人文學科與自然學科這種密切相互依存的關係爲起點，不要把科學與文學分隔兩邊，一邊是研究自然，一邊是記錄人的興趣。教育該做的是，以自然科學和歷史、文學、經濟、政治等人文學科交互影響爲目標。就教學方法的角度看，這樣做是比較簡單的，不必把科學當作一套套的專門知識和操作形式，也不必把人文科目孤立到另一邊。兩者壁壘分明乃是硬把學生的經驗一分爲二。學生在校外體驗自然的事實與原則，都是與人的各式各樣行爲相關聯的（見第三章第二節之2）。他們所參與的一切社會行爲之中有什麼素材與過程，都是他們該理解的。一上學就破壞他們這種固有的關聯經驗，會打亂他們心智發展的連續性，使學生感覺課業中有弄不清楚的不眞實性，從而喪失應有的學習動機。

教育提供的機會，本來應當使每個有心增進專精科學才能的人都可伸展志趣，並投入各自喜好的職業。目前的學生往往只有兩個選擇，一個是學習某科目之始就面對前人的專精學識成果，而內容與學生的日常經驗是隔閡的。另一個選擇是，面對內容五花八門的自然科，教材是隨意採用的，沒有一定的宗旨。大學裡習慣的做法是，讓學生從分門別類的科學教材著手，教材內容是配合有志成爲專家者的需求。這個習慣也帶到高中裡，高中生學的同一套東西加以簡化處理的版本，艱深的地方輕輕帶過，論題簡化到假定他們應有的程度。這樣做的原因是要遵循傳統，不是有意堅守二元論哲學。但後果是一樣的，正如目的是要灌輸自然科學和人彼此互不相關的觀念。對於根本不會成爲專業科學家的學生而言，初學時就面對專家學識編成的教材，必然免不了這種二分法，而科學教學效果不彰的重要原因就在這種分隔。就算所有學生都是可以調教成科學專家的材料，這種做法是否最有效果，仍令人質疑。既然絕大多數學生學習科學課的目的，只是爲了讓心智習慣受科學影響，變得思考更靈敏、心胸更開闊、更樂意嘗試接納或檢驗別人明示暗示的想法，只是爲了多了解一下自己生活的環境，那麼，這樣做當然就欠明智了。其結果往往是，學生只學到了皮毛，膚淺得連科學也算不上，卻又專門得不能應用到平常的事務上。

若要利用平常的經驗取得科學素材與教法上的進步，同時維持這些素材及教法與熟知興趣的關聯，如今要做是比以往都容易的。如今文明社會中所有人的一般經驗，都與工業化過程及結果有密切相關性。這些過程與結果又都是科學起作用的實例。固定發動機、牽引機、汽油引擎、汽車、電報、電話、電動馬達，都直接涉入大多數人的生活，學生自小就實地認識了這些東西。不但他們的父母親從事的工作要倚重科學的應用，家務、保健、街上的景象也都在呈現科學成就，並激發他們對於相關科學原理的興趣。由此可見，科學教育的教學法不該從講授一些標明了是科學的東西開始，起始點應該是利用常見的事情和用物來導引觀察和實驗，讓學生從了解它們平常實際作用中領悟一些基本的科學原理。

有人認爲，這樣從具體化實例學習科學，不從理論的抽象概念學習，有損科學的「純度」。這是誤解。事實是，不論什麼科目，愈能讓學生盡量從最廣的意義範圍來理解，就愈具有文化性。理解了事物的因果關係和背景，才能理解其意義。如果我們既能從專門知識的架構裡看科學事實和科學法則，又能從人的事務脈絡中來看，那就能擴大科學事實及法則的意義，並增加其文化價值。假使經濟的意義是指有金錢價值，科學在經濟上的直接應用可謂是附帶的、次要的，但仍是它實有關聯的一部分。要點是，理解科學事實要從它的社會關聯著眼，要從它在生活中的功用來看。

至於「人文主義」，基本上是指，對於人的關注充滿知性領悟。社會關注（其最深層的意義等於道德關注）必然是最爲重要的。理解人、知道人的過往、熟悉人的文獻記錄，這些知識和有形的實物細節的累積，一樣可能成爲專門領域的資產。許多事是人可能忙於做的，例如賺錢、熟悉實驗室操作、累積語文方面的大量事實、獲取歷代文學作品。這些行爲如果不能拓寬生活的想像視野，那就和小孩子的瞎忙沒什麼兩樣，只有表象，沒有實質精神。這樣忙著做很容易流於守財奴存錢的行爲，做的人只爲自己得到的而得意，不是因爲他從其中發現意義而感到自豪。任何科目學習，只要能夠增進對於生命價值的關注，只要能使人對於社會福祉更多關切、更有能力來促進社會福祉，都是有人文精神的。

古希臘的人文主義精神是本土的，也是強烈的，眼界卻是狹窄的。希臘文化圈以外的人全被視爲野蠻人，不值一顧，除非是與希臘爲敵者。希臘思想家的社會觀察和推論儘管尖銳，卻沒有隻字片語證明希臘文明不是自我封閉而妄自尊大的，顯然完全沒有料到他們自己的未來要聽命於他們鄙視的外族。希臘社會內部雖有強制的社會精神，卻受限於社會結構的事實，因爲高尚的文化建築在奴隸制度和經濟農奴制度的基礎上。亞里斯多德曾宣稱，這些階級對國家存在是必要的，但並不是國家純正的一份子。科學發展促成了工業革命，使不同的人群藉殖民和商貿彼此有了密切接觸，某些國家雖然仍舊瞧不起別的國家，但哪個國家都不可以幻想自己的前程是完全操在自己手中的。工業革命也廢除了農奴制度，製造了一個大致有組織的工廠勞工階級。這個階級有公認的政治權，並且要求在工業中擔起負責管理的職務，許多家裕者自從階級藩籬打破後，與較不幸的階級有了更近的接觸，因而能以同理心看待這些要求。

會有這種形勢，可以說是因爲以前的人文主義忽略了經濟和工業，所以是片面的。在那種情況下，文化必然只代表直接控制社會的那個階級的知識與道德觀。這種傳統就文化而言，如前文所說（見十九章末），是貴族的。這種文化強調的是階級的差異，不是基本的共同利益。它是以過去爲標準的，因爲它的目標是保存既已得到的，而不是將文化的領域廣泛擴大。

工業以及一切與生計相關的因素受到重視之後導致的改變，常有人指這是在抨擊舊時代留下的文化。其實，廣闊一點的教育觀，會把工業活動設想爲便利一般大眾獲取知識資源的中介，這股力量也能使資源優越者的文化更穩固。簡而言之，我們若能一面考量科學與工業發展的密切關係，一面也考量文學及審美薰陶與貴族社會體制的密切關係，就會明白技術性科學科目與優雅文學科目對立的原因了。我們必須克服眼前這種一分爲二的現象，才可能有眞正民主的社會。

摘要

人與自然對立的二元論哲學，反映在自然學科與人文學科的分歧現象上，而人文學科有簡化爲過去時代文學記錄的趨向。這種二元論並不是古希臘思想特有的。部分原因在於古羅馬文化與野蠻時代歐洲文化不是自己本來的，而是直接或間接從古希臘借來的。部分原因在於，政治的與教會的環境都強調引經據典。

近代科學自興起之始，就預言要修復自然與人文的密切關聯，因爲新科學把自然知識視爲促進人類福祉的工具。但是，科學比較直接的應用卻是符合一個階級的利益，沒有爲人的共同利益著想；主流的哲學論點多半把科學劃爲純物質性，與精神性且非物質的人界線分明，要不然就是把人的思維簡化成主觀的幻想。所以教育觀念也多半把科學當作另外一套科目，內容都是有關物質世界的專門知識，卻把舊時代的文學科目當作截然不同人文科。前文討論的知識演變，以及基於這些演變而作的課程安排，目的都是要克服上述的劃分，並且承認自然學科在人的事務之中應有的地位。

第二十二章

個人與世界

1 純屬個人的思維世界

前面討論過導致工作與休閒、知與行、人與自然分離的影響力。這些影響力結果造成教材分裂成互不相關的科目。許多將身與心、理論知識與實踐、有形作用與理念目的相互對立的哲學，也都有這些影響存在。就哲學而言，各種不同的二元論的發展結果是，個人思維與外在世界之間劃出鮮明的界線，所以個人與他人也是界線分明的。這種哲學見解與教育常規的關係，雖然不像前面三章討論的要點與教育的關係那麼顯而易見，有些教育觀念卻是與它相符的。例如，假定教材（對應世界）與教學法（對應思維）之間存在對立；例如，把興趣當作純粹私人的東西，與學習的教材沒有關聯。本章除了談到教育方面的影響，也要說明，思維與外在世界的二元論哲學是有誤的，其關於知識與社會利益的關係、個別性或自由與社會控制及權威之間的關係的概念是錯誤的。

思維等於個人自我，個人自我等於私人的心靈意識，這種說法是比較晚近才有的。在古希臘和中古時代，普遍的慣例是把個人視為宇宙智慧和神聖智慧運作的管道。個人自己不是知者，知者是在個人內在作用的「理性」。人不可阻撓理性，這是會損及眞實的。個人愈不能透過理性而知，他愈不能得到眞知識，所知的都是自大、錯誤、自以為是。古希臘人可以靈敏地觀察，自由地思考，自由到了不負責任臆測的地步。所以，理論推致的結果都只是欠缺實驗方法證明的推論。因為沒有實驗方法，既不能求知，也不能受他人探討結果的檢驗。既然沒有受他人檢驗的負擔，人的思維不能在智能上負起責任；知的結果可信與否，端看其中的審美連貫性、宜人的特質，或其作者的威望。在歐洲智識未開的時期，人們對於眞理仍懷著謙卑態度，認爲重要的知識是神揭示的，人的思維能做的不過是鑽研神賜的知識。既然想法都是風俗傳播的，除了比較刻意表達哲學的面向，沒有誰會想到把思維和個人自我當作同一樁事。

中古時代曾經通行宗教的個人主義。生命最深切的關注就是個人靈魂得救。到了中世紀的晚期，這種隱性的個人主義在唯名論哲學（nominalism）中有了確切系統的表述。按唯名論，知識的架構是個人從自己的行爲和心理狀態在內在建立的。十六世紀以後興起經濟的、政治的個人主義，加上基督教新教發展，強調個人有權利義務自己追求知識的時機才成熟。這才導致另一個觀點：知識完全是憑個人私下經驗獲得的。於是，思維——知識的起源與持有者——被當作純屬個人的東西。教育方面的改革家們，例如蒙田（Michel Eyquem de Montaigne）、培根、洛克，從此激烈駁斥一切道聽途說的知識。他們都主張，某些想法即便恰好是眞實的，也不算是知識，除非是在個人經驗中產生，受個人經驗檢驗的。生活的各個層面都在反抗權威，爭取行爲與探討自由的奮鬥不懈，導致個人的觀察與想法十分受重視，結果是將思維孤立，與它要認知的世界隔開了。

這種孤立表現在認識論（epistemology）這一派哲學的盛大發展上。認爲思維即自我，樹立自我是獨立自足的觀念，都造成思維的心和外在世界之間隔閡愈深，人們甚至要質疑是否眞的可能認知。既然主體（認知者）和客體（被認知之事物）是彼此完全隔離的，就必須擬出一套理論來解釋雙方如何產生關聯，再因關聯而產生有效的知識。這個問題，加上相關的另一個問題：外在世界與思維的心有無彼此作用之可能，幾乎變成當時哲學思考的唯一大課題。鑽研這個題目得來的結論包括，吾人不可能認識世界之眞貌，只能得到世界留在心中的印象；除了個人的思維以外沒有別的世界；知識只是思維本身的不同狀態的某種聯結。這些理論的對錯，不與本書的討論直接相關，但是這些拚命一搏的解答都曾被普遍接受，可見思維凌駕實有世界到了什麼程度。用「意識」指思維的用法愈來愈常見，這種用法假定人的內在有一個意識狀態與變化過程的世界，與自然及社會都沒有任何關聯，人對於這個內在世界的認知是最眞確最直接的。這是思維凌駕實有世界之上的又一證明。簡而言之，實踐的個人主義——也就是爲爭取行爲思想上更大程度之自由而努力——變成了哲學的主觀主義。

2 個人的思爲是改造力量

顯而易見，這種哲學動向誤解了實踐運動的意義，不但不是實踐的文字記錄，反而是一種歪曲。沒有人眞正在做這種荒謬之舉，要努力擺脫與自然和他人的關係。人們要爭取的是在自然與社會之中更大的自由。他們想要有更大力量，在人事物的世界裡推動改變，有更大行動空間，在觀察和付諸行動的觀念上有更多自由。他們要的不是孤立在世界之外，而是和世界聯繫更密切。他們想藉親身經驗形成自己的看法，不想只聽從傳統教導。他們願與他人有更密切的連接，以便更有效地彼此影響，並且爲共同的目標聯合行動。

他們覺得，就當時存在的觀念而言，大量被當作知識的東西其實只是過往時代意見的累積，其中許多是荒謬的。至於正確的部分，也只是聽從權威而欠缺理解，人們應當自己來觀察，形成自己的理論，自己來檢驗其對錯。必須用這個求知方法來取代拿教條當眞理的方法，那樣用外力施加的認知，其實是把思維壓縮成形式上的默認。所謂的用歸納實驗的認知方法取代演繹的方法，就是這個意思。我們大致可以說，人類在切身實務上一向是用歸納法處理。建築、農業、製造業等等，必須以觀察自然事物之所見爲依據，這樣形成的看法也多少要受結果的檢驗。然而，即使這些事務之中也有過度依賴習俗的情形，是盲目遵從而沒有理解。而且，觀察實驗的方法也只限於這些「實用」事物，實踐與理論知識（或眞理）之間仍是界線分明的（見第二十章）。中世紀自由城市興起，旅行、探險、商業之發展，製造貨物與經商都有了新方法，都迫使人們自謀知識出路。伽利略（Galileo）、笛卡兒等科學改革家，以及他們的後繼者，把「實用」事務的觀察實驗方法也運用到求證自然事實上。求知者對於發現新知的興趣，取代了對於整理並「證明」既有信念的興趣。

如果從哲學角度正確地解釋這些發展趨向，當然會強調，個人有權利取得知識並親自檢驗想法的眞僞，不論想法有什麼權威依據。但不會把個人與世界分離，所以也不會（理論上也不會）把人與他人分離。此外也會看出，這樣的分離，這樣的隔斷連續性，乃是提前否定求知成功的可能性。事實是，人人都是在社會環境中成長的，也必須在社會環境中成長。個人的生活與行爲都在存有公認意義與價値的環境裡，他的反應才會變得聰明，變得有意義（見第三章第二節）。個人藉社會交往，藉參與體現想法的活動，漸漸有了自己的思維意向。如果把思維設想成自我的一個與外界絕不相涉的所有物，是恰恰與事實相反了。自我能否有思維意向，要看他對於事物的認知是否化入周遭的生活之中。自我不是一個與世隔絕的思維，在那兒靠自已另外建構知識。

客觀而非個人的知識，主觀而個人的思想，這兩者的區別卻是確鑿的。知識可以說是我們視爲當然的事，是塵埃落定的、已經處理完畢的、確立的、不會再生枝節的。我們已經完全清楚的事，是不必去想它的。用白話說，這種事是沒問題的、有把握的。這意思還不只是說有確定感，這並不是表示一種情緒，而是一種實際的態度，是準備好要行動而沒有顧慮或模稜兩可。當然，我們的態度可能是錯的。在某一時間認定是知識——是事實與眞相——的事，未必就是知識。凡是假定沒有疑問的，在某個時間與他人和自然互動時是視爲當然的，就叫作知識。思考卻與這種情形相反。前文說過，思考始於懷疑或不確定。思考表示一種詢問的、追查的、找尋的態度，不是通曉的、胸有成竹的態度。經過思考的批判過程，眞正的知識可以修改、擴大，我們對於事態的把握也會重新整理。

過去幾個世紀顯然就是信念想法修正重整的時代。但是人們並沒有把承襲來的種種信念一股腦拋棄，他們並沒有憑私人獨有的感受和想法，從頭再建立有關生活事實的一套信念。即便他們想要這麼做，也是不可能的。假如眞這麼做了，只會造成遍地傻瓜的景況。他們的做法是，從已經算是知識的想法著手，嚴格檢查其根據由來；他們注意到其中有例外，用新的工具設備凸顯與舊想法不連貫的論據；他們發揮想像，架構出與前輩先人篤信的不一樣的世界。這是逐個零星進行的求證工作，一次解決一個問題。一個個修正累積的結果，卻形成了概念革命。先前的認知習慣重新整理之後，繼起的方法遠比切斷一切關聯的思維有效太多了。

從這種形勢隱約可以看出個人（自我）在「知」之中的角色界定；換言之，可以看出既有信念想法重新定向或改造了。每個新觀念，每個不同於當前認可想法的概念構想，必然都是從個人開始的。新的觀念會永遠不斷冒出頭，習俗支配下的社會卻不鼓勵新觀念發展。反之，社會往往會壓制新觀念，只因爲新觀念是偏離既有想法的。在這種社會裡抱持與他人不同的想法，會受人猜疑；如果要堅持己見，通常會惹上殺身之禍。即便社會對於思想的壓制不那麼嚴厲，社會環境也不一定能提供讓新觀念充分發揮的必要條件，對於抱持新觀念的人可能不會給予實質的支持和獎勵。因此，在那種社會裡興起的新觀念只停留在幻想、空想的白日夢、漫無目的的臆測的階段。近代科學革命發揚的觀察自由與想像自由，是得來不易的，是奮鬥爭取來的，許多人曾爲知的自主獨立而受苦難。不過，就整體而論，近代歐洲社會對於偏離習俗規定的個人想法，起初是予以許可，繼而加以鼓勵（至少在某些領域中是鼓勵的）。終於，新觀念的發現、研究、探求，以及新發明，漸漸成爲社會時尚，或是可以受到社會包容了。

我們在前文中說過，哲學的認識論並不就此滿意。把個人的思維設想成重建觀念系統的軸心，從而維持個人與自然及他人世界的連續性，這還不夠。哲學理論要把個人思維當作孤立個體，在每個人內在是完整自足的，與自然世界隔離，所以也與別人不相干。以批判的態度修正舊有的觀念，這是進步的必要條件，也是合理的知性個人主義，卻明白表述成一種道德的和社會的個人主義。如果思維的活動從慣常的觀念出發，努力做到把舊觀念改造了，也使別人普遍相信改造過的觀念，這其中並沒有個人與社會的對立。每個人在觀察、想像、判斷、發明上的思考各異，只是社會進步的動因，正如遵循先例的作爲會保存社會原狀不改。然而，如果認爲知識從個人內在起源，在個人內在發展，就是忽視且否認人的心智生活是與他人的心智生活息息相關的。

個人化的心智運作本來有其社會性，否認這一點，人與人的關係就找不到聯結了。道德的個人主義，是憑刻意分隔生活重心而建立的。它的由來概念是，每個人的意識都是完全私密的，如同一片自我封鎖的大陸，本質上與所有其他人的想法、希望、目的都互不相涉。可是，人的行爲卻是在共同的公眾的世界裡發生的。如果偏要說有意識的思維是孤立自主的，問題來了：假定感情、觀念、願望是互不相干的，由它們產生的行爲怎能受社會的或公眾的利益考量控制？假定意識是自我中心的，又怎麼會做出顧慮他人的行爲呢？

從這裡前提出發的道德哲學已經規劃了四個典型的對策。(*i*)一種方法顯示早先的以權威爲根據的立場仍在，只是迫於情勢不得不做出一些讓步和妥協。特立獨行的個人仍會受人猜疑；按理，是其內在固有的不安、叛亂、腐化導致這種人偏離外在權威指示的正軌。不過，原則上雖不贊同偏離，仍能容忍某些領域的知識個人主義，包括數學、物理、天文，以及這些知識學門衍生的新發明。至於道德、社會、法律、政治方面的事，卻不允許一體適用。因爲這些方面仍是教條至上的；啓示、直覺、先人智慧教給我們的一些不變的道理，已經定下不允許個人觀察和推測踰越的限度。個人的行爲若是偏離正軌，踰越了限度，就會危害社會。自然科學和精神科學兩大領域之外，還有生活科學的中間地帶，這兒的領土權心不甘情不願地讓給探索自由，是迫於探索的結果已成事實。歷史雖已證明，爲增進與穩固人類利益著想，依賴探索過程中建立起來的責任才是上策。「權威」理論卻劃出一塊不可侵犯的眞理版圖，異議思想也莫可奈何。這個原則搬到教育上，重點也許不在不變的眞理，而在書本和老師的權威，個人的差別意見是不被鼓勵的。

(*ii*)另一種對策是所謂的理性主義或抽象的主知主義。按此，有一種形式邏輯的官能，與傳統、歷史、一切具體教材都不同。這個理性官能具有直接影響行爲的稟賦。由於它處理的全部都是一般的、不涉個人情感的形式，所以，只要是按照邏輯結論而行爲，就算不同的人去做，仍能有外在的一貫性。這種哲學理論當然有其貢獻。對於一些除了傳統和階級利益別無其他理由的論說，用這個理論發動否定的、推翻的抨擊非常有效。這個理論使人習慣於自由討論，習慣要求用理性的評判標準檢驗想法。它教人養成憑藉辯理、討論、說服的習慣，因此能使偏見、迷信、蠻力都站不住腳。這種哲學理論有助於說明與澄清條理。但是，它在打破舊謬說方面用處比較大，在人與人建立新聯繫方面的作用則不然。這個理論本質上是拘於形式而空洞的（因爲它認爲理性是內在自足、與處理的題材分離），對於歷史上的制度採敵意態度，又漠視習慣、本能、情緒等對於生活的影響，以至於提不出明確的目標和方法。邏輯在整理與批評既有的題材上不論多麼重要，光憑邏輯卻不能編造出新的題材。在教育方面的相關對策是，交給一般現成的規則和原理去達到意見一致，不管能否使學生的想法彼此眞正互不衝突。

(iii) 上述的理性主義哲學在法國發展的同時，英國的思潮訴諸個人精明的私利，以謀求從外表上統一發自個別意識的行爲。法律規章，尤其是刑責施行、管理的條例，都是爲了防止只顧逞一己之快而妨礙他人感受的行爲。教育要做的是灌輸以下的觀念：不干涉他人，對他人的福祉有一定程度的尊重，這是追求個人幸福必要的擔保。然而，主要的重點是，用交易爲手段可促成人與人的言行和諧。在商業行爲中，每個人的目的都是滿足自己的需要，要得到利潤的一方卻必須提供他人想要的商品或服務。因此，爲了增進自己私人的愉悅意識狀態，個人對他人的意識也作出了貢獻。這個觀點無疑表示，對於有意識生活

的價值有了更多理解。此外也無疑承認，制度上的安排是好是壞，最終要看它能否幫忙加深並擴大有意識經驗的寬廣度。曾在有閒階級掌權的社會裡受委屈的工作、工業、機械設備等，也靠這個觀點得以解脫，就這些方面而言，這種哲學是提倡社會關注要更廣、更民主的，缺點則是基本前提太狹隘了：人人行爲只顧及自己的快樂與痛苦，所謂的慷慨及同情的表現，不過是間接地爲一己的安逸著想。換言之，不論什麼學說主義，凡是把心智生活當作自我封閉的東西，而不視爲謀求調整共同利害的心念，結果難免把人與人的聚合搞成算計私利的事。這種哲學正被卡萊爾（Thomas Carlyle）的鄙夷說中了，說它是一種無政府主義加警察的教條主義，承認人與人只有「現金交易關係」。運用到教育上則是獎勵和處罰，這再顯而易見不過。

(*iv*)典型的德國哲學走了另一條路，起點基本上是笛卡兒與其法國追隨者的理性主義哲學。按法國的理論發展，個人的理性與宗教概念的神性思維是對立的。德國的哲學思想（例如黑格爾的）卻將兩者綜合。理性是絕對的，自然界是理性的形體化，歷史是人之理性的逐步進展。個人必須吸收自然界和社會制度中的理性意義，才可能變成有理性。絕對的理性和理性主義所說的理性不同，它不是純粹形式的、空虛的。既然是絕對的，就必須包含一切在內。因此，要點不在如何克制個人自由，以便形成些許社會秩序與協調。要點在於，如何促使個人認同國家這個客觀「理性」組成所依據的普世法則，從而獲得個人自由。這套哲學通常的名稱是絕對唯心主義或客觀唯心主義，我們不妨稱之爲制度的理想主義，起碼就教育目的而言是如此（見第五章第二節）。這種哲學把歷史制度理想化了，說歷史制度是內在絕對思維的形體化表現。十九世紀初期因為有這一派哲學的影響，法國和英國的哲學才不致走向孤立的個人主義。也由於有這個影響，國家的組成對於公共事務會更積極地關注。這一派哲學思想比較不碰運氣，比較不會只憑個人的邏輯信念決定一切，也比較不會聽個人私利的支配。它讓智能影響處事行為；它強調教育政策有必要針對國家整體利益來制定。它認可並鼓勵自由探討一切自然現象與歷史現象的專門細節。但是，凡是涉及終極道德的問題，它都傾向回歸權威。它比前面提過的其他哲學都更有組織效率，卻沒有預留空間給依照實驗修改這個組織的自由。政治的民主主張的是，個人的願望和目的有權影響社會形成，甚至使社會調整其根本結構。這卻是這一派哲學欠缺的。

3 教育方面的對應作風

以上四種哲學理論在教育上有哪些對應的實踐，不必再細討論了。只要說，純粹個人主義學習方法和社會行動之間、自由與社會控制之間，假定是有對立的，最凸顯這種對立的機構向來都是學校。對立的反映包括欠缺學習的社會氛圍和學習動機，因而導致學校採行的教學方法和管理方法各自爲政，以及學生表現個別差異的機會微乎其微。如果學習是一種主動從事的行爲，其中包含溝通交流，那麼，社會控制自然而然就在學習過程中發生。學習的行爲中如果沒有社會因素作用，學習就只是把看見的教材裝進純粹個人的意識裡，這種學習也就不必然能把個人心智的情感意向帶到更社會化的路上。

學校裡贊成與反對自由的人士不約而同認定，自由就是沒有社會導向，有時侯又認爲自由就是行動不受約束。其實，需要自由就是需要一些環境條件，使個人能夠自己爲群體利益作出一分貢獻，並且因爲參與群體行爲而使社會的導引變成他自己的心態，不是外在權威在指揮他的舉動。因爲一般常說的紀律和「管理」都是專指看得見的行爲而言，所以自由也帶上了相同的意思。但是，只要能看出，每個觀念都表示行爲上流露出來的思維特質，兩者之間假定的對立便消失了。自由其實是指思考（這是個人的）在學習中發生的作用，是指智能的主動進取，觀察時能獨立，發明時有遠見，能預料後果並且巧妙地配合後果而調適。

但是這些都是行爲的心理層面，既然要讓人有發揮個性的自由，就必須給身體自由行動的機會。強迫身體安靜可能不利於學生認清問題之所在，不利於做必要的觀察來界定問題，不利於執行實驗來檢驗疑問引起的想法。很多人都談過「自發活動」在教育中之重要，但是概念往往只限於內在，完全用不著感覺器官和運動器官。如果學生正在藉符號學習的階段，或是在做深入探討之前的初步意義闡釋，也許用不著多少明顯可見的行動。但是，完整的自發活動一定得有進行研究與實驗的機會，以便用實物測試自己的想法，並了解材料和器具可以怎麼用。在這種情況下，嚴格限制身體活動就行不通了。

有人認爲個別活動的意思就是放學生自己去行動，或獨自去作業。不必顧慮別人在做什麼，的確是泰然專注之道。小孩子和大人一樣，需要適量的獨處時間。不過單獨作業的時間、地點、多寡乃是枝節問題，不是大原則。和同伴一起做事與獨自做事並不一定是衝突的。反之，個人的某些能力必須在與他人共處時才可能激發出來。如果說，爲了讓孩子自由而發展個性，所以必須讓他獨自作業而不參與團體活動，這乃是用空間距離計量個性，把個性當成有形物體了。

教育重視個性，原因有二。第一，人必須有自己的目的、自己的疑難，能自己思考，心智上才算是「個人」。所謂「爲自己思考」，乃是一句冗言。不爲自己思考根本就不是思考。一個學生如果不憑自己觀察、反思、架構想法、檢驗想法，就不可能把他已知的事加以詳述和修整。思考和消化食物一樣是個人自家的事。第二，觀點、趣味點、處理問題的模式，都是因人而異的。如果爲了所謂的水準整齊而抑制個別差異，而且要求學生遵守單一模式的學習方法和問答方法，結果必然造成思路不明或只知照本宣科。學生的原創力會逐漸消滅，思考能力方面的自信心會動搖，於是學會乖乖聽從他人的意見，要不然就是滿腦子異想天開。這種傷害之嚴重，甚於整個社會被慣常想法控制，因爲學校裡的學習方法和學校外面通行的學習方法差距更大了。個人一旦可以——繼而被鼓勵——按各自的方法回應教材，科學發現也開始不斷進步，這是不可否認的事實。如果有人提出反對意見，說小學生不可能有原創力，所以只該把有學問的人已經知道的東西記牢背熟，我們的回應有二。(*i*)我們在意的是心態上的原創力，是指發自個性未受外力強迫的反應方式，不是指按成果評量的原創性。沒有人會期望小孩子憑獨到的思考，發現自然科學的重要事實和人文科學的大道理。但是，學習的環境應該做到讓學生自己覺得眞正發現了新東西，這樣期望並不過分，年幼的學生做不到程度高的學生心目中的眞正新發現，但只要他們眞正學到了東西，在他們自己眼中看來就是新發現。(*ii*)學校的學習本來是在熟識別人已經知道的東西，但甚至在這個過程中，年幼的學生也會有出人意料的反應。他們會從什麼角度探索課題，課題帶給他們什麼感想，經驗最豐富的老師也不可能完全料中。這樣的反應卻多半被當作不必理會的題外瑣事，學生只得逐字熟讀成人設計的教材內容。結果就是，個性裡本來有的原創力，每個人之所以與別人不同的特色，都被閒置未用，也未得到導引。這樣的教學對於老師不再有教育意義，老師頂多只能學會改進他既有的教學技術；他不會學到新觀點，也不能體驗教學相長的互動。於是教與學會變得墨守成規又呆板，師生雙方都疲累不堪。

等到學生大一點了，對於呈現新課題的背景也比較熟悉了，胡亂動作實驗的成分也減少了，活動都納入一定的方向。在別人看來，這個學生可能完全處於靜態了，因爲他的精力都限制在神經的方向，以及有聯繫的眼睛和發聲器官的機能上。這種態度是訓練有素的人心智高度專注時的表現，但不一定就是仍在摸索求知之路的學生該效法的模樣。況且成年人的心智活動通路還不僅止於此。這種態度是一個介於中間的時期，可能因爲要對科目更熟練而延長，但畢竟是中間期，它的前面是比較一般性、比較惹眼的器官動作的時期，它的後面則是學以致用的時期。

只要教育承認求知是身心合一的行爲，我們就不必強調外在自由之必要了。只要能夠認定，教與學之中的自由就是能藉思考把個人已知的、已信的加以擴展精煉，也就足夠了。假如注意重點能放在怎樣提供必要的環境條件上，以便營造適於有效思考的情境，夠不夠自由的問題也就迎刃而解。學生若有疑問（眞正是他自己的疑問），能夠因疑問而生出好奇心，又因好奇而急於探求答案，而且他也具備實踐求知興趣的智能，這個學生就可以說是有智能自由的。他的創見和想像力全部能起動，控制他的無謂衝動和既有習性，他的目的會導引他行動的方向。如果不能這樣，他外表看來的專心、他的聽話溫順、他對課業的滾瓜爛熟，都有智能奴性的意味。如果社會本來就期望大多數人沒有各自的目的或主見，只需聽從少數穩居權位者的命令，這樣的智能奴性是必要的。如果社會要走向民主，這就不宜了。

摘要

習俗傳統左右思想的那種權威箝制能夠放鬆，才會有眞正的個人主義。個人主義以往只有斷斷續續出現的例子，例如古希臘思想的巔峰期，眞正興起乃是比較晚近的事。雖然人的個別差異從來都存在，但是保守習俗統御下的社會總是予以壓抑，或是不加以利用、不予鼓勵。基於各種不同的理由，近代興起的個人主義做出的哲學釋義，不是指發揮個人能力修正改造以前接受的想法，而是指每一個人的思維都是自足的，與外界一切都是隔離的。從理論上看，這種哲學製造了認識論的難題：個人可能與外在世界有認知關係嗎？就實踐方面看，也製造了社會導向的問題：純個人的意識可能代表全體的或社會的利益嗎？針對這些疑問發展的哲學觀點，雖未直接影響到教育，其中的基本假設卻在我們常見的學習與管理分離、個性自由與他人控制分隔的行事態度上表露出來。說到自由，我們必須切記，自由是一種心態，不是外在的行動受限制與否。但是必須先有相當的探索、實驗、應用的行動餘地，才可能發展這種心態。以習俗為基礎的社會會利用個人差異，但只在合乎習俗的限度之內，其首要宗旨是維持每個階級內部的同一性。進步的社會卻會珍視個別差異，因為個別差異能帶動社會成長。所以，民主社會的教育措施必須照顧到個人的智能自由，給多樣的才能和興趣足夠的發揮空間，才是符合其宗旨的。

第二十三章

爲就業而教育

1 職業的意義

哲學理論目前的衝突焦點是，職業教育應該居於什麼地位，有什麼功能。如果有人直說，基本哲學概念的重大歧異從這件事上找到主要爭議點，可能引起懷疑。因爲陳述哲學思想慣用的是遙遠且籠統的術語，這與職業教育的務實具體差距太遠了。但是，我們只需在腦中複習一下勞動與休閒、理論與實踐、身與心、心智狀態與外在世界在教育之中對立的基本假設，就可以看出，這些對立的最終表現就是職業教育和文化教育的對立。按傳統，通才教育一直是與悠閒、純粹思考的知識、不主動運用身體器官的精神活動等觀念連在一起的。後來，談到文化，也多半離不開純粹私人的教養、某些意識狀態的調教，是與社會導向及社會服務無關的。文化是逃避社會導向之現實的，是不得不做社會服務的舒緩慰藉。

這些哲學二元論和職業教育的話題糾葛太深，我們有必要把職業的意義界定清楚，以免造成錯誤印象，以爲以職業爲重心的教育是只顧實用性的，甚至是只顧賺錢的。職業的意思就是指，生活行爲因爲按著一定的方向而能達成一些結果，使個人看出這樣行爲有重要意義，這樣行爲也對他的同伴有用。有職業的相反既不是悠閒，也不是文化；有職業的相反，在個人就是無所事事、任性胡爲、沒有經驗累積的成果，在群體中就是無聊的表現、寄生蟲般依賴他人。職業是表示「連貫」的具體用語，包括職業性與事務性的工作，也包括任何一技之長、專門科學能力、有效的公民職權等的發展，當然更包括機械勞動和可以獲利的事。

我們必須避免的，不只是把職業的意義限定在立即可見的產品製造上，也應避免誤以爲職業的分配是排他的，一個人只能做一種職業。這樣限制下的專門化是行不通的；再也沒有比教育個人只做某一種行爲更荒唐的想法了。其實每個人必然都有多件不同他想投入的事，也該在他做的每種事上發揮智能。這每一件事也不應與他的其他興趣隔離，否則就變成沒有意義的機械化動作。(*i*)沒有人可能只做一個畫家，其他什麼都不是。他愈是只有單一面向的生活，就愈不像一個完整的人，也愈像一個怪物。他的一生之中必然曾經是家庭的一份子，一定有朋友或同伴；他總得養活自己或是靠別人養活，因此他是有謀生之道的。他也是某種有組織的政治單元中的一員，還有其他身份。我們要說他的職業，當然不會選其他所有人和他一樣在做的事，而會選中一件凸顯他與別人不同的事。但是我們不要讓自己太受制於字面意思，以免在討論職業教育的時候忽略了，甚至否定了，一個人在職業以外投入的事。

(*ii*)一個人的畫家職業，只是他的多種不同才能的活動之中特別專門的一項，所以他在這件事上的效率高低（就人文意義而言的效率），要取決於這件事與他做的其他事的關係。他必須有經驗，必須生活，他的藝術才能才不至於只停在技巧造詣的境地。他的繪畫題材不可能從他的作品裡面找到；題材必須是表達他在其他感情關係中的苦與樂，而這些關係又取決於他對自己的各種興趣是否有靈敏投契的回應。畫家是如此，其他任何專門的職業也是一樣。按習慣的一般原則，凡是有特色的職業都容易變得唯我獨尊，太排他，佔用太多時間精力。這也就是說，因爲重視技能與專門方法而忽略了意義。教育不應助長這種傾向，倒應該防止它，以免探究科學的人只會做科學家、老師只會教書、神職人員只會神職工作，等等。

2 爲就業而教育的目標

我們既已知道，職業有多種不同的內容和關聯，職業有其廣泛的背景，現在我們可以討論特別才能的教育了。

(1)個人的特別才能和他對社會的助益，唯有靠職業才可使兩者平衡。知道自己適合做什麼，而且得到伸展志趣的機會，乃是獲得幸福的關鍵。最可悲的莫過於不知道自己人生眞正該做什麼，或是發現自己被環境所迫，一輩子都得做不喜歡做的事。所謂找對了職業，意思不過是說人能盡其才，所做的事與個人志趣的摩擦最少，能帶來最大的成就感。一個人能做他最勝任的事，社會的其他成員就得到了他所能提供的最佳服務。至於奴隸制度，一般都認爲，即便從純粹經濟的角度看來也是一種浪費，因爲奴隸的能量沒有受到充分激勵的導引。而且，由於奴隸能從事的工作只有那麼幾種，必然有許多天資被埋沒，對社會造成損失。奴隸制度只是不能在工作發揮才能的一個明顯的例子。如果社會輕視職業，又維持傳統理想的單一文化標準，從事職業的人就不可能在工作中完全實現自我。按柏拉圖的教育哲學原理（見第七章第三節），教育的任務是發現每一個人的特長，並且訓練個人在特長上達到精熟，因爲這樣做也是符合社會需求的最和諧的方法。柏拉圖論點的錯誤不在質的原理，而在於把社會需要的職業的範圍設想得太窄。因爲視野太窄，使他看不見個人之間無限多樣的差異。

(2)職業是一種有目標的、持續的行爲。所以，藉職業來教育比用其他方法都更能結合可助長學習的各種因素。從事職業時會啓動本能和習慣；主動投入的工作是反對被動承受行爲的。它既已定好目標，就要求達到結果。因此，從事職業是要訴諸思考的，它要求一貫保持有目的要達成的念頭，行爲才不會淪於例行動作或心血來潮。由於行爲是往前推進的，一個階段過了又進入另一個階段，所以每階段都需要有觀察和巧思，才能夠克服障礙，發現並調整執行的方式。簡言之，從事職業時只要不是以看得見的產品爲目的，而是爲了要了解行爲的意義而做，就可以達到前文（第八、十、十二章）談目標、興趣、思考時所說的各種要求。

職業也必然是把資訊和想法組織起來的一個原則；因爲知識和智能都是會增長的，職業如同一個中軸，貫穿極多樣的枝節，使各種不同的經驗、事實、訊息都排出次序來。不論律師、醫生、實驗室裡的化學家、父母親、關注本地事務的公民，都受著某種持續作用的刺激影響，會留意與自己關切事物有關的東西。他們會不知不覺從自己職業的動機出發，伸向一切相關的資訊，並且把這些資訊抓牢。職業既像有吸力的磁鐵，又是有固著力的膠水。這樣把知識組織起來是活的，因爲關係到需求，會在行爲中表露、調整，不會像死水般停頓。凡是爲了純粹抽象目的而刻意地將事實加以分類、選擇、排組，都不可能像基於職業需要而組織的那麼實在而有效；若將兩者相比，爲抽象目的而做的組織是拘泥於形式、表面的、冷漠的。

(3)就業教育的最適當方法就是用主動投入的作業來訓練。前文（第六章）說過，教育的過程本身就是目的，唯有盡量利用眼前的生活，才是爲日後職務做了有意義的準備，這個原則也完全適用於教育中的職業面向。自古以來人類的首要職業乃是生活——是智能與道德上的成長。這個事實在童年少年時期最昭然若揭，因爲小孩子比較不會感受經濟壓力。如果預先決定未來的職業，再把受教育完全當作爲就業做準備，這會妨礙現在的智能發展，從而使爲未來就業做的準備大打折扣。再重複一次我們已經一再說過的道理：這種教育可能培養出做一成不改的工作所需的機械式技能（只是可能，絕不是確定，因爲這樣的訓練也可能引起反感、厭惡、心不在焉），但同時也會把從事眞正對智能有益的職業所必需的靈敏觀察與連貫思考都荒廢了。獨裁統治的社會往往以阻礙自由與責任感發展爲刻意的目的，只由少數幾個人做計畫下命令，其餘的人只需聽命行事，能從事的職業種類只有規定範圍內有限的那些。這種行事方針雖然可以增進一個階級的威勢和利潤，卻限制了受統治階級的發展，也使統治階級僵化而得不到藉著經驗學習的機會，所以對社會整體都有害無益（見第十九章末）。

此外的唯一可行辦法是，早期爲就業做的準備全都採間接方式，換言之，按學生當時的需求和興趣指向，教學生從事主動的作業。唯有這樣做，師生雙方才可能眞正發現學生的個人性向，選對日後可以從事的專長。而且，發現才能和性向是持續不斷的過程，只要成長未停止就仍在進行。有人以爲，成年以後該做哪一行會在某個時間發現，而且一旦定了終生不改。這乃是舊式的武斷想法。假如某人發現對於工程學有智能的、社會的興趣，決定以工程爲職業。這樣的決定頂多只是畫出未來進一步走向的草圖概要。就發現職業而言，如同哥倫布發現美洲，船隻剛靠岸的時候，未來要詳細廣泛探索的事物多得數不清。從事教育的人如果認爲，職業教育的結果就是做成一個確定的、不可逆轉的、完整的職業抉擇，那麼，教育和擇定的職業都可能是僵化的，只會妨礙進一步的成長。個人這樣擇定的職業會使他永遠處於從屬地位，執行著別人的智慧，因爲別人從事的職業允許他們自由揮灑重新調整。我們一般講起來，不會說這種重新調整的態度是選了新的職業走向，實質上卻是的。如果連成年人都要注意，不可讓職業限制自己發展或把自己綁死，教育者更應該注意，使學子的就業教育的不斷導引他們重組自己的目標和方法。

3 目前的機會與危險

以往的教育雖沒有職業教育的名目，實質上卻是十分像職業教育的。(*i*)一般大家受的教育都是明顯以實利爲目的。那時也不叫作受教育，而是稱爲學藝，就是當學徒，從經驗中學習。學校裡專注於教授的讀、寫、算，是讓所有勞動行業的人普遍都能識字、寫字、計算。至於在他人教導下學習專門的工藝，是出了校門以後的事。兩種教育彼此互補；學校教育既狹隘又拘泥於形式，其實和學徒學藝式的教育沒什麼兩樣。

(*ii*)統御階級受的教育基本上也算是職業教育，只不過他們從事的統治、享樂以前並不叫作職業。只有體力勞動的工作，賺取溫飽的或是折算成金錢酬勞的，或爲特定的人服務效命，才叫職業。例如，內科、外科醫生以前的地位一直和僕從、理髮匠差不多，部分原因在於這些行爲都和人的身體有關，部分原因則在於醫生是爲某人直接服務而賺取酬勞的。統治階級從事的社會事務，不論出於政治的或經濟的考量，不論戰時的或太平時期的，都是不折不扣的職業；以往的高等教育基本上也是刻意爲從事這些事務做準備。此外，炫耀、個人的外表裝飾、可帶來社會名聲交遊應酬、花用金錢，也都變成一項項的職業。高等教育機構不知不覺變成專爲這些職業預做準備了。甚至到了現在，對某個階級（人數已經遠不如以前那麼多了）而言，所謂的高等教育，主要仍是在教學生日後如何在這些職業中駕輕就熟。

其他的職業教育，大約就是培養師資和專門的研究人才了。吾人有一種奇怪的迷信，以爲培養招搖式的無所事事、培養師資、培養文藝、培養領袖的教育都不算是職業教育，而且以爲諸如此類都是文化教育。間接培育作家（包括寫書、寫報紙社論、寫雜誌文章的作家）的文藝訓練，尤其容易墮入這種迷信。許多老師和作家寫文章捍衛文化的與人文的教育，反對專科實務教育擴張。他們卻不自知，他們受的教育（他們自稱是通才教育）主要也是培養他們走入自己這一行的才能。他們根本已經養成習慣，認爲自己做的事基本上是文化的，卻忽略別的行業也可能有文化性。這種區隔的根由是傳統觀念在作業，所以認爲只有向特定雇主負責的工作才算職業，對最終的雇主——社會——負責的卻不算。

如今有意地強調職業教育，把以前心照不宣的職業教育的意思攤開來說、刻意地做，是有明顯緣故的：

(*i*)體力勞動的、商業的、對社會具體有益的各種職業，在民主社會中愈來愈受到尊重。理論上，現在的人不分男女都應當對於社會給予的智能上、經濟上的支持有所回報。如今勞動是受推崇的，服務也是大受褒揚的道德理想。能夠大搖大擺過閒散奢華生活的人雖然仍令人羨慕，但正確的是非觀教人不齒這種生活。時間的運用與才能施展都該有社會責任的考量，這已漸漸成爲公認的道理。

(*ii*)工業領域之內的職業近一百五十年來已經變得極爲重要。製造業和商業不再限於一國之內或某個地方，或多或少順著情勢發展成爲世界性的。愈來愈多的人把大量精力投入工業。製造業老闆、銀行家、企業首腦們等於已經取代了原來的世襲地主貴族，成爲直接主管社會的人。這帶來的社會角色如何重新適應的問題，當然是工業造成的問題，是與勞資關係相關的。由於工業的明顯進步漸漸成爲重大的社會關注，學校教育與工業發展的關係不免也受到矚目。既然發生這麼大的社會重新適應問題，從別種社會狀況承襲來的教育制度不可能不受到質疑，不可能不面對新的問題。

(*iii*)前面一再說過，工業已經不再是憑經驗的、多做就會懂的、沿襲習慣的。現在的工業技術是專門知識了；換言之，必須使用的機器都是數學、物理、化學、細菌學等等領域的新發現所成就的。經濟革命提出待解的難題，使機械應更受尊重，因而刺激了科學新發現。結果工業得到科學的回報是利上滾利，工業領域的各種職業不論在知識內涵上、在文化的可能性上都勝過以往太多了。工作者可以藉職業教育了解自己的行業有哪些科學的社會的基礎與意義，才不至於淪爲他們操作的機械的學徒，所以職業教育是迫切需要的。在舊工業時代，一個行業裡所有工作者的知識和觀點是差不多的。個人的知識和創意即便能發展，範圍也是狹窄的，因爲是工人直接使用工具在工作。如今的操作者必須適應機器，而不是要求機器順著自己的意思。工業的知性發展前景雖然大增，工業的環境條件卻使工業對於一般大眾教育功用不如以前手工產品供應地方市場的時代。因此，如何實現工作中知性潛能的要務就得由學校來扛起。

(*iv*)科學知識的探求已經更趨實驗性、更不依賴典籍、更少用辯證的推理方法與符號。

因此，工業的相關教材不但科學內涵比以往豐富，也讓學生有更多機會熟悉獲取知識的方法。工廠裡的工人因爲直接承受著經濟壓力，沒有機會像實驗室的工作者那樣取得知識。但是，學校安排的機器操作實習課可以讓學生以增長知識爲主要目標。把作坊和實驗室區隔開，乃是循舊有常例的做法。實驗室的好處是，只要疑問引起求知的興趣，都可以在這兒一路探究下去。作坊的優點是，既可凸顯科學原理的社會性意義，又能把許多學生的興趣激發出來。

(*v*)學習心理學全面的發展，兒童心理學的研究成果，都與工業在生活中日趨重要相呼應。近代心理學強調，探索、實驗、「親自嘗試」等非學習的原始本能極爲重要。並且證明，學習並不是什麼現成的思維功能的作用成果。所謂思維，就是把天生才智組織成有意義的行爲。前文（第十五章第三節）說過，年紀幼小的學生的遊戲，和年紀較大的學生作業一樣，可導引天生就會的活動往教育功能發展。從遊戲到作業之路應該是漸進的，不應有心態的激烈改變，而是把遊戲的成分帶進作業，加上不斷調整方法，才能達到控制自如。

讀者可以看出，以上五點等於重述本書前面的主要論點。不論從實際的或哲學思想的角度看。目前教育成敗的關鍵都在能否逐步重建學校教材和教學法，以便利用代表各種職業典型的作業，展現其中的知識的與道德的內涵。這種重建必須把純粹文字的方法（包括教科書）和辯證的方法降格，成爲連貫漸進活動的智能發展所必要的輔助工具。

我們討論中曾經強調，學校教育如果只是根據工業及職業現行的做法，做專門技能的準備工作，是不可能達成教育整頓的，只在學校裡複製一套當前的工業現狀，更是行不通。問題不在如何藉學校輔助製造業和商業，而在如何利用工業的因素使學校裡的生活更活潑，更有明顯可見的意義，更能與校外的經驗連貫。這個問題是不易解決的。我們仍需愼防教育延續少數精英的舊傳統，面對新的經濟環境時只有舊的適應對策，對於我們這不健全的工業體制之中未改變的、未合理化的、未社會化的面向只會表示默許。說得具體一點，我們要愼防職業教育在理論上實踐上被解讀成手藝教育，不要讓教育淪爲訓練各種行業專門技能的一項手段。

那樣的教育只會使現有的工業社會秩序維持不變，不能成爲促進轉變的力量。什麼是良性的轉變？這並不難界定。轉變後的社會秩序中，人人應能從事可提昇他人生活價值的工作，這樣的職業使人與人的聯繫更明顯，足以打破距離的隔閡。每個人對自己工作的興趣既不受壓制，又能發揮智能，完全以工作是否投合性向爲基礎。顯而易見，我們離這社會狀態還很遠，若想絲毫不差完全達到這種境界，也許永遠不可能。但是，就大原則而言，我們已經做到的改革在素質上是符合這個方向的。若要實現這個目標，如今的資源比過往時代都要充裕，只要有智慧有意願，沒有什麼障礙是不能克服的。

成敗的首要關鍵在於，能不能採用爲促成轉變而設計的教育方法。因爲我們所要的轉變基本上是心智意向上的質變，是一種教育意義的改變。這並不是說，我們憑直接教導和勸誡就能改變性格和思維，與工業的政治的條件改變與否無關。如果這樣想，就違反我們所說的根本概念：性格和思維是人們參與社會事務而產生的回應態度。我們所說的促成轉變的教育方法是，把我們想要實現的社會典型投射在學校裡，按這個典型塑造思維，從而逐步修改成人社會中更龐大更不易扭轉的問題。

我們如果說，現行制度最大的缺點不是製造了貧窮與痛苦，而是使太多人進入他們不喜歡做的、只爲了賺取薪資才做的職業，這似乎顯得太嚴厲了。但是，這種職業會不斷引起反感、憎惡，使人想敷衍了事逃避責任。做的人懶得做，做的時候又心不在焉。另外卻有人不但衣食無虞，而且過度地，甚至專斷地，控制著多數人的活動，他們自己卻與平等的、普遍的社會交流隔絕。這些人要追求的是縱樂與炫耀，他們想使別人懾服於他們在財物與逸樂上的強大優勢，試圖藉此彌補他們與別人的隔閡。

規劃職業教育的眼界如果不放寬，很可能延續這種僵化的區隔。職業教育如果主張社會宿命論之說，會假定某些人在現在這樣的經濟環境中應該繼續靠工資維生，於是就只教這些人接受所謂的手藝教育，訓練技術效能。技能精熟度嚴重不足是十分常見的，能夠增進自是一舉數得的事，不但可以改善產品、降低成本，也能提高工作樂趣，因爲沒有人會喜歡做自已根本做不好的事。但是，工作效能並不只限於眼前的工作，也指延伸到對於職業的社會意義有洞察力；不只限於執行別人的計畫，也指擬定自已的計畫。現在的雇主階級和受僱階級，同樣都在智能上感情上受了限制。受僱者對於自己職業的關注只限於能賺到多少薪資，雇主在乎的可能只是利潤和權勢。關切利潤和權勢的人通常免不了要多花點腦筋、多作廣泛勘查，因爲這牽涉到許多不同因素應如何搭配運用。至於只關注薪資的人，需要做的只限肌肉動作了。話雖如此，如果不想到工作的社會意義，只從技術的、非人性的、不開闊的層次著眼，智能的發揮還是受限的。如果行爲的動機是要謀取私利和個人權勢，受限則是在所難免的。事實上，往往是經濟際遇不幸的人，不曾因爲憑著一面倒的勢力控制他人事務而變得無情的人，才會有感同身受的社會同理心和人道情懷。

不論何種職業教育方案，凡是以現行的工業體制爲出發點的，大概都會延續這個體制中的劃分方式和缺點，因而變成封建教條的工具，不過是幫著實現社會宿命主義。處於事事可以遂願的立場的人，會讓自已的子弟擔任不受約束的、有文化氣息的職業，而且要居於能施展指揮能力的地位。至於其他人，那些處境較不幸運的人，就只能接受爲特定行業做技能準備的教育。如此的劃分，等於是把學校當作一個代辦所，把舊有的勞動與休閒二分、文化與服務二分、身與心二分、受指揮的階級與有指揮權的階級二分等觀念，搬運到一個名義上民主化的社會裡。這樣的職業教育難免會把教材和教學法之中與科學和人類歷史相關的部分忽略了。狹隘的手藝教育不納入這些東西，是怕浪費時間，因爲這些是不「實際」的。這些要保留給有充裕閒暇的人，而他們是因爲佔了經濟資源優勢而有閒。這些東西甚至可能危害統治階級的利益，因爲可能引起聽從他人指揮而工作的那些人心生不滿，存有「踰越身分」的奢望。然而，一個教育制度若能承認職業的全部知性內涵和社會意義，學校教學就會包括現有狀況的歷史背景探討，會有科學知識，培養智能與應變能力，以便處理生產的原料與機制；會納入經濟、公民、政治等科目，使未來的工作者了解社會現勢和可能改善現勢的不同策略。總之，職業教育要培養面對環境變遷的再適應能力，未來的工作者才不至於盲從外力施加的命運。這個理想反對的不只是現行老舊教育體制的惰性，還有那些牢牢掌握工業機械操縱權的人。那些人知道，這種理想教育制度一旦普遍推行，他們使喚別人以遂己願的能力就會受到威脅了。

這項事實倒也預示了一個更平等更開明的社會秩序，因爲這證明教育制度能重建，社會秩序重組才有望。這也是一種鼓勵，使相信社會秩序會改進的人推動職業教育，不再規定青年學子遵從現行制度的要求和標準，而能利用科學的、社會的原動力，追求開發無畏的智能，造就務實而有管理能力的智能。

摘要

職業泛指任何能服務他人的、能使個人爲達成結果而付出能力的、持續不斷的行爲。職業和教育有何關係？這個問題把一些前文談過的話題再度放回討論焦點：思考與身體活動的關聯；個人有意識的發展與群體生活的關聯；謀生與有意義的休閒之間的關聯。反對在教育中重視就業生活（僅初級教育的讀寫算實用訓練除外）的立場，通常都伴隨固守舊時貴族統治的立場。目前正有所謂職業教育的發展動向，如果實行了，將會把這些觀念確立成爲適應既有工業體制的模式。這種動向會爲少數經濟條件優裕的人保留傳統式的通才教育或文化教育，卻讓一般大眾只接受狹隘的技術教育，只爲投入受制於人的行業做準備。這樣的教育制度當然只會延續舊式的社會劃分，以及知識的與道德的二元論。但是，環境條件已經不容它們理直氣壯延續下去了。如今的工業生活太依賴科學，又密切影響各種形態的人際交往，所以有機會利用它來擴展思維培養品行。而且，把工業生活恰當地運用到教育上，會影響智能和興趣，再配合立法與行政的力量，可以把現今工商業秩序之中對社會有害的部分改掉。這樣的運用會把漸增的社會同理心轉向有建設性的用途，不再只投入有些盲目的慈善行爲。從事工業職務的人會因此有意願與能力參與社會控制，並且有能力成爲主宰工業命運的人。現行的生產銷售系統處處仰仗技術和機械，恰當的職業教育卻可使工作者體會技術和機械背後的豐富含意。這對於目前經濟處境較不佳的人畢竟是有益的。至於經濟處境優越的人，可以因此增加對勞動者的同理心，啓發從有益的活動中發現文化意涵的思維方向，並且增進責任感。換言之，當前職業教育會成爲關係重大的議題，是由於其中包含兩大基本爭議：智能的最佳發揮，是在人類駕馭自然爲自己所用的活動範圍之內或之外？個人的文化修養，最好是在自我的環境條件或社會環境中獲得？本章沒有詳細討論，因爲這個結論正是本書第十五章至二十二章的內容總結。

第二十四章

教育哲學

1 檢討

我們雖然是在討論教育哲學，卻一直沒有界定哲學的意義，也沒有明述教育哲學的本質。現在談這個題目，要從摘要交代前文討論的邏輯順序開始，以便凸顯其中的哲學議題。之後再從哲學角度大略談一下，不同的教育理念必然包含的知識論與道德論如何影響教育的實踐。

前文各章可按邏輯發展歸爲三個部分。I.最前面的幾章把教育當作社會的一種需求與功能。這些章節的主旨是概述教育的一般特徵，認爲社會必須藉教育延續其群體生命。教育是一種藉代代相傳而更新經驗意義的過程，有些是在成年人與下一代日常相伴或交往中附帶完成的，有的是爲了延續社會生活而刻意安排的。這個過程包括未成熟的個人以及個人所的群體的成長與受制約。

這個部分的討論只理出模式，沒有確切述及社會群體的特質——是哪一類型的社會在藉教育達到自我延續的目的。繼這個一般性的討論之後，進而將範圍確定在刻意追求進步的社會群體，這種社會以將共同利益多樣化爲目標，不是只求保存既有的習俗。這種社會有民主性，因爲其成員能有較多自由，意識到有必要謀求個人的利益社會化，不會凡事交託給優勢階級控制下的社會習俗。然後，我們以適於民主社會發展的教育爲準，進入更詳細的剖析。

II.以民主教育爲基準的分析中，有不斷將經驗重建或重組的理想，這種改造可以豐富社會的內涵，也可以使個人更能勝任指導監督這種改造的要務（見第六至七章）。我們根據這種教育理念概述教材與教學法的性質，並界定兩者的統一性，因爲，建立在這種基礎上的學習方法，只是有意地把經驗的題材導入一定的動向。學習的方法和教材有哪些大原則，是從這個觀點論述的（見第十三、十四章）。

III.這個部分有一些利用對比方式闡明原則而附帶的批評，除此之外，都是假定今天社會生活已經以民主爲準則。我們在接下來的各章（第十八至二十二章）之中，討論實現這個準則目前遭遇的困境。問題出在有人認爲，經驗是多個不同的彼此隔離的領域（或興趣）組成的，每一個自有其獨立的價值、素材、方法，各個領域互相牽制，只要每個都被牽制得當，便形成教育中的「均勢」狀態。這種不同領域相互隔離的觀念有哪些假說依據，是我們隨後分析的問題。就實際面看，這些假說肇因於社會階級界線劃分嚴格。換言之，是社會互動與交流受阻礙所致。社會的整體一貫性被隔斷了，這種現象的知性表述即是多種不同的二元論與對立說，包括勞動與休閒的對立，實用與知識的對立，人與自然界對立，個人與集體對立，文化與職業對立。我們的討論指出，這些二元論都可以在古典哲學思想中找到淵源，所牽涉的主要哲學議題，包括思維（或精神）與物質的對立，身與心對立，思維與外在世界對立，個人與人際互動對立，等等。我們也發現，這些一分爲二的對立基本上都起因於一個觀念：人的思維是獨立存在的，與涉及物質環境、身體器官、實物用具、自然事物的行爲是分離的。所以有一種哲學認爲，思維的由來、地位、作用是在人控制環境的行爲之中。我們的討論走完一圈，回到本書第一部分的概念上。如：人類的衝動和本能，本來與自然力之間有物性的連續關係；思維力因爲參與有共同目標的合作行爲而能夠長進；物質環境條件因在社會環境中被利用而發生影響力；讓個人表現意願上思考上的差異，乃是社會進步發展所必需的；教學法與教材應有基本的統一性；目的與手段有內在的連續性；思考能理解並檢驗行爲的含意，思維指的就是這種思考。這些概念與前述的每一種二元論都是不相容的；合乎這些概念的哲學思想會認爲，智能就是在行爲之中按特定目的來調整經驗的素材。

2 哲學的性質

我們現在要做的是，把這些想法之中隱含的哲學概念找出來，再加以說明。前文講到哲學如何面對問題時等於已經敘述了哲學思想，只是尚未予以定義。我們也已經指出，這些問題是從社會生活的衝突與難題而來，包括精神與物質的關係，肉體與靈魂的關係，人類與自然界的關係，個人與社會的關係，理論與實踐（知與行）的關係。不同的哲學體系構想了這些問題，也記錄了當時社會習俗的概況與難題。哲學所凸顯的是，人類基於自己現有經驗的特質，對於自然界和自己有了什麼樣的想法，又如何設想一種包含自己與自然界在內的事實，或是自己與自然界受何種事實主宰。

可想而知，哲學的定義通常都不免包含題材和方法上一定的完整、通用、終結性。在題材方面，哲學要做到「包括」，也就是說，把所有枝節都納入一個總括的整體。這個整體會是一個統一狀態，如果是二元論的思想體系，也會把多元的枝節縮減成少數幾項根本原則。至於哲學家與接受其哲學理論的人所持的態度，是力求達到一種統一的、連貫的、完整的經驗觀。英文字philosophy的本義「愛智」就表達了這一層意思。凡是以嚴肅的態度理解哲學，必會假定哲學代表的是某種能影響人生方向的智慧境界。例如，幾乎所有的古典哲學宗派同時都是一套生活規範，接受哲學信條的人必須謹遵一定的言行模式。又如，哲學思想與中世紀的天主教會神學關係密不可分，哲學經常與宗教利益結合，在國家遭逢危機時又與政治鬥爭掛鉤。

哲學因爲與人生觀直接而密切相關，所以明顯有別於科學。科學的某些事實和法則當然也會影響行爲，它們會指示什麼事可做或不可做，並且提供執行的手段。一旦科學表現的不只是據實報告發現了某些確切事實，而是面對這些事實所採取的一般態度（而不是要做特定的動作），這時候科學就和哲學不分了。因爲其中的根本意向不是如何看甲事物或乙事物，甚至不是如何看待已知事物的總和，而是對於支配行爲的想法所持的態度。

因此，哲學不能只從題材這一面來定義。基於這個原因，諸如通用性、完整性、終結性等概念的定義，從意向著手是最容易的。若從字面和量的意義上看，這些概念都不適用於知識話題，因爲知識沒有完整與終結可言。經驗的本質就是繼續存在、不斷改變的過程，就沒有完整和終結可言。說得比較不嚴格一點，這些特質比較適用於科學。因爲，我們若要探求外在世界的事實，必須藉助的是數學、物理、化學、生物學、人類學、歷史等，不是求諸哲學。針對這個世界而言，哪些普遍原理是站得住腳的，這一則則原理又是哪些，該由科學來確定。但是，當我們問，科學的諸多發現要求我們用哪種固定的行爲意向回應？這卻是個哲學的問題。

從這個觀點看，「整體」並不是指不可能使總和再增加，而是指面對諸多發生的事能按一貫的模式反應。所謂一貫，不是指完全一模一樣，因爲，發生的事本來不可能有兩樁是一模一樣的，照完全一樣的方式反應就是適應不良了。整體的意思是指連續性，是已經有了的行爲習慣在繼續，但習慣得有必要的調整才能夠維持活力與發展。整體不是指有一套現成的完整的行爲組合，而是指在眾多不同的行爲中維持平衡，讓這些行爲吸收彼此的意義。只要心胸開闊能接受新觀念，又有專注的思考，能負起連結新觀念的責任，就可以說是有哲學的意向了。常有人以爲，哲學意指面對困難和失敗能夠泰然忍耐，這是在描述講求寡欲的斯多噶哲學（Stoic philosophy），不是哲學的一般屬性。其實，只要能把哲學的整體性表達成一種學習能力，或是一種汲取意義的能力，不論經驗的變換無常多麼令人不快，都能從其中學到東西，並且把學到的體現在不斷學習的能力之中，這種理解放在任何哲學思想架構裡都能講得通。哲學的通用性和終結性也可以用類似的方式解釋。如果只看字面，通用和終結都是豈有此理的說法，簡直就是荒唐。其實終結並不是指經驗完畢了，而是指有意探究深層的意義，找出事物表象背後的關聯，不斷探究下去。同理，哲學觀點的通用性是指反對把任何事物孤立地看，主張把行爲放在其關係脈絡之中來理解，從關係脈絡看出其意義。

把哲學與思考連到一起，有助於區別哲學與知識。知識，有確鑿證據的知識，是科學；知識是已經憑理性確定的、整理好的、解決了的事物。思考卻是指未來即將發生的而言，是未確定的事引起的，目的則是解除思維中發生的擾動。哲學就是思考已知的事物對我們有什麼要求，我們對已知的事應該以何種態度回應。哲學是對於可能有的事態所持的想法，不是已成事實的記錄。因此哲學是假設性的，所有的思考皆然。哲學提出有待執行的任務，一些有待一試的事。哲學的價值不在於提供解答（這是必須有行動才能做到的），而在於界定難題，以及建議處理難題的方法。我們甚至可以說，哲學是思考已經變得自覺，對於自己在經驗之中的地位、功用、價值都有了概念。

說得比較具體一點，哲學觀點必須「整體」，是因爲生活中各種不同的利害雖有衝突卻得在行爲中整合。如果都只是表面上的利益，很容易不分彼此，或是欠缺條理而不至於形成衝突，就不會有明顯用得著哲學的地方。但是，假定科學的考量和宗教的有所衝突了，或是經濟利益與科學的或審美的關注發生衝突了，或是保守的秩序觀念與進步的自由思想衝突了，或是遵守現行制度的立場和個人愛好衝突了，人們就會想要找出更全面的觀點，使歧異接近，並恢復經驗的連貫或連續性。這些衝突通常可以由個人自力解決；不同目標的衝突範圍有限，個人可以想出大致的遷就之策。這種實用哲學是眞的哲學，而且往往很管用。但是這種哲學不會形成思想體系，哲學體系產生，是在不同行爲理念的分歧影響到整個社會的時候，當心態普遍有調整之必要的時候。

按上述的這些特性，可以辯駁一些常見的反對哲學的論點，例如，哲學含有個人推論的成份，各家哲學的分歧值得爭議，哲學議題老是離不開用不同方式表述的同一批問題。這些的確是自古以來的哲學大致都有的性質。如果因此反對哲學，卻無異於反對人性，甚至等於反對塑造人性的這個世界。既然人生本來就包含不確定，哲學便必須反映這些不確定。如果各家哲學對於問題的起因有不一樣的診斷，提出的解決方法也不一樣；換言之，如果各方所見的利害有衝突，一定會有互不相讓的不同哲學。假如爭論的題目是已經發生的事，只需找到充分的證據，便可取得看法的一致與確定。事情本身是確定的。但如果題目是，在複雜的情況中該怎樣做才算明智，就不免要經過討論才能確定，原因正是事情本身尚未確定。生活安逸的統治階段，不會和必須爲生存掙扎的階級抱持相同的人生哲學，這是可想而知的。如果支配者與被剝奪者會採取同場的立場看世界，他們提出的理由恐怕是欠誠懇的，否則就是態度不夠嚴肅的。一個工業至上的、商業積極活動的社會所見的生活需求與發展前途，不大可能和一個推崇審美文化的、不急於把自然力轉變爲機械力的社會完全一樣。一個社會群體如果具有相當連續的歷史，面對危機時的反應，會和曾經感受突然斷裂的社會很不一樣。即使有同樣的資料在眼前，兩者也會做出不同的評估。不過，不同類型的生活帶來不一樣的經驗，所以不可能有完全一樣的資料論據，評估的架構也不會一樣。至於哲學的議題似乎是同一批，其實未必，這是因爲舊的討論方式已經換上當代疑問的新內容。況且，生活中某些基本的困境本來就是會一再出現的，即便有所不同，也只限於社會大環境（包括科學發展）改變帶來的部分，根本核心沒有變。

哲學問題產生，是因爲社會現狀已經令很多人感到困境。我們不易看出這個事實，是因爲哲學家已然成爲一個專門的階級，他們使用一套專門語言，與表述親身經歷疑難的語言不一樣。但是，某種哲學思想體系一旦有了顯著的影響力，必然可以發現其中關係著有待社會改革來解決的利害衝突。這時候，哲學與教育的密切關聯就顯而易見了。教育提供的其實是一個優勢的觀點，從教育的角度可以切入哲學討論中的人性層面，這與專門的哲學討論是不同的。鑽研哲學的人最容易犯的毛病是，以爲哲學純粹是在磨練靈活的或嚴謹的智能思考，是哲學家講的話，是只與哲學家有關的東西。其實，哲學議題如果是從相類似的心理意向著眼，或是從實踐哲學理念之後的教育制度會有什麼改變而著眼，就不難看出哲學議題談的都是生活處境。假如某個理論在教育中實施之後與沒實施之前無甚兩樣，這個理論必是虛僞不實的。從教育的觀點看哲學，使我們能正視問題從哪兒產生，在哪兒蔓延，在什麼地方如魚得水，以及容忍與反抗這些問題會有什麼不同的結果。

如果我們願意設想，教育是塑造人面對自然與他人的基本意向的過程，包括知性的與情感的意向，那麼，哲學簡直就可以定義爲「教育的普遍原理」。只要哲學不停留在符號的（言詞的）模式，或只是少數人耽溺情感的東西，或只是武斷的教條，它對過往經驗的查核，它的價值規劃，都必然會影響言行。公衆的鼓動、宣傳、立法與行政的舉措，都是有效用的影響力，但是，若要藉這些方法來促成哲學認爲是良性的意向改變，它們本身就必須具有教育功能，必須能夠調整心態與道德觀。只不過，這些方法是用於行爲習慣大致已經定型的人，不免需要折衷妥協，而教育年輕子弟卻有更開明自由的運作空間。從另一方面看，學校教育如果不能放寬眼界體察自己在當代生活中的地位，在目標和方法上充滿活力，那就很容易淪爲只憑經驗行事的例行老套。而放寬眼界的自覺正是哲學應當提供的。

實證科學一向有「實際」的考量，包含的目的都是社會想要達成的。科學的新發現不論是可以用來治癒疾病或傳布疾病的，不論是有益生命存活的或是可製造武器消滅人類的，如果脫離了社會目的，都變成了無關緊要的東西。社會只要對某個目的有了興趣，科學就能闢出達成目的之路。所以哲學是負有雙重任務的，其一是，根據科學發展的現狀評判既定的社會目標，指出人們掌握到新資源之後，應該把哪些舊價值觀淘汰，哪些價值觀因爲欠缺實現的辦法根本是感情用事。另一個任務是，解釋社會未來的進展受專精科學影響會有什麼後果。如果沒有教育來配合，指出什麼是該做的，什麼是不該做的，以上的任務都不可能成功。因爲，哲學理論畢竟沒有阿拉丁的神燈，不可能一瞬間奠定它構思的價值觀。就機械的技術而言，各門科學成了經營方法，藉科學把各種機械的能量運用到認定的目的上。藉著教育的技術，可以用哲學之中的方法來引發人類的能量，並且在運用時符合嚴肅而周全的人生觀。教育是一個實驗室，哲學理念的歧異可以在這裡實實在在地受到檢驗。

歐洲哲學的起源（即古雅典哲學）是在教育問題的直接壓力下產生的。早期哲學史是古希臘人在小亞細亞和義大利推展的，就論題的範圍看來，大體上算是一段科學史，不是我們如今理解的「哲學」的歷史。他們講的題目是自然，思索的是萬物如何形成如何變化。後來的雲遊講學者——世稱詭辯學派——才應用自然哲學家的推論和方法來探討人的行爲。

詭辯學家是歐洲的第一批專業教育者。他們傳授年輕學子品德、政治藝術、城邦與家宅的治理，於是哲學開始處理個人與普世的關係，以及個人與某個包羅廣泛的階級、與某個群體的關係；人與自然的關係，傳統與個人省思的關係，知與行的關係。他們曾經問：品德或公認的卓越是可以學來的嗎？什麼是學習？學習是牽涉到知識的，那麼，什麼是知識？知識是怎樣獲得的？是憑感官領會的，抑或拜師在做中學來的，還是用已經受基礎邏輯訓練的推理思考得來的？學習既然是從不知到知，包含從愚昧到明智，從匱乏到豐富，從缺失到完滿，以及希臘人說的，從無生命到生命，這種轉變怎麼可能發生？改變、蛻化、發展眞的可能？如果是的，是如何產生的？假定這些問題都得到解答，教誨與品德、知識與品德又有什麼關聯呢？

由於品德無疑是從行爲中表現的，上述的最末一個問題又引出另一個問題：理性思考和行爲有什麼關聯，理論與實踐有什麼關聯？「知」既是人類理性的活動，是否爲人類最崇高的屬性？純智能的活動本身是否因此應是一切卓越中的至高者？相較之下，和睦待人與公民生活等品德是否就是次要的？或者，換個角度看，被吹捧得過高的思維知識是否只是空洞的故作姿態，會敗壞品行、危害維繫人與人共同生活的社會關係？是否順從社會風俗的行事習慣才是唯一眞的生活，因爲這才是唯一道德的生活？新的教育制度是不是在與良好公民品行作對，因爲它樹立的一套標準是與確立的社會傳統互別苗頭的？

經歷兩、三代的時間，這些問題最初與教育實踐上的關係被切斷了，變成單獨討論的題目；也就是說，就哲學而言，這些問題另成一個獨立的名目。但是，歐洲哲學思想源流始於教育的方法論，這個事實足以證明哲學與教育有密不可分的關係。「教育哲學」不是拿一套現成的觀念用在另一個起源與目的毫不相干的行事體制上，教育哲學不過是把培養正確心智習慣與道德習慣的過程中遭遇當代社會生活困境而產生的問題一一說個明白。因此，若要定義哲學，最能一語中的的說法就是：哲學是最廣義的教育學說。

重建哲學，重建教育，重建社會理想與實現方法，是並行的。如果眼前特別需要重整教育，如果迫於這個需要而必須檢討傳統哲學體系之中的基本觀念，乃是因爲科學進步、工業革命、民主發展帶來了社會生活的全盤改變。這些實質的改變必然需要教育上的改革同時配合，也必然令人疑問：這些社會變遷包含什麼觀念和理想？從舊的、不一樣的文化承襲來的那些觀念和理想應該如何修正？這些問題影響身與心的關係、理論與實踐的關係、人與自然的關係、個人與社會的關係，是本書從頭到尾一直提及的，也是前文最後幾章特別述明的。後面的末兩章要總結前面的討論，先針對知識的哲學談，再從道德的哲學角度談。

摘要

本章先從溫習中列出前文討論中包含的哲學議題，繼而定義哲學是廣義教育的理論。哲學是一種思考形態，和一般思考一樣，是因為對於所經驗的事物有不確定才引起的，目的則是找到困惑點，架構可以檢驗的假設，以便澄清困惑。哲學思考和一般思考不一樣的是，要解決的不確定就在普遍的社會環境和社會目的之中，就是有組織的利益和制度所定的目標之間的衝突。要促成衝突的意向重新和諧調適，唯一的辦法就是從情緒上智能上改變心態。因此，哲學可以身兼二職，既能把生活中的多種不同的利害交代清楚，又能藉著檢視觀點和做法來達致利害間較佳的均衡。既然我們可以藉教育的過程達成思維心性的必要改變，使這些必要的改變不再停留在假設的期望之中，那麼，我們說哲學是教育的理論，就是言之成理的。

第二十五章

知識論

1 連續性與二元論

前文評論過一些知的理論。這些理論雖然互有差異，卻在一個基礎點上一致與我們主張的理論相對。我們主張的理論假定連續性，其他理論卻直陳或暗示有某些基本的分別、區隔、對立，即正式術語所說的二元論。這些分歧起源於一些把一群人劃分成不同群體和階級的嚴格界線：例如劃分富人與窮人的、劃分男人與女人的、劃分貴族與出身卑賤者的、劃分統治者與被統治者的。這些界線的屏障阻斷了兩邊順暢自由的交流。欠缺交流等於各自獨立不同的生活經驗。假如哲學就是經驗的眞實論述，像這樣劃分的社會環境必定形成二元論的哲學。即使要超越二元論（許多哲學在形式上是超越二元論），也必須藉著訴諸凌駕一切經驗之上的東西，躍昇到某種先驗的層次。這類理論名義上反對二元性，其實卻是在復原二元論，因爲最後的結論是二分的，一邊是僅屬現象的現世事物，因一邊是遙不可及的眞實本質。

這些劃分愈是固執不改，還加上新的劃分，教育制度就愈會體現劃分的痕跡，直到整個教育事業變成各種不同宗旨與方針的堆積。其結果是，前文談過的各種相互隔離的作用力和價值觀彼此牽制（見第十八章）。本章的討論只是以哲學術語逐一說明知的理論涉及的那些對立觀念。

第一種是經驗主義和理性主義的對立。經驗主義與日常的事務相關，對於沒有特殊知性目標的一般人是有用的，這種人所想望的事物和他親身所處的環境之間有某種有效用的關係。這樣的知是純功利的，沒有文化意涵，所以即便不受鄙夷，也是無甚價值的。理性的知識卻應該是觸及終極知性眞實的東西；値得爲求知而求知，求知的結果應當是純理論的現實，不會降格應用到行爲上。從社會的角度看，這種分別猶如工人階級的智能與有學問的、不爲生計操心的階級運用的智能之分。

這種差別在哲學上是以個別與普世的分別爲中心。經驗是多個大致孤立的個別集合而成，必須一個個分別體會。理性思考處理的是凌駕紛亂細節之上的普世道理、通用原則、法則。這種分別沉澱到教育裡之後，做學生的一方面必須學習一大堆單個的特定知識，每個都是獨立的專門，另一方面又得學會一些法則和通用的相對關係。通常教學法講授的地理屬於前者，基礎算術程度以上的數學屬於後者。兩者其實是兩個不同的世界。

另一種對立來自learning這個字的兩種解釋。當作「學問」講，是指已知的所有東西，是指書本和有學問的人傳授的東西。這是外在的，是認知的累積，如同把有形的貨物儲存在倉庫裡，知識眞理都是現成地放在那兒。人在求學的過程中汲取已經儲存在那兒的知識。這個字若當作「學習」解，是指人在求學過程中的行爲，是一種自己主動去做的事。這裡的二元論是把外在的知識（一般多稱爲客觀的知識），與純粹內在的、主觀的、心靈的知看成對立。一邊是整套的現成知識，另一邊是配備了認知官能的現成悟性，這悟性只要願意就能使用認知官能，偏偏它經常不去使用。我們常談到的教材與教學方法分離，就是教育中的這種二元論。在社會生活方面，區分的是順從權威控制的部分，以及個人可以自由推展的部分。

還有一種，是認知的主動性與被動性的二元論。許多人認爲，純粹憑藉經驗的有形的事物是靠著感受印象而認知的。有形事物似乎能藉知覺器官把它們自己印在人的腦中，或傳入人的意識。理性的認知和關於精神層次的知識卻不一樣了，一般認爲它們是從悟性內在引發的活動產生，這主動的活動要遠離知覺和外在事物的污染，才能進行得更順利。按教育中的這種二分法，一邊是感覺訓練、實物教學、實驗室作業，另一邊是書本內容的渾沌理念——據說這得靠心智能量的某種神奇的發揮來領會。反映在社會生活上，即是有人受制於自己直接關涉的事情，有人可以自由陶冶文化興趣。

另一種盛行的對立，是所謂智與情的相對。各種情緒都是純粹私下的、個人的、與理解事實和眞理時用到的純智能毫不相干——也許只有知性的好奇情緒是唯一的例外吧。智是純粹的光；情是擾人的熱。思維能力向外探求眞理；情緒向內思慮個人得失。把這個道理搬到教育上，任何個人興趣的流露一貫受到貶抑，而且要加上外在的賞罰，爲的是誘使有頭腦的人（恰似衣服之有口袋）用這個頭腦來學習該學的知識。於是我們會看到這樣的景象：專業的教育者公開譴責重視興趣的主張，卻極威嚴地鼓吹仰仗考試、評分、升留級、獎狀，以及由來已久的各式各樣賞罰手段之必要。這種局面傷害老師們的幽默感之劇，並未受到應有的重視。

以上這些二元區隔的終極表現就是知與行、理論與實踐的一分爲二，以及，心是行爲之目的與精神，身是行爲的工具和手段。是什麼由來造成社會的二元劃分，勞動階級必須以勞力換取物質生活條件，有閒階級沒有經濟壓力，可以全心投入文藝表現與社會治理？我們不必重複再述。我們也不必再說這種劃分招致哪些教育上的惡跡。我們只要總結一下可以凸顯二元論不合理的因素，但求能夠用連續性取代二元的劃分。

(*i*) 生理學和心理學的相關發展已經證明，心智活動是與神經系統相連的。關聯的確認卻往往到此爲止；舊的身心二元論雖然不再，卻有大腦與身體其餘部分的二元論取而代之。其實，神經系統只是負責協調身體活動的一個功能機制，不但不能和身體的活動劃清界線（所謂知的器官和動作反應器官是兩回事），而且是促成各個動作彼此呼應的器官。大腦基本上是指揮交互適應的器官，從環境得來的刺激，對環境的反應，兩者互相調適是大腦促成的。注意，調適是互相的；大腦不但會在感官受刺激時，促成身體的活動回應環境中的事物，而且透過反應決定接下來的刺激是什麼。我們看看在木板上作業的木工師傅，看看在金屬板上作業的蝕刻師，或任何連續進行的行爲，便可明白了。每個運動反應雖然在適應知覺器官指示的現況，一個個反應也在調整下一個感官刺激。由此歸納，可知大腦這套裝置系統是在不斷重組行爲，以維持行爲的連續性。也就是說，因爲已經做出的反應而把未來的動作做了必要的調整。木工師傅作業有連續性，所以既不是在重複一成不變的死板動作，也不是不能累積結果的胡亂動作。這種作業中每個先做的動作都爲後做的動作開路，後做的動作又會考慮或估量前面已經達到的結果，所以是連續的、連貫的、聚焦的。認知是與神經系統有關係的，神經系統會不斷調整行爲以配合新的環境條件，凡是能理解這些事實的全部含意的人，就不會以爲認知是孤立在一切行爲動作之外的自立自足的東西，而會確定認知是與調整行爲有關的。

(ii) 生物學進步到發現進化論，確定了這一點。因爲，進化論的哲學意義正在於強調連續性：生物體簡單的構造漸趨複雜，直到進化爲人。生物體在發展之始的構造中，環境與生物體的適應作用顯而易見，能夠稱之爲「心智」的部分微乎其微。活動趨於複雜以後，時空因素需要協調的更多了，智能的作用才越來越明顯，這也是因爲需要預測規劃的未來所跨越的範圍更大了。這些事實對於知的理論造成的影響是推翻舊觀念，認知不再是一種旁觀者的行爲，不再是自行完成的事。因爲，按有機體發展的論點，生物是它生存的這個世界的一部分，一同經歷多變的時運起落，憑著與周遭事物合爲一體而能安於不穩定的依賴關係，並且按照預測眼前行爲的未來後果來調整自己的行動。活著的、感受經驗的生命假如密切參與他所屬的這個世界裡發生的事，那麼，知識就是一種參與行爲，知識的價值高低也端看參與行爲的效果如何。知識不可能是不相干的旁觀者無所謂的看法。

(iii) 還有一個導致知識論徹底改變的重要力量，即是實驗方法上的進步。憑藉實驗方法可以獲得知識，並確定得到的是知識，而不是某種意見而已。實驗方法含有兩層意義：(a) 除非我們的行爲確實造成事物上的改變，這些改變與我們原有的想法一致，而且證明這樣的想法無誤，否則我們就沒有資格指稱任何事是知識。如果沒有這些改變，我們的想法就僅僅是假設、理論、建議、猜測，只能試探性地認爲，只能當作應該用實驗來測試眞僞的題目。(b)思考運用了實驗的方法，顯示思考是有效用的；思考愈能根據透徹觀察現狀而預期未來，效用也愈高。換言之，實驗並不等於盲目的反應。就已觀察到的與正在預期的後果而言，胡亂反應是多餘的，雖然這是我們所有的行爲中難以避免的部分，卻不是實驗。胡亂反應的後果若能列入未來類似情境中參考之用，才算得上是實驗。我們愈理解實驗方法意義，在面對有形的資源和障礙時，才愈能在試用處理方法中優先運用智能。我們所謂的魔法，多是指昔日未開化社會用的實驗方法而言；那時的試驗是試運氣，不是檢驗自己的想法。科學的實驗方法卻是檢驗想法的，因此，即便實際上試不出結果，或沒有立即得到結果，仍是智能的活動，是有成果的；因爲，只要做之前是認眞思考過的，就可以從失敗中學到東西。

做爲一項有系統的知識工具，實驗法是新進的科學資源。就實用的手段而言，實驗法是自有人類以來就存在的。人類卻未認清其用途之全面，以爲只對某些專門的領域和有形的事物是重要的。顯然仍需經過相當長的時間，人們才會認清，實驗法也適用於檢驗社會觀念和道德思想。人類仍想依賴教條和權威定下的信念，不想承擔思考的辛苦和讓思考指示行爲的責任。一般的思考大多局限於要或不要接受某一派的教條。所以哲學家彌爾（**John Stuart Mill**）說，學校擅長調教信徒，拙於培養探究者。不過，實驗方法的影響力每進一步，都有助於排除以往學校奉行的那些文字的、辯證邏輯的、權威專斷的方法，把這些建立信念的方法原有的地位轉交給新方法。因為實驗法能引起對於事與人的主動關注，目標的時間範圍拉長，調度的事物空間也更廣。遲早，知的理論必須從最能順利形成知識的做法而來，這樣得來理論又可以用來改進效果比較不好的方法。

2 各家方法

許多不同的哲學系統對於認知方法都有自己的一套概念，包括經院哲學、感覺主義、理性主義、唯心論、實在論、經驗主義、先驗論、實效主義，等等。其中許多已在前文討論教育問題時提過。此處要談的是，這些方法如何偏離已確定的最有效的認知方法。因為，從偏離著眼，可以把知識在經驗中的地位講得更明白。簡而言之，知識的功用就是使一個經驗能夠自由地在其他經驗中引用。「自由」點出知識與習慣在原則上的差異。習慣意指個人因某一次經驗而遭受某種改變，這改變使他傾向在未來為便利而有效之故採取同樣的行動。因此，習慣也可以使一個經驗在以後的經驗中被引用。習慣的這種功用在一定的範圍內是可以奏效的。然而，習慣之中如果沒有知識，不可能留出餘地來接受條件改變或創新。習慣沒有前瞻的眼界，因爲習慣假定新舊情境基本上是差不多的。所以習慣往往會誤導人，或構成妨礙使人成不了事。技工操作機器如果完全靠習慣，一旦有出乎預料的狀況，就會應付不了。理解機器的人則不然，他曉得某個習慣在什麼條件下是管用的，能夠在條件改變時調整自己的習慣。

換言之，洞悉一件事物在某個情況中是否適用的各種決定因素，就是知識。舉一個極端的例子，原始社會的人看見冒火焰的彗星，反應方式會與面對其他危及他們生命安全的事物一樣。他們慣用尖叫、敲鑼、揮武器作勢等舉動嚇退野獸或敵人，所以會用同樣的方式來把彗星嚇跑。在我們看來，這些方法簡直荒謬。因爲覺得太荒謬，我們沒注意到，他們這樣訴諸習慣是凸顯了習慣的缺陷。我們之所以不會做出相似的反應，是因爲我們不把彗星看成沒有因果關係的孤立事件，我們會把它放在天文知識的架構裡看。我們回應的是彗星的因果關聯，不單單是眼前的這一個現象。所以我們看彗星的態度是比較自由的，可以從任何一個因果關聯的角度著眼。我們也可以按自己的判斷，援引適用於任何一個關係面的行事習慣。因此，我們理解新的事件不是立即地，而是間接地，藉著發揮創意巧思和隨機應變而達成理解。理想的完整知識會是一個交互關係的網絡，每一個過去的經驗都可以成爲一個優勢，使個人能夠從這個地位來理解新經驗中呈現的問題。總之，欠缺知識的習慣只能給我們一個著手點，知識給予的著手點範圍卻遠遠大於習慣。

這種先前經驗可以在後來經驗中引用的情形，可以從兩方面加以區分（見第六章第三節）。(i)比較實際的一面是，控制力增加了。不能立即處理的，也能間接地應付，或可阻擋不想要的後果到來，對於無法克服的問題甚至可以迴避。不論如何，眞正的知識具備習慣附帶的一切實用效能。(ii)附屬在經驗中的意義，個人體驗得來的意義，也增加了。我們對某個情境的反應如果是任性而爲的，或墨守成規的，能夠意識到的意義是少之又少，我們不會有心智上的領會。然而，只要知識影響新經驗的定位，就有心智上的收穫。即便我們未能實際上得到需要的控制力，仍能體驗到意義，並不只是以身體的動作反應便了事。

知識的內容雖然是已經發生的事，是認定已經結束的，是確定的東西，但是，知識指涉的是未來的或期望中的事物。這是因爲，有了知識，我們才有辦法理解或解讀正在進行的事情和該去做的事。醫生擁有的知識是他從親身體會的、研讀別人已經確證且記錄下來的事實中得來的。因爲這些事實成爲他可用的資源，他能藉這些資源解讀他面對的未知事物，用聯想到的相關現象補足仍有部分不明的事實，預測它們未來可能的發展，並且按預測的情形安排計畫。要能這樣，這些事實才算是他的知識。知識如果不能用來解釋看不明的、困惑人的事，就完全脫離意識思考了，要不然就是淪爲美學沉思的對象。檢閱手中的知識的條理層次，會有很大的快慰感，這種快慰是理所當然的。但這種沉思心態是美感的，不是知性的。這與觀看一幅完成的圖畫或組構完善的景觀時產生的喜悅是類似的。沉思的題材換成完全不一樣東西也無所謂，只要其中的和諧條理不變便足矣。甚至內容完全是無中生有，是天馬行空的幻想，也都無妨。我們所說的知識可以應用，不是指應用到已經過去的事物，既已過去當然是無從應用的。應用是指仍在進行中的事、尚未塵埃落定的事而言，是指應用在我們涉入的正在進行的場景而言。我們很容易忽略這個特點，且認爲已經過去的、我們不能夠觸及之事物的表述是知識，正是因爲我們假定過去與未來是連貫的。往昔的知識竟然不能用來推測未來、解釋未來，這樣的世界是我們無法想像的。正是因爲知識必然可以爲後來者鑑，我們才會忽視這個事實。

可是，前文談過的許多哲學門派的方法，卻把不自覺的忽視變成實質上的否認，他們認定知識是已經完整無缺的東西，與能不能引用到未來事物上無關。就是受這種論點拖累，使他們成爲正確知識概念不能苟同的那些教育方法的鼓吹者。我們只需回想一下學校裡的一些學習知識的方法，就會發現那與學生正在感受的經驗之間多麼欠缺有意義的關聯，那些方法顯然都以爲，記住碰巧儲存在書本裡的教材就等於得到知識。這些內容對於當初發現它的人不論多麼眞實，對於親身經驗過它的人不論多麼貼切，都不足以成爲學生的知識。除非它在學生自己的生活中結出果實，否則和火星上的故事或幻想王國的描述沒什兩樣。

經院哲學方法的發展，和當時的社會環境是相關的。這套方法是爲了把遵從權威而接受下來的觀念的條理釐清，並且爲這些觀念的理由辯護，因爲辯駁的題材太重要了，所以這些釋義說理的方法也都至關重要。如今的社會環境裡，對大多數人而言，經院哲學的這套認知方法並不與任何題材特別相關，其中包括做區別、定義、分類等，都是爲了做這些而做，沒有經驗上的目的。把思考當作自有一套形式的純粹身體的活動，像印戳可以捺在任何易塑質料上一樣，應用在任何題材上，這是形式邏輯的基礎觀點，本質上就是泛論化了的經院哲學方法。教育上的經院方法代表，自然就是正規訓練的學說了。

一般所說的感覺論和理性主義，是呈鮮明對比的兩家認知方法理論，分別獨尊個別性與普遍性，也就是，感覺論只重視單純的事實，理性主義只重視相對關係。眞正的認知是個別舉例與普遍類推的功用一同作用的。凡是有不明白的地方，就必須解釋，必須分解成細目，界定必須力求清晰。把事實和特性明確陳述了，就構成一個待解的問題，明確陳述是我們用知覺器官完成的。這些事項，就呈現問題而言，可以說是個別的，因爲都是零碎的。我們要做的既然是找出這些事項的關聯，把它們再合到一處，此刻我們眼中的這些事項都只是部分。我們要解讀它們的意義，所以，在未解讀之前，它們是欠缺意義的。凡是有認知的事物，凡是意義尚待辨明的事物，都是以個別之狀呈現。但是，只要認知的過程中曾經有意要應用這個個別來理解其他個別，已認知的事物在功能上就有了普遍性。它的普遍性在於能使本來不相關的事物產生關聯。任何事實，只要是可以用來解釋新經驗含意的，就是普遍事實。有「道理」，不過就是能夠運用先前經驗的題材來理解後來經驗的題材，愈懂道理的人，愈不會輕易把知覺的立即感受當作單一特例，愈習慣看出它與人類共同經驗的關聯。

如果沒有知覺器官的主動反應，把個別點一一辨明，我們就看不見需要認知的問題，也不會有智能上的長進。如果不能把個別點放在過往經驗形成的意義架構裡來看，如果不援引道理應用思考，眼前的個別事物都只是一些刺激或擾動。感覺論與理性主義的相同毛病是，都不明白感官刺激和思考的功用都與重組經驗有關。將經驗重組了，舊的經驗可以引用到新的經驗上了，才能夠維持生活的連貫。

以上提出的認知方法理論，可以稱爲實用主義的認識論。其根本特質就是藉著故意修改環境的行爲來維持認知的連續性。這個理論主張，知識的最嚴格定義乃是我們擁有的、智能資源組成的東西，包含一切能使我們言行有智慧的習慣。智能資源必須結合到我們的意向之中，使我們能讓環境配合自已的需求，讓目標與願望適應我們生活的情境，這才眞正算是知識。知識並不只是我們現在知道的事，而是包含我們在理解現在發生的事情時，刻意運用的那些行爲意向。從行爲的角度看，我們爲了要解開困惑，按照我們設想自己與所生活的世界之間的關係，把意向化爲有意識的舉措，這就是知識。

摘要

社會的劃分如果阻撓了自由而全面的交流，會導致不同階級的成員的智能和認知變得片面。有些人的經驗所涉及的實益，是與他們出力裨益的大目標截斷的，他們乃是講實際的經驗主義者。有些人雖然以沉思某些意義爲樂，卻沒有參與創造這個意義領域，他們乃是實踐的理性主義者。有些人直接觸及了事物，且必須使自己的行爲立即適應這些事物，於是成爲現實主義者。有些人把自己觸及的事物的含意孤立起來，放進超脫實物的宗教信仰的世界或所謂的精神界，於是成爲唯心論者。有些人想求進步，努力要改變已被普遍接受的想法，他們強調的是認知中的個人因素。有些人專門反對改變，以保存公認的想法爲要務，他們重視的是有普世性的固定不變的東西。另外還有別家的觀點。由於交流上的障礙阻斷了立場不同的經驗互補，不同的哲學體系端出來的知識理論都是上述那些不相連的、片面的經驗的詳盡陳述。

同理，既然民主制度原則上代表自由交流，代表社會的連貫一體，它所闡揚的知識論就應該在知識中包含引用經驗的方法，使經驗可以指引其他經驗的方向、點出其他經驗的意義。形成這樣一種理論所必需的明確工具，可以從近年來的生理學、生物學、實驗科學邏輯的進步發展中擷取。民主所闡揚的知識論應用到教育上，就是使學校的課業學習與社會生活環境中活動或作業連貫起來。

第二十六章

道德論

1 內在與外在

由於道德關係到行爲，思維與行事之間的任何二元劃分必然反映在道德的理論上。由於哲學的道德論之中的這種二元劃分陳述，常被用來申辯道德教育的實踐方法多麼正當、多麼理想，我們有必要大略評論一下。學校的教育與紀律是以培養學生品行爲總目標，這是教育理論常說的老話。所以我們必須小心，不能讓智能與品行之關係的某種概念阻礙了教育目標的實現。我們也必須注意，順利推行這個目標的必備條件有哪些。

我們面對的第一個障礙，是盛行的把行爲過程拆成兩半的道德觀，兩邊彼此對立，一般稱之爲內在的與外在的，或精神的與形體的。這種劃分乃是我們已多次提過的思維與外在世界、靈魂與肉體、目的與手段等二元論的巔峰表現。在道德論之中即是在行爲的動機與後果之間、人的品行和舉措之間劃清界線。動機和品行屬於純粹「內在」的東西，只存於人的意識之中。後果和舉措卻存在思維之外，舉措是執行動機的，只涉及動作；後果是舉措之後發生的東西。有的學派認定道德是內在心態，有的學派認定道德是外在行爲及結果，內外是壁壘分明的。

有目的的行爲是刻意的；行爲者有意識地預設結果，並且在心中衡量了得失。刻意地選擇目標並且確定願望意向，是要耗費時間的。在這個考慮期間，暫時不會有完整的明顯行動。沒打定主意的人不會知道自已該怎做，所以他會盡量把確定的行動延後。他的處境就像正在考慮要不要跳越一條溝的人。假如他確知自己能或不能一躍而過，就會做出向前或後退的確定動作。但是，他如果在考慮，就是有疑惑，是在猶豫。明顯的行動方向未出現之前的這段時間裡，他的行爲只限於重新分配自己身體內的能量，爲採取確定的動作準備。他目測溝的寬度，繃緊肌肉感覺一下自己能使出多少力氣，他四下看看有沒有別的越溝法子，他思考越過這條溝有多麼重要。這一切都意味意識的匯集，意味能量向內投注在態度、能力、願望等等之上。

顯而易見，個人能量如此澎湃到意識層面，是整個行爲在時間上推進的一部分。並沒有先來一個純粹心理的過程，之後又突然變成全然另一回事的身體動作。有的只是那麼一個連續的行爲，從比較不確定的、不完整的、遲疑的狀態，漸進到外顯的、確定的、完結的狀態。這個行爲起初包含的主要是一些內在的緊繃張力和調適過程，等到這些都協調成爲統一的態度，整個人才做出明確的行動。我們當然也可以把這個連續性的行爲中比較有明白意識的部分，認定爲心理的或心智的活動，但這不過是以心理的面向來指稱未確定的、尙在形成階段的行爲，而行爲的完整表現則是發揮外顯的能量改變環境中的條件。

我們有意識的思考、觀察、希望、反感都是重要的，因爲這些都是初期的、尙在發展中的行爲。再發展下去，便是後來的明確可見的行動。這些未完成的、發展中的調整適應過程十分重要，因爲唯有這些過程能使我們擺脫成規習慣和盲目衝動的支配。它們是行爲發展過程中具有「新」意義的部分。因此，每當我們的本能和既定習慣知道自己過不了環境中的新奇障礙，通常就會有個人意識變強的情形。這時侯我們必須自己想辦法調整心態，然後才能進一步採取不可逆轉的確定行爲方向。除非我們憑蠻力衝，否則就得針對所處的情境調整自己的身心資源。由此可見，行動之前的有意考慮與願望是一種有條理的自我調整，這是在不確定的情境中行爲時必需的。

但是，有連續性的行爲中未必都有心智在作用。想要得到另外的東西、對於阻撓順利行爲導致的狀況有反感，都會刺激想像力的作用。憧憬不一樣的狀況卻不一定會發揮正面功能，不一定激發機敏的觀察和思索而找到突破與前進之路。常見的後果是胡思亂想，只有受過紀律磨練的心性可以例外。胡思亂想的目標不但不會針對環境條件衡量實際的可行性，反而只顧及獲取立即的情緒滿足。我們一旦發現自然環境與社會環境不允許我們順利施展，最方便的脫身之策就是蓋一個空中樓閣，用這個東西代替非得用心思考才能得到的眞實成果。結果，我們的外顯行爲默認了環境的安排，內心卻造起一個想像的世界。這種思想和行爲斷成兩半的情形，就反映在那些把思維的內在和行爲及後果的外在做鮮明區分的理論中。

如此一切兩半，也許不只是某一個人的經驗而已。也許是社會情勢所致，迫使一個傾向清晰抒發的階級退回到自己的思緒和願望裡，卻不供給他們工具，以便他們用這些想法和期望來重組面臨的環境。迫於這種情況之下的人會對異己的、敵意的環境施以報復，對環境表示鄙夷，給它冠上惡名。他們往自己的想法、自己的想像與希望裡去找尋庇護和慰藉，讚美自己所想所望的，說它們比可鄙的外在世界既眞實又理想。歷史上多次出現盛行這種思想的時代。基督教興起的最初幾百年中，斯多噶哲學的道德思想、修道院和俗世基督教信仰的道德觀、其他宗教運動的道德體系，都曾盛行一時，也都是在這種情況影響下形成的。表達盛行理念的行爲愈在外在環境中受挫，人們就愈認爲內在擁有理想、陶冶理想是自給自足的——是道德的本質。行爲所屬的外在世界在人們眼中成爲與道德無關的了。凡事只在乎動機是否正確，即便這動機在外在世界裡是起不了作用的。十八世紀晚期和十九世紀早期的德國，再度出現大致相同的情況，也導致康德派哲學強調意志的善是唯一的道德上的善，意志被視爲本身已臻完全，無需涉及行爲和行爲在外在世界造成的改變和後果。後來，這種情況又導致現行制度被理想化，被當成理性的化身。

講求「善意」的，只在乎意向之善而不管後果如何的純內在的道德觀，當然會引起反作用。反作用即是一般所說的享樂主義或功利主義，主旨是說：就道德而言，重要的不是一個人意識之中的自己是什麼樣貌，重要的是他的行爲——他的行爲實際上帶來什麼後果，導致什麼改變。抨擊者認爲，內在道德觀是感情用事的、自以爲是的、武斷的、主觀的，因爲，不論什麼投合私利的教條、什麼心血來潮的想像，只要把它說成是一種直覺或良知的理想，就可以受到冠冕堂皇的包庇。這些論點只在乎結果和行爲，道德不道德是按結果評定的。

通常的道德觀（因此包括學校裡的）往往是把上述兩類做一個不連貫的折衷。一方面十分重視某些感情狀態；要求人必須「懷有善意」，如果他的出發點是好的，感情意識是對的，他就不必爲行爲帶來的後果負全責。另一方面，因爲要給別人方便，配合別人的要求，爲了配合整體的社會秩序的要求，有些事又是非做不可的，根本顧不得做的人是否在意這些事，有沒有發揮智慧去做。反正他就是得守規矩，就是得不停地工作，就是得服從，就是得養成有用的習慣，就是得學會自制——這些戒律只重視眼前實際做了的，不管是在什麼思想願望的態度之中做的，所以也不管這對於其他比較不明顯可見的行爲有什麼影響。

我希望前文的討論已經充分說明了避免這兩種毛病的方法。無論男女老幼，只要所做的事情不是逐漸累進性質的，自已對做這件既不感興趣，又無需花費心思，結果一定會發生上述的偏頗之一，或兩個毛病都有。反之，唯有事情是累進性質的，做的人既有興趣又而要運用思考，個人願望和思考的意向才會成爲明顯可見的行爲之中一個有機的作用因子。假定學生做的是一件有連續性的事，這既是他有興趣做的，又可以做到一個確定的結果，而且不能只憑一成不變的習慣做成，也不能只靠聽從他人命令的指示或自己即興的奇想做成，那麼他做這件事的時候就必然存有自己意識到的目的，有自覺的願望，也會仔細思考。這種種必然是從事一個有明確後果的行爲的精神和特質，而不是形成一個孤立的內在意識境界。

2 責任與興趣的對立

道德論述中最常見的對立議題，也許莫過於以「原則」爲出發點的行爲，與以「興趣」爲出發點的行爲之間的對立了。基於原則而行爲是沒有私利考量的行爲，是遵循普遍法則而行爲，而普遍法則是超越個人因素的。按這個說法，根據興趣而行爲就是自私的行爲，是爲了個人的利益而行爲。這是以變更不定的、當下對自己有利的東西，取代恪遵不變的道德原則。這種責任與興趣對立的論述，根本起因是誤解了興趣的意義，前文已經評論過了（見第十章），在此要談的是這個問題的一些道德面向。

道德爭議的起因可以從一個線索找到，即是，支持「興趣」的一方慣常用到「利己考量」一語。他們的前提是，人若是對於目標或主張沒有興趣，就不可能有動機，所以結論是，即便某人自稱是基於原則或責任感而行爲，其實是因爲這個行爲對他自己有利才做的。這前提沒毛病，結論卻錯了。反對他們的論點則認爲，既然人可以慷慨而忘了爲自己著想，甚至可以自我犧牲，人就能夠在完全不顧興趣與利益的情況下行爲。這也是前提沒毛病，結論卻錯了。雙方都錯在對於興趣與個人自我的關係有所誤解。

雙方都假定，自我是一個固定的量，所以是獨立存在的。因此，爲了自我的興趣而行爲，與不涉個人興趣而行爲之間，就呈現嚴重的兩難。假如自我是行爲未發生之前就已固定的量，出於興趣的行爲就是試圖爲自己再爭取一點東西，可能是要獲得名聲，或博得他人稱許、駕馭他人的力量、錢財、逸樂。這種貶低人性的憤世觀點引起的反作用是，認爲行爲高貴的人是完全不想個人興趣的。但是，不偏袒任一方的人會覺得，人對自己做的事必然是感興趣的，否則他就不會做了。假定有位醫生冒著生命危險在瘟疫區裡爲病患服務，他必然是對醫藥專業的效能感興趣的，在乎的程度超過他對自身安危的顧慮。但是，如果我們說，他的這份興趣只是一種僞裝，只是一種手段，因爲他持續行醫的服務另有別的自私目的，可能是爲了賺錢或贏得美名之類，這就是曲解事實了。一旦我們能明白，自我並不是一種現成造妥的東西，而是行爲抉擇中不斷形成的，我們對於興趣的意義便可一目了然。一個人若能冒著生命危險繼續他所從事的工作，表示他的自我就在這工作之中。如果他做到後來又放棄了，寧願以自身的安全或安逸爲重，這表示他寧願要這樣的自我。問題在於不該把興趣和自我劃分開來，不該認爲自我才是目的，興趣和行動只是達成目標用的手段。其實，自我和興趣是同一件事，只是名稱不同。從投注興趣的性質和程度，可以看出其中的自我成份。我們只需謹記，興趣即是自我主動認同某個目標對象，所謂的兩難的問題就能不攻自破了。

例如，不自私既不是指對於所做的事沒興趣（否則無異於機械般的冷漠），也不是指完全無我（否則等於既沒活力又沒個性）。在這個理論爭議以外的地方，「不自私」是指通常會指令人感興趣的目標和事物而言。我們只要在腦中檢視一遍是哪些興趣令人想到用這個形容詞，就會發現，這些興趣具備兩項密切相關的特徵。(*i*)慷慨的自我有意識地認同行爲中牽涉的一切關聯，不會劃出清楚的界線把與自己不相容的、不相關的部分排除在外；(ii)當行為帶來的後果變得明顯可辨，自我會調整並擴大原先的自我概念，以便接納這些後果。醫生剛開始行醫的時候也許沒想過會遇上瘟疫，他也許不曾有意識地認同服務瘟疫病患。但是，只要他有正常發展的或積極的自我，一旦發現自己的職業涉及這些危險，就會心甘情願把它們納入自己工作的固有部分。比較寬容豁達的自我就是會接納而不排斥新關係的自我，也是能為了擔當原先未料到的牽涉而擴大的自我。

在面臨重新調適的轉折點時（轉折點可大可小），可能會有「原則」與「興趣」之間的過渡期衝突。習慣的本質就是使人輕易按做慣了的方式而行為。重新調整習慣卻會有令人不快之處，因為必須刻意教自己遵守一定的行為方式。換言之，人會認同自己所習慣的，會對自己習慣的事有興趣，對於意料之外的、必須修改習慣的事卻會厭惡或不耐煩。「既然以前不改習慣就能把該做的都做到了，以後何不照著原樣做呢？」向這個誘惑低頭，就是把自我的概念變窄而孤立了——是認為自我是一個已經完成的定量。凡是已經固定不變的習慣，不論以前的效率曾經多麼高，隨時可能挾帶這種誘惑。在這種緊迫情況下，根據原則而行動並不是奉行什麼抽象的道理，也不是籠統地盡責，是根據行為動向的原則而行動，並非根據這動向周邊的環境條件而行動。醫生的行事原則就是他行醫的目標和精神，即照顧病患。原則不是用來證明行為有理的東西，原則不過是行為連續性的別稱。如果行為的結果證明這樣行為是不好的，按原則行為就是加重惡果。至於以自己言行謹守原則為傲的人，往往都是固執己見的人，不懂得從經驗中學到更可取的做法。這種人以爲有某種抽象的道理證明自己的做法有理，卻不明白自己的原則還需要交代理由。

假定學校的環境可以讓學生做他們喜歡的課業，即便其中會有暫時的轉移與不能順遂的障礙，因爲學生對於課業整體感興趣，也就是在課業的不斷發展中產生興趣，所以他能持續投注心力在課業上。人從事的活動本身如果不含有某種持續增長的意義，卻還端出原則爲理由，那就是純粹咬文嚼字，否則就是頑固的自大表現，或者只是給不相干的理由套上冠冕堂皇的外衣。興趣消失、注意力鬆弛的時刻當然在所難免，這都是需要補充強化的時候。但是，幫忙撐過這種難熬時段的不是抽象的盡本分，而是對所做的事懷有的那份興趣。本分是職責，是履行功能的行爲，說得白話一點就是，把該做的做了。眞正對自己該做的事感興趣的人，就能撐過一時的灰心，能在遭遇阻撓的時候堅持下去，不斤斤計較得失：他能把面對困難克服干擾當作興趣。

3 智能與品行

道德論述常見一種似是而非的說法。一方面把道德和理性混爲一談，認爲道德的直覺是從理性這種官能產生的。康德學派等甚至說，唯有從理性產生的道德動機才是正確的。另一方面又一直低估日常的具體智能的價值，甚至想方設法要貶抑這種智能的價值。許多人士認爲，道德是和一般知識扯不上關係的，道德知識是另成一格的，而良知和意識是完全兩回事的東西。這樣的劃分如果成立，對於教育是有特殊意義的。我們要是把培養品行定爲首要目標，同時卻認爲學習知識和鍛練理解力是與品行無關的，而學校教育的大部分時間必然放在學習知識和鍛練理解力上，那麼道德教育豈不是等於無望了？基於這種劃分，道德教育難免會降格成爲背誦標準答案式的教學，或一堂堂的道德課。所謂「道德課」，當然就是指講授別人對於德行和職責的看法想法。這種講課若要眞正發揮作用，必須學生自己已經能對他人的感想設身處地，能自重地尊重他人的感想。如果學生沒有這種心態，道德課對學生品行的影響和地理課相差無幾。如果學生只知一味順從，這樣上道德課只會加深他對別人的依賴，把行爲的責任扔給權威人士去擔。事實上，直接訓示道德只在少數統治多數的社會群體裡才可能有效，因爲這也是權威統治的手段之一。有效的原因不在這種教導本身，而是在於整個統治權在強化道德訓示。如果想在民主社會裡藉道德課收取同樣的結果，恐怕得仰仗濫情的魔力吧。

道德論的另一個極端是蘇格拉底和柏拉圖的學說，主張知識即德行，認爲沒有人會明知是惡而故犯，爲惡乃是因爲不知道善。這個說法普遍受到抨擊，批評的理由是：知道善卻去爲惡乃是最常見不過的現象，人是否爲惡不是因爲有沒有知識，而是因爲有行事的習慣和動機。其實亞里斯多德就是批評者之一，他認爲，德行有如一門藝術，就像醫術之類，有實際作業經驗的人，會比只知道理論知識卻沒有看過病開過藥方的人做得好。但是，問題的要點在於知識是如何定義的。亞里斯多德的反對意見忽略了柏拉圖點出的要旨，柏拉圖認爲，人在領會理論所說的善之前，必須經歷多年的實踐磨練與嚴格的紀律約束。善的道理不是可以從書本上或聽別人講授就領會的東西，而是人生經驗成熟的最終境界。姑且不論柏拉圖的見解如何，我們都知道，知識這個名詞的不同定義有多大的差距。知識可以指個人內在的衷心領悟，是在經驗中得到而且檢驗過的信念，也可以指二手的、憑藉符號傳達的領會，領會的是一般人已經相信的東西，是距離親身經驗遙遠的資訊。後者不能擔保行爲會以知識爲準，也不會對品行有多深的影響，這是想當然爾的。反之，如果知識指的是我們經過嘗試檢驗才得到的信念，例如糖味甜、奎寧味苦，情形就不同了。每當我們選擇坐椅子而不去坐爐灶、下雨天打傘、生病時求醫，也就是說，每當我們做日常生活中無數行爲的任何一個，都是在證明，某種知識在我們的行爲上產生結果了。我們絕對有理由假定，經過嘗試檢驗得到的對於善的認知，也會有相同結果。其實，「善」如果不包括在類似上述情境之中的經驗，就只是個空洞的名詞。某人若是知道別人大概有些什麼想法，他可能因此做出會博得別人嘉許的行爲，或起碼在行爲上使別人覺得他與他們是想法一致的；這種認知卻不會使他主動去做這些行爲，也不會令他篤信別人對這些行爲的想法。

所以，我們沒有必要去爭辯「知識」該怎麼講才正確。就教育而論，能注意一個名詞包含的多種意義，能認清唯有親身經驗中得來的知識會深入影響行爲，便已足夠了。假如學生只從學校課程相關的書本學習知識，學到的東西都是爲了應付考試，這種知識能夠影響的只有一部分行爲，也就是在別人要求下背出書本裡講的東西。這種「知識」不大能影響學生在校外的生活，這是可想而知的。我們可以因此不重視這種知識，卻不能因此把知識和行爲分離。只與某個孤立的專業技術相關的知識也是如此，它能使行爲有所改變，但只限於它那個狹窄的範圍。學校裡的道德教育問題，其實就是怎樣學習知識的問題——是與衝動和習慣的運作系統相關聯的知識。因爲，既知的事實會怎樣被運用，會受它的關聯左右。一個專撬保險箱的竊賊具備的炸藥知識，用言語表述也許和一位化學家所知的一模一樣，事實上兩者卻是不同的，因爲它們關聯的目的和習慣各異，所以意義大不相同。

前文討論教材，是從有立即目標的直接參與作業講起，繼而談到地理科與歷史科能拓廣意義，再談到有科學化組織的知識，依據的根本概念就是維持知識與行爲之間不可或缺的關聯。在一件有目標而必須與他人合作完成的事情中學習到的、應用到的知識，就是道德知識，不論當事人是否有意識地如此認定。因爲這種知識能促進對群體生活的興趣，能增長實踐這種興趣必要的智慧。正因爲學校課程中的各個學科代表社會生活的典型因子，這些學科都是引介社會價值的工具。如果只當它們是學校課程，學生能學到的就只是專門資訊。如果能讓學生在可以明白其中社會價值的環境條件下學習，這些學科就能培養學生對道德的關注，擴展學生的道德見識。此外，我們在討論學習方法的章節中所說的思維心智的各種表現，實質上都是道德的特性。虛心、專注、誠懇、眼界寬廣、徹底，以及負起責任來承擔自己力行已接受的觀念所帶來的後果，都是道德的特性。我們如果習慣把道德的特質和外表的遵循權威規定混為一談，就會導致忽視這些思維態度的道德價值，這種習慣也會把道德行為貶低成為麻木的、機械般的陳規。結果就是，這些思維態度雖然會有道德結果，如果從道德的角度看，這些結果卻並不可取。在一個民主的社會裡，處處離不開個人意向的影響，這種結果尤其不可取。

4 社會與道德

我們一直在批評的各種劃分——也是本書提出的教育觀力求避免的現象——都是把道德定義得太狹窄所引起的。狹義的道德一方面專指爛好人式的心性，不考慮能不能對社會有益；另一方面又太重視傳統與慣例，把道德局限為一條條應該遵行的確定項目。其實，道德之廣義，要包括我們與他人互動關係所牽涉的行為。也可以說是包括我們的一切行為，即便我們做的時侯並沒有想到這些行為的社會意義。因為，依照習慣的本質，每個行為都在影響性情，都可能引發某種行爲動向與意願。按這樣定下來的習慣，什麼時侯會對於我們與人共處的言行產生直接且明顯的影響，是不可能斷定的。某些品行特點會與社會互動有明顯的關聯，所以我們特別稱它們是「道德」的，例如誠實、正直、純潔、和善、等等。這不過是表示，如果與其他態度比較，這些特點是核心的，會帶動其他的態度。它們之所以特別具有道德意義，並不是因爲它們是區隔在一般行爲態度以外自成一格，而是因爲，我們未曾明白認定的無數其他行爲（那些行爲恐怕是我們連名字也叫不出的）都與這些特性密切連結。如果把它們劃分到一般行爲態度以外，把它們命名爲德行，那就好像把一付骨架子當成活的人身一般。骨架固然要，但重要的原因在於能把全身的其他部分支撐起來，使各部分統合做出有效的動作。我們所謂的德行之於品行中的其他態度，就如同骨架之於整個人身。道德關係著的是整個人格，整個人格也就是一個人的全部性情和行爲流露。所謂有道德，不是指養成了少數幾項有名目的、排他的行爲特點；而是指在與人共處的生活的每個層面中充分地、適切地做到自己能力所及的。

行爲的道德性和社會性，歸根究底，是同一件事。所以，要評量學校的行政、課程、教學方法的優劣，就看它們是否以社會精神爲推動力了。前文談到教育之社會功能的各章所說的，其實就是這一句話。欠缺培養社會精神的環境條件，是學校事業的大忌，道德教育是不可能成功的。必須具備以下的條件，社會精神才可能彌漫校園。

(*i*)學校本身必須是一種社會生活，包含社會生活的所有面向。也只有在眞正的社會環境裡，亦即，在可以憑互動建立共同經驗的環境裡，才可能養成社會見識和社會興趣。如果要學習的是事物的資訊，只要曾與人有過足夠交往而學會語文的人，都可以在相當孤立的處境中學會。但是，理解語文符號的含意卻不這麼簡單了，那非得銜接與他人一同工作遊戲的脈絡不可。本書主張藉持續不斷的建設的活動來進行教育，就是因爲參與這種活動可以體驗社會氛圍。我們主張的學校，不是一個隔離在生活以外的學習教科書的地方，而是一個小型的社會群體，學生的學習和成長是在經驗分享中連帶得到的。運動場、工藝教室、作業室、實驗室不但能導引學子天生的主動性向，也要求學生交流、溝通、合作，這些都有益延展學生對於事物相關性的理解。

(*ii*)學校裡的學習必須與校外的學習相連。兩者可自由地交互作用。兩者的社會興趣必須有極多的接觸點，才可能來去自如地交互影響。可想而知，學校裡會有友伴情誼和一同參與的活動，但校園中的群體生活卻不能代表校園圍牆外的世界，正如修道院裡的生活不等於外界的生活。在學校裡會發展群體中的關注和諒解，但這些東西不能搬到校外去用。眾所周知的學院與市井的隔閡，也是同樣的道理。推崇過去的文化而追懷舊時的社會精神，情況亦然，因爲這會使人與自己的時代格格不入，對於過往時代的生活反而感到自在。以文化教育自許的制度尤其容易犯這個毛病，它在理想化了的過去之中尋求庇佑和心靈慰藉，認爲現今時代的事務是齷齪的、不值得關注的。一般而言，學校會與外面的世界有隔閡，主要原因就是學校裡面欠缺使學生需要學習、樂在學習的社會環境。這種隔閡使得學校裡學的知識在生活中派不上用場，所以也對品行的養成起不了作用。

狹隘的道學家的道德觀使許多人仍不明白，值得教育採用的目標和價值觀本身就是道德的。紀律、自然發展、文化、社會效能，這些都是道德的特徵，具備這些特徵的人，才是教育所要促進的社會之中當之無愧的一員。古老的俗語有云：只做好人還不夠；還得做有用的人。在社會之中做有用的人，就是讓自己從群體生活中得到的，與自己對群體的貢獻平衡。他既是一個人，一個有欲望、情緒、想法的人，他在群體中得到的與貢獻的並不是看得見的財物，而是使自覺的生活更趨寬廣深化——能夠更深刻地、更有紀律地、更開闊地實現生活的意義。至於他在物質上的所獲與付出，充其量只是幫助自覺生活成長的機會與手段。要不然，這些就既不是付出也不是取得，只是事物在空間中的位置變動罷了，就如同用棍子攪動了沙和水。紀律、文化、社會效能、個人教養、品行精進，都只是能力的成長，人靠這些能力而能高尚地共享互惠平衡的經驗。而教育並不僅是達致這種生活的一個手段而已，教育就是這種生活。為這種教育保持力量，正是道德的要義。因為，有自覺的生活就是持續不斷的重新開始。

摘要

學校裡的道德教育面臨的最重大的問題，就是如何使知識與行爲連貫。因爲，如果把道德的目的設想成教育最終依歸的目的，就必須使從正規課程學到的東西能夠影響品行，否則就是空談。教學的方法和課程內容一旦不能與道德長進產生密切的根本關係，就不得不另設專教道德的課程和方法：知識不能與慣常行爲的動機和人生觀整合，道德就變成說教，變成一套德行方案。

知識會與行爲分離，且因而與道德分離，主要與兩種理論有關。一種是內在與外在的區分，把內在意向及動機（個人有意識的部分），與純粹有形的外在行爲劃分成兩回事；另一種是把基於興趣而做的行爲，與基於原則的行爲對立起來。要消除這兩種分隔，用一種教育制度可以做到，即是，讓學生在持續的活動或作業中學習，學生的活動之中既有社會目標，又能利用有典型社會情境的教材。在這些環境條件下，學校本身變成一種社會生活，變成一個袖珍的社會，這個社會還能與學校圍牆外的其他共同生活的經驗模式密切地互相影響。凡是能培養學生參與社會生活能力的教育方式，都是道德的教育。道德的教育塑造出來的品行，不但能做到社會生活必要的行爲，而且有興趣不斷調整適應——此乃心性成長之鑰。樂於在生活的各式各樣接觸中學習，就是根本的道德關注。

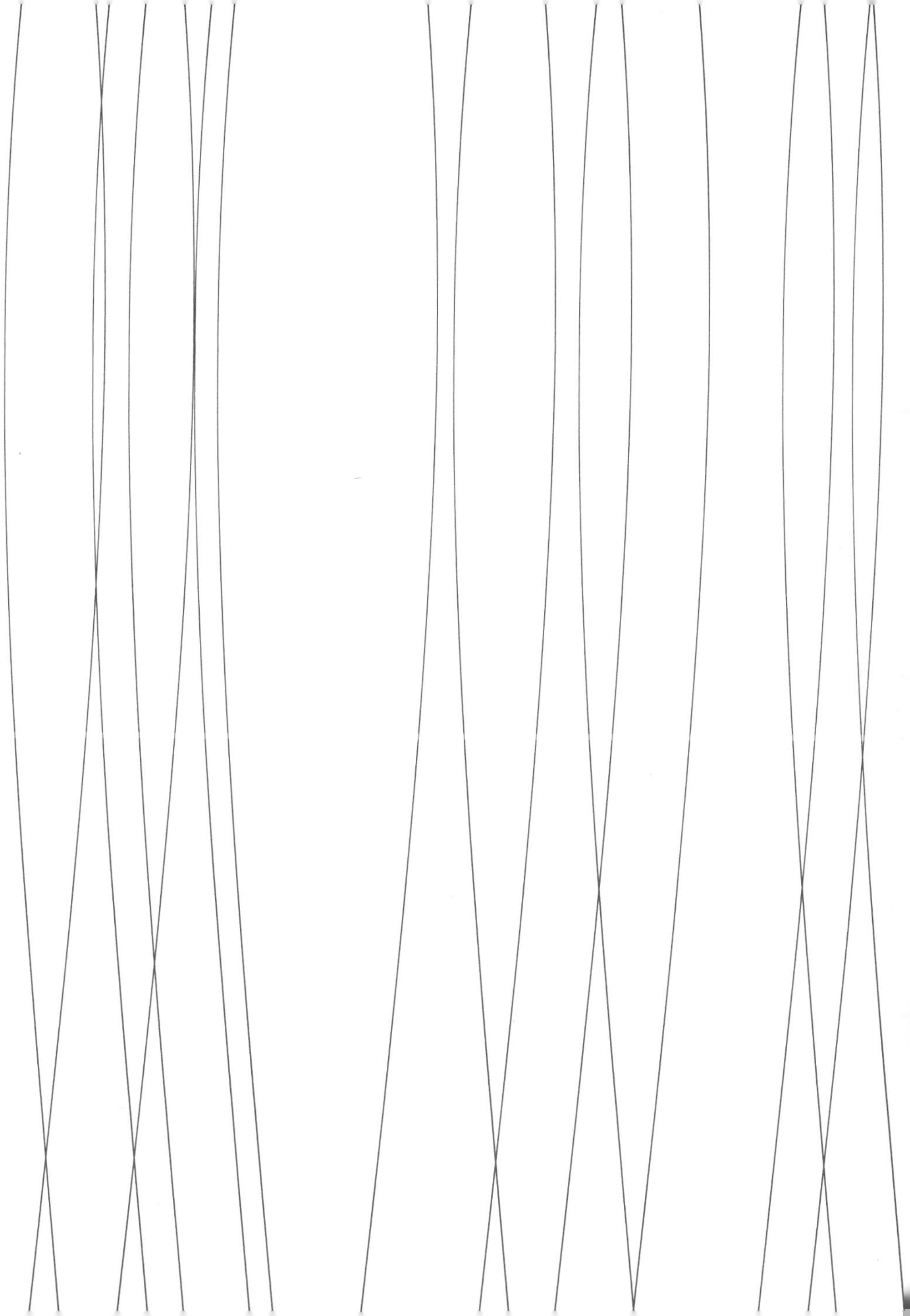

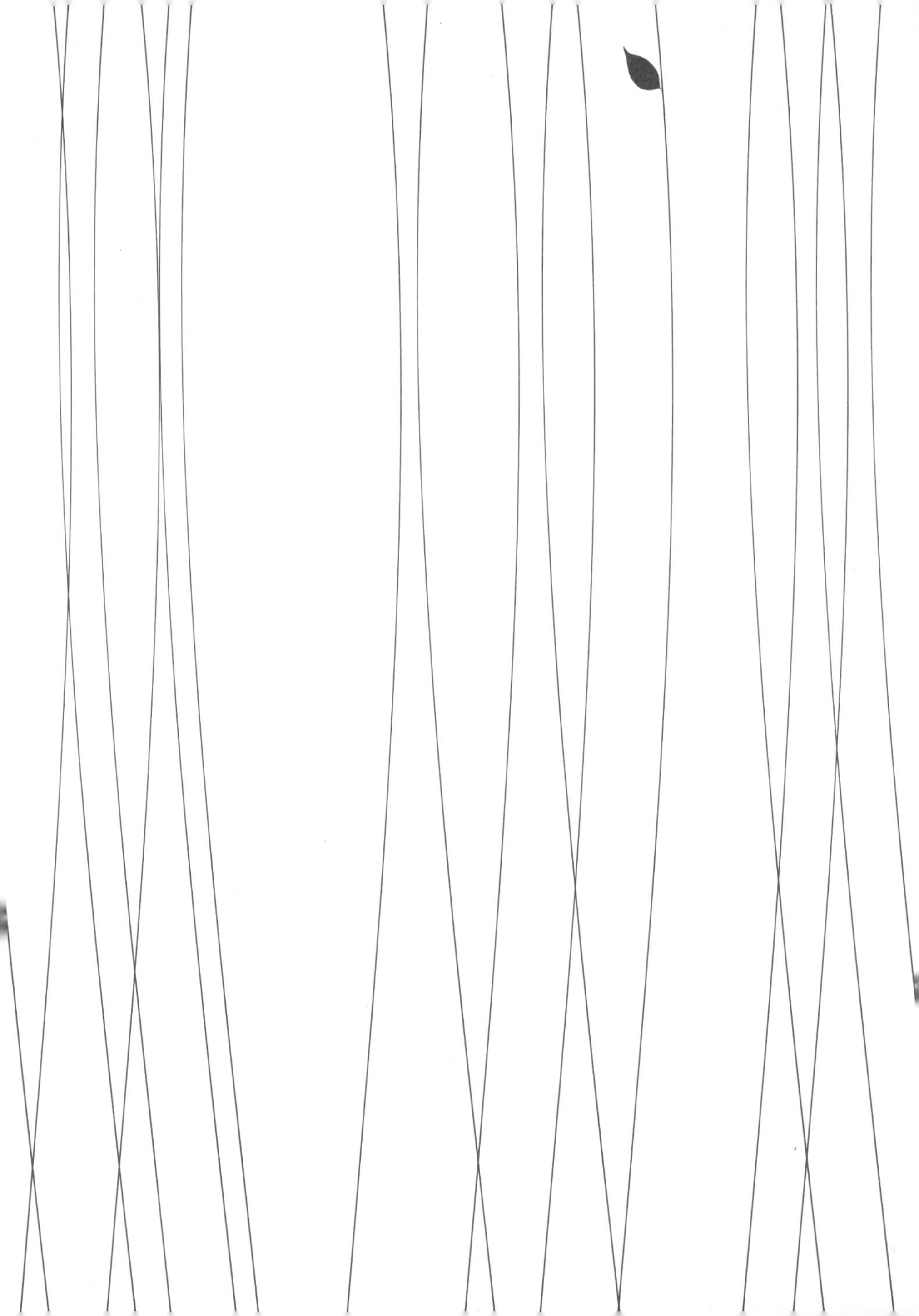